叢書・ウニベルシタス　944

存在なき神

ジャン=リュック・マリオン
永井 晋・中島盛夫 訳

法政大学出版局

Jean-Luc MARION
DIEU SANS L'ÊTRE

目次

グレゴワールに

「すべての物体と精神をもってしても、そこから真の愛（charité）の一つの動作をも引き出すことはできないであろう。それは不可能であって、他の超自然的な秩序に属するものなのである」

パスカル

「私が一箇の神学を書かねばならないということが仮にあるとすれば――その誘惑を私は時折感じるのだが――、その場合、存在という言葉がそこに介入することは決してできないであろう。信仰は存在の思惟を必要としない」

ハイデガー

献辞

神学は、すべての書かれたもの《エクリチュール》のなかで、疑いなく最も大いなる快楽を引き起こすのだということを遂に告白せねばならないだろう。それはまさにテキストの快楽ではなく、テキストを逸脱すること（transgresser）の――歓喜でないとすれば――快楽である。言葉（*verba* 聖書）から〈御言〉(Verbe）へ、〈御言〉から言葉へと、休むことなく、ただ神学においてのみ、この逸脱は生じる。それというのも神学においてのみ、〈御言〉は言葉のなかに身体を見出すのだから。テキストの身体はテキストに属しているのではなく、テキストにおいて具体化する（身体をもつ）者〔主〕に属している。したがって神学的な書字（écriture）は、絶えずみずからおのれに背く（se transgresser）のであり、それは神学者の語りが、そこでこそ最終的に正確に語る沈黙によっておのれを養っているのと全く同様である。言い換えると、神学を試みるということには、書くという究極の快楽以外にはいかなる正当化も必要とされてはならないであろう。この快楽に対する唯一の限界は、実のところ、その実行の条件のなかに見出される。なぜなら、言葉から〈御言〉への動き（jeu 賭け）は、神学的な書くことが距離（distance）においておこなわれている、つまり書く人間と、問題になっている〈御言〉――キリスト――とを、結びつけると同時に分離させるその距離においておこなわれているということを含意しているからである。神学はつねにおのれ自身とは他なるものから出発して書く。それは著者を彼自身から逸脱させる（すべての正しい神学とともに、哲学の逸脱についても正当に語られることができる）。神学は著者をして彼自身の外で、さらには彼に反して書かせしめる。というのも著者は、おのれ自身が何であるかについて、おのれが知っているものに関して、おのれが欲するものをめざして書くのではなく、おのれが受け取り、いかにしても支配することのないものにおいて、それのために、かつそれによって書かねばならないのだから。神学はその著者を少なくとも二つの意味において偽善者となす。〔まず〕通俗的な意味における偽善者とは以下のようなものである。聖なる物事について語るのだと主張することで――「聖なる物事は聖者へ」――、著者はおのれを、めまいに至るほどにまで、恥ずべき、不浄な、つまり汚らわしい者として発見することしかできない。この経験は、しかしながら、必然的に課されるものなので、受益者〔著者〕は誰にもまして自分自身の不品行とこの欠陥の意味（この欠陥を露呈させる光）とをよく知っているのである。彼は誰よりもおのれ自身を欺いてはいない。実際、ここにはいかなる偽善も存在しないのであり、著者はあらゆる告発者にもましてそのことを知っている。〔次に〕著者はより逆説的なもう一つの意味において、偽善者でありつづける。もしも（不吉な記憶の）真率さというものが、自己自身について語り、答えられることしか言わないということに存するのなら、神学的な言説においては誰も真率さを主張することはできないし、そうするべきではない。なぜなら神学はまさしくある他者のみが答えられることを語ることに存するからである――すぐれた意味での〈他者〉（Autre）、すなわち彼自身おのれの名においては語らず、〈父〉の名において語るキリストのみが。しかも、神学的な言説がその並外れた歓喜を与えるのは、その働き手〔著者〕におのれの手段を越えて語ることを可能にさせ、そして危険なことに、それを要求する、厳密にその限りにおいてのみである。それというのもまさしく、語り手はおのれ自身については語らないからである。そこから、ある意味で、言葉に身を委ねる者に逆らって語る言葉の危険が生じる。神学においてはあらゆる試みが許されねばならない。すべての意味において。

しかしながら、以下のいくつかの点に関しては弁明が必要であろう。『存在なき神』という表題のもとで、神は存在しないとか、神は本当は神ではないということをほのめかしたいと思っているのではない。われわれは、シェリング（F. W. Schelling）が「自己自身の現実存在に関しての神の自由」(1)と名づけたものに思いをこらそうとしているのである。問い方を変えれば、われわれは、神は何よりもまず存在しなくてはならないという、形而上学出身の哲学者たちと新トマス主義出身の神学者たちとが一致して主張している自明の事柄を、問題視しようとしているのである。この自明の事柄は、他の存在者に先立って神は存在しなくてはならないだろうということとともに、神は他のあらゆる主導権（initiative）に先立って、存在の主導権をもまた取らねばならないだろうということも意味している。しかし存在は、何にもまして、神に関わりがあるのであろうか。神には、存在することで得るものが何かあるのか。存在——何であれ存在しさえすれば顕示するような——存在は、何らかの神［に関する何ものか］を、迎え入れることだけでもできるのだろうか。この問いにただ単に接近し、この問いを考え得、聞きとりうるものとするためだけであっても、存在を、すべての眩惑を引き起こし、それらを乗り越え難いものに見えさせる審級、つまり偶像（idole）から出発して取り扱うことがおそらく必要である。したがって、われわれはまず最初に、偶像をイコンと対照し、ある共通の対立関係《アンタゴニズム》において互いに両者を強化させ合うことによって、存在にまで進もうと試みる——哲学において神が、第一の存在者として存在を任じるとみなされているように、神学においては神の第一の名とされてきた存在にまで。なぜなら、存在そのものが偶像として働いている以上、存在からおのれを解放すること——偶像を留保すること——が考えられうることとなるからである。そこから、存在なしに、神への接近を定める二つの新たな審級、すなわち、空しさと、その裏面としての愛《シャリテ》が生ずる。われわれが全く存在しなかった時にも、神はわれわれを第一に愛したのであってみれば、神はまず最初に存在する必要はないとすればどうであろうか。そして、もしわれわれが神を考察する（見据える）ためには、存在の地平のうちで神を待つべきではなく、愛《アムール》を——裸のままで、なまの姿で——愛するという危険を冒すことによって、おのれにおのれ自身で背かねば（transgresser）ならないとしたならば、どうだろうか。愛は、しかしながら、われわれにとっては本質的に接近不可能なものにとどまるのだから、神を存在から解放する留保がわれわれにとって実行可能なものとなるのは、その否定的な側面——メランコリーが存在者の世界の上に放出する空しさ——においてのみである。それゆえにデューラーが登場する。われわれがここで愛《シャリテ》に対して——愛《アムール》に対して——求める経験的厳密さがそこから由来する。すなわち、愛さない者でさえも、この荒廃のなかに、無以上のものを体験するのであり、メランコリーによって空しさを体験するのである。彼は欠如によって愛の還元不可能性（irréductibilité）を体験する。つまり、メランコリーは距離（distance）を（へと）開くのである。

神は存在に依存しないのであるから、神はわれわれにとって贈与／賜物（don）において、贈与として出《しゅったい》来する。《存在するのではなくして、贈与を救うところの神》(2)と語る詩人は、ある一点を譲歩するならば正しい。神は、まさに存在せず、存在するに及ばないまさしくその限りで、贈与を救うのである。というのも、贈与はまず最初に存在する必要はなく、ただそれのみが贈与を存在せしめるところの放棄（abandon）のなかへ流れ込まねばならぬからである。神は存在する前に贈与を与えることによってそれを救う。存在がその退去によって解き放つ地平は、贈与へと、あるいは否定的な言い方をすれば、空しさへおのれを開く。至高の問いは愛《アムール》、あるいは同じことになるが、愛《シャリテ》ということになるであろう。その問いはわれわれの面前で、長い間、問われることなく、恐るべきものでありつづけている。

しかしながら、われわれはどこに達するのだろうか。明らかに、愛は分析されるよりも実際におこなわれるものである。神に関して、愛を実行する仕方の一つは、聖体の秘蹟（eucharistie）に由来する。御言はそこでテキストを離れて身体を得る。「テキストの外」は付加というよりも解放を、というよりもむしろ愛がそこで身体を形成する（その逆ではない）究極の格闘（corps-à-corps）を示している。聖体の秘蹟の贈与／賜物は、愛がそこでわれわれの愛と――身体によって――一体になる点に存する。そしてもし〈御言〉もまた身体となるのであれば、われわれは疑いなくおのれの身体において〈御言〉を語ることができる。愛《シャリテ》の極度の厳格さはわれわれを、最終的に無言ではない言葉へと連れ帰すのである。

以下の書物を私は単独で書いたが、一人で書いたわけではない。これらのテキストはすべて、依頼や討論会、講演の結果である。すべてその折々のものなので（de circonstance）（文字通り、他の人びとに取り囲まれていたので）、それらの統一性や客観性、そして望むらくはそれらの厳密さを周囲の人びとに負っているのである。それゆえ、私は――依頼という仕方で――私に与えられたものを――執筆は別として――ここで返すのだということをはっきりと自覚している。ここでもまた、贈与／賜物は、存在するという事実に先立っていたのだ。ここで、私を存在に対する十字架のギガントマキア〔巨人族と神々との戦い〕に真正面から立ち向わせてくれたモーリス・クラヴェル（Maurice Clavel）の強い勧めに感謝の意を表したい。以下の文書はいわば彼への私の約束を果たすものであるが、本当に彼の願いを満足させるものではない。また、多くの友人のなかでも、彼らなしにはこの書物が――そしてまた他の多くのものも――日の目を見ることができなかったであろう二人の友人、ジャン・デュシェーヌ（Jean Duchesne）とロベール・トゥッサン（Robert Toussaint）に敬意を表したい。レミ・ブラーグ（Rémi Brague）は、その文献学的な誠実さのゆえに、あまりにも多くの間違いを見つけることに耐えるよりもむしろわれわれの校正刷りを直すことを選んでくれたが、その事情をわきまえた上で彼に感謝したい。至らない点についてはすべて私の責任であり、私はそのことを他の誰にもまして知っている。

パリ、一九八二年三月二五日

存在なき神

第一章　偶像とイコン

偶像に接近しうるのは、偶像を必ずやイコンに結びつける対立関係においてのみだということ、このことについてはおそらく議論の必要はない。この二つの概念は、確かに、二つの互いに異なった、また多くの意味で競合する歴史的時期に属している。エイドーロン（*eidôlon*）は、見えるもののギリシャ的な光輝を前提とするのであり、その光輝の多彩性は、神的なるものの多義性を生ぜしめている。これに対して、エイコーン（*eikôn*）の方は、新約聖書によってヘブライ語から再生させられ、教父とビザンチンの思想によって理論化されたものであるが、ヘルダーリンが的確にも唯一なるもの（*Der Einzige*）と名づけたものの唯一の形姿に――エイコーンとともに、見えるものの輝きも――集中している。ただしヘルダーリンがこう名づけたのも、この「唯一なるもの」にディオニュソスとヘラクレスとをひき比べ、ついには統合する限りにおいてであった。しかし、〔偶像とイコンとの〕このような葛藤は、「異教芸術」と「キリスト教芸術」との間に起こりうる論争などよりもずっと本質的なある次元で展開されるものである。というよりも、〔「異教芸術」「キリスト教芸術」といった〕この定式化は、さらに本質的な賭金を覆ってしまいさえする（そしてこの賭金を月並みなものにすることによって隠してしまう）と言ったほうがよかろう。それというのも、「芸術」の二つのモデルの歴史的な継起は、ある現象学的な葛藤――二つの現象学の間のある葛藤を、明るみに出すことを可能にするからである。偶像もイコンもともに、ある特定の存在者や、存在者のある類でさえも、示すものではない。イコンと偶像とは、もろもろの存在者の、少なくともそのうちのいくつかのもののあるあり方を示しているのである。実際、旧約聖書の預言者たちの論争を一般化して、「真の神」(イコン)を「偽りの神々」に対立させることに限定されるような規定は適切とは言えないだろう。なぜなら八世紀のキリスト教の偶像破壊論者たち(iconoclastes)は、真の神のイコンとして考えられてきたものを偶像と呼んだし、旧約のユダヤ人たちは、あらゆる表象を、契約の神のものでさえも、偶像として拒んだからである(「金の子牛」が表わしていたのは、議論されているように、おそらくは契約の神以外のものではないだろうし、エルサレムの神殿そのものが神の臨在(*Shekinah*)に見捨てられているように見えたのも、神殿が偶像崇拝《イドラトリー》に陥った限りのことであった)。幸いなことに、ギリシャの命運(*Geschick*)と始源の支えとを真剣に取ろうとするあらゆる努力は、より捉われない解釈が、単なる偶像崇拝だとする非難を取り消すことを含んでおり——失敗か成功かはここでは問題ではないが——ギリシャ時代の記念建造物のうちに崇拝の対象として提示されたもののうちに真に神的なる尊厳を認めようと試みているのである(ヘーゲル、シェリング、ヘルダーリン)。要するに、イコンと偶像とは、他のもろもろの存在者と対面する存在者として規定されるものでは全くない。なぜなら、同じ存在者(彫像、名称等)が、一方から他方の地位へと移行することもありうるからである。イコンと偶像とは、存在者の二つの類をではなく、その二つのあり方を規定するものなのである。

したがって、イコンと偶像との相互干渉はそれだけいっそう問題のあるものとなり、それだけいっそう緊急な注意を要求するように思われる。——しかし、次のような反論がなされるのももっともであろう。いくつかの存在者が、ただ崇拝に面しての身分を変えることによって、偶像からイコンへ、あるいはイコンから偶像へと移行することがありうるとしても、あらゆる存在者にこのような移行が可能なわけではないであろう、と。実際、どんな存在者でも崇拝の念をかきたて、引き起こし、いわんや強要することができるなどというわけではない。より正確に言うならば、たとえ崇拝を強要する存在者の数やこの崇拝の様態が変わるとしても、それらの存在者のすべてがそれでも共通で最小の特徴を許容する。すなわち、それらは神的なものに関わる *Signa*（記号）なのである。――*Signa* というこのラテン語の言葉は、この際多くのことを語っている。偶像あるいは／およびイコンというこの矛盾する身分を主張しうるのは、（正当にも「装飾芸術」と呼ばれるものにおけるように）その可視性をそれら自身に限定せず、そのようなものとして、かくも絶対的にそれら自身に内在的にとどまりつつ、しかも同時にある他の、いまだ規定されざる項を暗示している（*faire signe*）、というように芸術が制作した作品なのである。明確にしよう。この回付は、芸術作品そのものがそれ自身に対して構成する審級とは別の、外部から何らかの「象徴的価値」によって、作品の構成する審級を多重決定しにやって来るような審級を指し示しているのではない。逆に、この回付こそ、作品の最も本質的な尊厳をなしているのである。作品がまさに作品として現れるのは、何かを暗示することによってのみである。それというのも作品が記号 *signum* としての価値をもつのも、暗示することによってのみだからである。それゆえ、偶像とイコンの区別は、それらが異なった仕方で暗示する限りでのみ、つまりそれらの可視性をそれぞれの独自の仕方で使う限りでのみなされるのではないか、という疑いをもって、*signa*（もろもろの記号）を、その意味する仕方に関して問い質してみなければなるまい。しかし記号 *signa* となるためのこれらの仕方の多様性が、おそらくイコンと偶像との間のすべてを決定しているのである。――*Signa*、しかし同時に神的なるものに関わる記号。最高の難問（*signum* としてしか可視性に近づけない存在者が、神的なるものそのもの、ただそれのみとは別の指示項を指し示すなどということが可能であろうか？）に接近するなどと主張はしなくとも、神的なるものは、ここでは可視性の支えによってのみ初めて介入してくるのだ、ということは少なくとも注意しておかねばならない。しかし可視性は、神的なるものに関しては、いくつもの仕方で語られる。というよりむしろ、可視性の様態の変化は、神的なるものそのものを捉える仕方の変化を示しているのである。可視性の同一の様態が、神的なるもののどんな形姿にもふさわしいということはありえないであろう。そうではなく、神的なるものとある厳密な、おそらくは構成的な関係を結んでいるのである。つまり、見る仕方が、何が見えうるかを決定するのであり、あるいはむしろ、少なくとも否定的に、神的なもののうちでいずれにしても見ることができないであろうものを決定するのである。――したがって、偶像とイコンとの比較現象学を素描する際に問題になってくるのは、美学や美術史のあれこれの問いなどではなくて、神的なるものの可視性における二つの把握の仕方を正確に規定することなのである。把握の仕方、もしくはおそらく、受容の仕方でもあるだろう。

1　最初の見えるもの

偶像は、決して、錯覚として告発さるべきものではない。それは、定義からして見える――*eidôlon*、見えるもの（*eidô*、*video* 見る）――のだから。偶像は、このこと、見えうるということ、見ることしかできないということにその本質が存するとさえいえる。しかも、偶像を知るためにはそれを見るという事実だけで事足りるほど――*eidôlon* とは、ひとが見た（*oïda*）という事実そのものによって知られるものである――、それほど明白に見ることしかできないということに〔その本質が存するとさえいえる〕。偶像が人間のまなざしに呈示されるのは、かくして表象、それゆえ知がこれを捉えんがためである。偶像が立ち現われるのは、ただ見られるためなのである。たとえば、アテナイの巨大な神像はアクロポリスからピレウスの船乗りたちのまなざしに届くほどまで輝いていたし、神殿の奥の暗がり（naos）が金と象牙を使った神像に陰を落としていたとしても、その結果として、信者が近づいて行ってついに神像へとそのまなざしを上げることができたとき、神像を発見してそれだけよりいっそうの魅惑をそれから受けとっていたのである。偶像がまなざしを魅惑し、捉えるのは、まさしく、偶像のうちにはまなざしに身をさらし、まなざしを引きつけ、充たし、引き止めないはずのものは何もないからなのである。〔偶像を〕迎え入れるためにも同様に、偶像が隅々まで支配している領域――まなざしの、したがってまなざされうるものの領域――で充分である。偶像がまなざしを捉えるのも、まなざされうるものが偶像を包み込む限りでのことなのである。偶像は、それが満足させるまなざしに依存している。というのも、仮にまなざしが偶像でおのれを満足させたいと欲しないなら、偶像はまなざしの眼にとっていかなる尊厳ももたないだろうから。偶像に対する最も月並みな批判は、驚きをもって次のように問う。祈る手がたった今鍛え、刻み、装飾した、要するに作り上げたものそのものを、神性に倣って崇めるなどということが、どうしてできるのだろうか、と。「偶像から解放されるなら」、クローデルが偶像のうちに認めるのはもはや、「自分たちのためにカヌーを組み立て、その同じ板の余りでアポロンを作る未開人[1]」の常軌を逸した行動でしかない。しかし、この批判には、本質的なものが欠けている。というのも、作られたものが偶像に、しかもある神の偶像になるのは、まなざしがその偶像をまなざすと決め、それを自分自身の関心の特権的な固定点としたその瞬間からのみだからである。そして、作られたものがそのうちにまなざしを汲み尽くすということも、それがまなざされうるもののうちで汲み尽くされるということを前提しているのだ。したがって、偶像建立の決定的な契機（瞬間）は、それを製造することによるのではなく、それをまなざされうるものとして、やがてまなざしを満たすものとして認めることによるのである。偶像にその資格を与えるものは、まなざしに由来する。偶像は、まなざしが敬意をもってこれをまなざす限りにおいてのみ、可視性で眩惑するのである。偶像がまなざしを惹きつけるのは、まなざしが偶像の全体をまなざされるもののうちへ引き寄せた挙句、そこにさらし、そこで汲み尽くす限りにおいてのみなのである。まなざしのみが、まなざされるものの究極的な機能として、偶像を作り出すのである。

まなざしのみが偶像にその資格を与えるのであれば、偶像の多様性やそれらのさまざまに異なる効力、もろもろの偶然的な形姿、それぞれ異なる尊厳といったものをどう理解すればよいのだろうか。まなざしが偶像を作り出すのであって、偶像がまなざしを作り出すのではない――これはつまり、偶像がその可視性によってまなざしの志向を充たすということ、そしてこのまなざしが欲するのは、まさにこの見るということ以外の何物でもないということである。狙いがその狙うものに先行し、これを生じさせる、というまさにこのことのために、まなざしは偶像に光立つ。最初の志向が神的なるものを狙うのであり、そしてまなざしは神的なるものを見るために、したがってそれをまなざされうるものの領野のうちに捉えて見るために、差し向けられる。狙いが力強く広がれば広がるほど、長いあいだ保たれれば保たれるほど、狙いがそのまなざしを止める偶像はより豊かに、大きく、豪華に見えるだろう。まなざしを止める、これよりもよい言い方はありえないだろう。あるまなざしがもはやその彼方に行くことができないときに、そのまなざしを止め、ある偶像の内に／上に（おのれを）休らわせるのである。[2] この停止において、まなざしはおのれを超出したり、自己を貫通することをやめ、したがってもろもろの見える物を貫通することをやめて、それらの物のうちのひとつの光輝に留まる。まなざしはもはやおのれを貫かないため、もう諸物を貫くこともなく、もはやそれらを通して見ることもない。ある瞬間に、まなざしは諸物を透明なもの――つまり光と栄光とを十分には負わされていないもの——として感じることがもはやなくなり、ついに最後の物が、初めてまなざしを惹きつけ、捉え、充たすに十分なほどに見えるもの、華麗なもの、光り輝くものとして現われるのである。この最初に見えるものが、それぞれのまなざしに対して、そのまなざしの射程に合わせて、それぞれの偶像を与えることになる。偶像——もしくはまなざしの落下点を。では、偶像は何を示すのだろうか。

2　見えない鏡

偶像に固有の可視性とその本質内在的な意味を示す前に、偶像の出現そのものを解釈しなくてはならない。偶像が現われるときには、まさにまなざしが停止したばかりである。偶像はこの停止を具象化するのである。偶像が現われる以前には、まなざしは見えるものを透明性において貫いていた。まなざしは絶えず見えるものを貫いていた——突き透すまなざしで貫いていたのだから、厳密にいえば、まなざしは見えるものを見てはいなかったのである。どんな見える光景にも、まなざしはおのれを止めうる何物も見出さなかった。まなざしの炎の眼が見えるものを焼き尽くしていたのであり、したがって、まなざしがそのつどそこに見ていたものは、本来は炎だけだったのである。——しかしここに偶像が介入してくる。何が生じるのだろうか。初めて（そして最後に）、まなざしはもはや光景のなかの宿営地を通過する（焼き尽くす）ことをやめ、光景のなかに留まる。まなざしはその光景に居を定め、彼方へと通過してゆくどころか、おのれにとって見つめ直し、敬うべき（à *re-specter*）光景となるものを前にして留まるのである。まなざしは充たされる。見えるものをはみだし、それを見ず、見えないものにする代わりに、まなざしは、見えるものによってはみだされ、包み込まれ、引き止められるものとしておのれを発見する。見えるものがまなざしにとってついに見えるものとなるのは、さらに正確に言えば、見えるものがまなざしを幻惑するからである。偶像、最初の見えるものが、それまでは飽くことを知らなかったまなざしを最初に幻惑するのだ。偶像はまなざしに、物や女性、観念や神など何であろうと、最初の見えるものを提示し、より適切に言えば強いるのである。しかし、それゆえ、偶像のうちにまなざしが、何らかの光景よりもむしろおのれの最初の見えるものを見るのだとすれば、まなざしはそこに、自分自身の限界を、そして自分の固有の場所を発見することになる。障害物が波を送り返し、発信者に、その障害物そのものとの関係で自分の位置を知らせるように、偶像はまなざしに、まなざしが偶像に至るまでにどれだけの存在者を貫いてきたかを、したがってまた、まなざしの狙いにとってすぐれて最初の見えるものにあたるものがどんな水準にあるのかを示すことによって、まなざしをそれ自身へと送り返すのである。かくして偶像は、肖像としてではなく、鏡として働くことになる——まなざしにその像を、より正確に言えばその狙いの像、その狙いの射程の像を送り返す鏡として。偶像は、まなざしの機能(関数)として、まなざしにその射程を反射してみせる。とはいえ偶像は、鏡としてのその役割と身分とを、一挙に露呈するわけではない。というのも、偶像は、まなざしの射程と炎とをおのれの上にまさに止めるがゆえに、このまなざしが見うるものに(少なくとも)定義上等しい閃光に直接輝くからである。偶像はまなざしを充たすのだから、それを可視性で飽和させ、したがってその眼を眩ませる。鏡の機能は、まさに光景の機能によって鈍る。偶像は、まなざしを充たすがゆえに、鏡を覆い隠す。鏡の機能は、ついに見えるものとなったまなざしうるものの閃光によって曇らされる。偶像は、まなざしにその最初の見えるものを呈示するがゆえに、それ自身は見えない鏡であるにとどまる。見えるものがまなざしを眩惑するがゆえに鏡が見えないままにとどまるということ、これは偶像崇拝者を決して騙すものにも騙されるものにもするものではない。偶像崇拝者はただ──歓喜に浸っているのみである。

偶像は、見えない鏡として、まなざしにその停止点を決め、その射程を測定する。しかし偶像は、仮にまなざしがみずから、そしてまず初めに凝固するのでなければ、まなざしに対していかなるまなざされうる対象を定めることもないであろう。神的なるものは、ヴァレリーが（それと意図せずにアリストテレスに呼応して）思い起こさせる太陽のように、その壮麗さがそこに眼に見えて反映している千一個の偶像に固定されることを許す。

「然り、熱狂に恵まれた大洋よ
豹の皮　幾千の太陽の偶像に
穴穿たれた〔古代ギリシャの〕マント（クラミュス）よ[3]」

しかし、偶像が現われ、しっかりとまなざしの注意を引きつけるためには、安定した鏡の反射がまなざしを迎え入れるのでなければならない。「絶えず繰り返して打ち寄せる海[4]」の揺れ動く波の漂うまなざしに代わって、凝固した血と同じくらい死ぬほど動かないまなざしが鏡のうちに現われるのでなければならない。「落日は凝《こご》るその血のなかに溺れた」（ボードレール[5]）。偶像がまなざしを固定するためには、まなざしがまず凝固せねばならないのだ。かくして、最初の見えるものがまなざしに呈示する見えない鏡は、まなざしに、その最も遠くまで向かう狙いがどこまで伸びてゆくかということだけでなく、その狙いが狙うことができないであろうようなものをも示すのである。まなざしが凝固するとき、その狙いは沈澱する（ワインが、澱が沈澱するするときにその熟成に達するという意味において）のであり、それゆえ、狙われていないものは消え去る。偶像崇拝的なまなざしがその偶像に対して何ら批判を行使しないのは、その手段がもはやないからである。なぜならまなざしの狙いは、それが達するや否や直ちに偶像が占める位置で最高点に達するからであり、そこであらゆる狙いは尽きるからである。しかし、まなざしを偶像崇拝的にするものは、少なくとも当初は、倫理的な選択の範囲に属するものではありえないだろう。それは、一種の本質的な疲労を表わしている。まなざしが沈澱するのは、それが――終わりも休息も果てもない狙いの上昇に耐えるという重荷から――休息するかぎりにおいてである。「……大地の眠りにまどろむ」。偶像はまなざしに、最初の見えるものと見えない鏡とともに、まなざしの大地――休息すべき最初の大地を与える。偶像とともに、まなざしは大地に埋もれるのだ。かくして偶像が、ある啓示を前にして資格を失うとすれば、それは、偶像がまなざしに不当な光景を見せるからではなく、まず第一に（おのれを）休息させる場を提供するからなのである。偶像によって、見えない鏡はいかなる彼方をも許容しないことになる。それというのも、まなざしが狙いをこれ以上上昇させることができなくなるからである。見えない鏡はかくして、否定的な仕方で、狙いの衰弱を――適切に言えば狙いえないものを示す。見えるものは、狙いが止むところで始まる。見えない鏡は最初の見えるもののうちに姿を隠し、最初の見えるものはかくして狙いえないものを示す。偶像はいかなる見えないものも許容しないのだが、それというのもまず第一に、偶像が、その光の輝きのうちで、見えない鏡としてのその機能をおのれに隠すからであり、次に、偶像の彼方で、見えないものよりもさらに、狙いえないものがおのれを開く――あるいはむしろおのれを閉ざす――からである。なぜなら、見えないものは、それを開くために、なお暗い狙いがそこに伸びてゆくことをまず前提するだろうからである。――したがって、偶像のもつ真摯なるものと諸限界とが定められうる。偶像においては、神的なるものは、人間のまなざしが伺っている可視性のうちへ実際に出来《しゆったい》する。しかし、この出来は、何らかの人間のまなざしの射程が耐えうるもの、それぞれの狙いが充たされたとみずから認めるために可視性から要求しうるものに尺度を合わせるのである。要するに、神的なるものの出来が偶像のうちに固定されるのも、人間のまなざしが凝固し、かくして神殿の場所を開く場合に限られる。偶像は神殿（*templum*）に尺度をあわせるのであり、そしてこの神殿は、天空のうちで、人間のまなざしがそのつどおのれの尺度に合わせてその境界を定めるのである――« *deus is, cujus templum est omne id quod conspicis* »「汝の見るあらゆるものがその神殿であるあの神[6]」。その顕現の空間が、まなざしがその神に関して耐えうるものに尺度を合わせるあの神――まさしく一つの偶像。

3　輝かしい／輝きの回帰

したがって、偶像は神的なるものを、人間のまなざしに合わせて記録する。見えない鏡、狙われえないものの印として、偶像は、その機能によって理解され、この機能の射程に従って評価されねばならない。こうして初めて、人間の芸術が偶像に与える物質的な形姿が何を表わしているのか、何に似ているのかを尋ねることも道理に適ったものになる。答えは次のとおりである。それは何も表わしてはおらず、神的なるものの或る渇水位を示している。それは、人間のまなざしが神的なるものについて体験したものに似ている。古代ギリシャの少年像（*kouros*）のような偶像は、ある神を再現しているとは明らかに主張しない。なぜなら、それはその神の物質的に見える唯一の原像を提示しているのだから。むしろ、その素材となる石の上に刻まれるのは、まなざしが――神に満たされた宗教的な人間としての芸術家のまなざしが――神について見たものである。最初の見えるものが彼のまなざしを眩惑することができたのであり、それこそこの職人がその素材の上に作り出そうと試みるものである。彼は、おのれのまなざしが凝固した点にふさわしい最後の見えるものを石の上に固定させ、正確に言うと凝結させようとするのである。凝固したまなざしが示した場所を、石、木、金、その他何であれ、これらが固定した形姿で占めようとするのである。そして、まなざしを凝固させた、歓喜させも畏怖させもする興奮が、宗教的芸術家のまなざしを取り囲んだように、石を取り囲むに違いないであろう。かくして観客は、その態度が宗教的となりさえすれば、その壮麗さがまなざしを凝固させる最初の見えるものの輝きを、物質として固定された偶像の上に再び見出すことができるだろう。観客の態度が宗教的となる、ということの意味は、物質的偶像が固定する輝きに彼のまなざしの射程が正確に対応する、ということであるが、彼のまなざしは、かの輝きとともに、まなざしを止め、充たし、凝固させうる最初の壮麗さを受け取るであろう。偶像はその素材のうちに、まなざしがかつてそこで凝固した輝きを記録し、保存するのであるが、それも他のもろもろのまなざしが、それらをその究極の射程において凝固させる最初の見えるものの輝きを再認することを期待してのことである。偶像は、同じ最初の見えるものによって産み出されるさまざまな輝きのあいだの、物質として固定された中継点として役立つのだ。それは神の具体的な歴史、および神について人びとが保持する——あるいは保持しない——記憶となる。まさにこのために、何ぴとも、苦悩の時代の現代人でさえ、偶像崇拝者であろうとなかろうと、偶像の脅威から護られてはいない。偶像が彼を襲うためには、彼が、ある像の顔に視線を集中させて、かつてそこで彼のまなざしがその射程を凝固させた最初の見えるものの壮麗な輝きを再認するだけでよいのだ。ロベルト・ヴァルザーは、ある忘れえぬ散文詩のなかで、半ば臨床的といってよいほどの正確さで、この脅威を書きとめ、この神的なるものの侵入を描写した。(7) 偶像は人間の尺度に合わせてしか神的なるものを出来させないがゆえに、人間は偶像崇拝的な経験をかように芸術のうちに記録し、こうしてその経験を、すべての人びとにとっていつでも、とはいわないまでも、少なくともこの神の信者たちには、また神々が立ち去ってしまっていない限りは、近づきうるように維持しておくことができるのである。偶像がまなざしを作り出すのではないように、芸術が偶像を作り出すのではない。まなざしは、凝固することによって、最初の見えるものがその壮麗さに輝く場所を示す。そうして初めて芸術は、物質を使った第二位のものとして、偶像と呼び慣わされているものによって、神の輝きを記録しようと企てるのである。この輝きのみが偶像の名に値するということについては、この輝きを物質の表面に認めるためには、それに対応するまなざしが必要であり、したがってまた、その狙いがこのような最初の見えるものとともに沈澱し凝固するようなまなざしが必要だという事情が、その証をなしている。要するに、偶像はその単なる彫像と一致するものではない。これは、どこかの神殿や美術館を訪れた際に、われわれのまなざしがその働きを休めるならば、いかに容易にわれわれが偶像崇拝を捨て去ることができるかが証拠立てていることだ――その期待がそこで充たされ、それゆえ凝固させられうるような、そうした狙いが、神殿や美術館を訪れる際に欠けていればいるほど、石や色彩の記号は、それらのもとに依然として刻みこまれたままになっている輝きで改めて眩惑される生けるまなざしがおのれのもとにまでやって来ることを、もの言わぬまなざしのうちに、よりいっそう期待するのである。多くの場合、われわれはかくも輝ける偶像崇拝の諸手段を持ち合わせていない、もしくはもはや持ち合わせていないのだ。

4　概念的偶像

われわれ、形而上学の完成／終焉の日付をつけられ（またその完成／終焉を授けられ）たわれわれ西欧人には、偶像を捉えるための美的な方法が欠けているとしても、他の方法が残っており、あるいはむしろ花開いてさえいる。こうして、概念が登場する。概念は、記号のなかに、精神が記号によってまず捉えるさに尺度を合わせるというよりも、ある理解力（capacitas）の射程に尺度を合わせているのであり、この理解力がある概念に神的なるものを固定するのは、神的なるものについての概念作用が理解力を充たし、それゆえそれを静め、それを止め、それを凝固する時に限られる。ある哲学的思惟が、それが「神」と名づけるものについてある概念を述べるとき、その概念はまさしく一個の偶像として働く。その概念はおのれの姿を見せようとするが、かえってそれだけますます鏡としてはおのれを隠してしまう。この鏡において思惟は、それがどこまで前進したか、その位置づけを見えない仕方で受け取るのであり、その結果、狙いえないものは、固定された概念によって中断された狙いとともに、失格させられ、放棄される。思惟は凝固し、「神」の偶像崇拝的な概念が現われるが、この概念においては、思惟が審判するのは、神よりもむしろその思惟自身なのである。形而上学のもろもろの概念的偶像が自己原因（*causa sui*）に極まるのは（ハイデガーが示しているように[8]）、存在‐神‐学の諸形態がすべて、一つの概念のうちに、神的なるものに向かう（プラトン、アリストテレス）、次いでキリスト教の神に向かうそれらの前進の最終的な渇水位を書き込もうと企てた限りのことである。こうして « *moralischer Gott* »「道徳的神[10]」の概念的偶像（ハイデガー[9]）は、カントによる神の把握の地平――「……世界の道徳的創造者という前提」――も、また「神の死」の地平も同様に限界づける。それというのもまさにニーチェの認めるところによれば、「結局のところ、道徳的な神のみが乗り越えられる « *Im Grunde ist ja nur der moralishe Gott überwunden* »[11]」のだからである。有神論にせよ、いわゆる「無神論」にせよ、どちらの場合でも、概念の尺度の由来は神ではなく、まなざしの狙いである。こうして、ここでもまた、フォイエルバッハの次のような判断が完全に当てはまることになる。「人間が持つ偶像のもとなるモデルは人間である[12]」と。おそらく、このようにして、おのれの黄昏を準備するということが偶像の構成そのものに属している理由を、われわれは垣間見ることができるだろう。この黄昏を、われわれは二度経験したといえるのかもしれない。まず第一に美的なかたちで、神託が黙してしまい、啓蒙の光の輝きが人間の手によって作られた記号（*signa*）の輝きを隠してしまった時期に、そして〔第二に〕、ニヒリズムの黒い太陽の下で、われわれが「もろもろの書物や観念、もろもろの偶像やそれらの司祭から[13]」解放され、あるいは単にそれらを奪われ、それらの相続権を奪われているように見える今日において。

5　見えないもののイコン

イコンは見ることから生じるのではなく、見ることを生じさせる。イコンは見られる（se voit）のではなく、現われる（apparaît）、あるいはより原初的には、ホメロスにおいてプリアモスがアキレスを見て驚かされる（*óssos é èn oiós te; theoisi gàr ántà êôkei*（*Iliade*, XXIV, 630）ときの意味で、見える、……のように見える（a l'air de）のである。アキレスは神々のうちに数えられないが、神のように見える、見かけはそう見えるのである。アキレスにおいては、いわば、神々に固有の何かが見えてはくるのだが、まさにいかなる神もこうして見えるもののうちに固定されるわけではない。偶像がそれを狙うまなざしの結果であるのに対して、イコンは、見えるもの（ここではアキレス）が少しずつ見えないもので飽和されるがままにすることによって、見えを誘発する。見えないものは見かけ（une semblance）（*eikô/eoika*）[14]のうちに……のように見え、現われるが、この見かけはそれでも、見えないものを見えるものの静止した波に還元してしまうようなことは決してない。見えるものは、見えないものを、まるで——まだ——見えてはいないが、まなざしが力ずくの征服によって隠れから追い出す獲物のように征服しにゆくどころか、むしろ、見えないもののほうが見えるもののなかにまで進出すると言うべきであろう。というのも、まさしく、見えるものは見えないものに由来するだろうからである。さらに言えば、見えるものがおのれと見えないものとを区別しておいて、見えないものの輪郭を浮かびあがらせ、見えるものにこれを還元してしまうというのではなく、見えないものが見えるものを与え、かくしておのれから見えるものを引き出し、そこに自ら立ち現われるのである。この意味で、聖パウロがキリストに対して用いた、*eikôn tou theou tou aoratou* 見えない神のイコン（「コロサイ書」一・一五）という表現は、われわれにとって規範として役立つべきものである。この表現は、ダマスコのヨハネがさらに明らかに、思い切っておこなっているように、あらゆるイコンについて一般化されるべきでさえある「*pasa eikôn ekphantorikè tou kruphiou kai dektike* あらゆるイコンは秘密をあらわにし、示している」[15]。なぜなら、ここでキリストと神について言われていることは、すべてのイコンについて理解されねばならないからである（やがてわかるように、その逆でない限りは）——それは見えるもののイコンではなく、見えないもののイコンなのである。このことはしたがって、イコンによって呈示されていようとも、見えないものは相変わらずどこまでも見えないものにとどまる、ということを意味している。狙いを免れている（狙いえないものである）がゆえに見えないのではなく、この見えないものを見えないものとして——見据えられないものとして、見えるようにしようとすることが問題であるがゆえに、見えないものなのである。見えないものが見えないままにとどまろうとも、あるいは見えるものとなろうとも、同じこと、つまり偶像に帰するのであり、その役目は、見えないものを、見えるものに切りつめられる持ち分と、狙いえないものとしておのれを隠す持ち分とに、分かつことにある。逆に、イコンは、見えないものを見えないまま見えるようにしようと試みるのであり、したがって、見えるものが絶えず自己以外の他者へと送り返し、しかもこの他者が見えるもののうちで再生産されることは決してないことを可能にしようと試みるのである。したがって、イコンは、厳密に言えば何も示さないのであり、生産的想像（*Einbildung productrice*）という様態ですら示さないのである。イコンはまなざしに向かって教え戒め、それゆえ、まなざしが見えるものから見えるものへと、無限の根底に至るまで遡行し、そこに新たなものを見出すために、まなざしを絶えず修正してやまないのである。イコンはまなざしに、見えるものの上に決して凝固しないでおのれを乗り越えてゆくように命じる。それというのも、見えるものはここでは、見えないものを目指してしか現われないからである。まなざしは、イコンを見るならば、休むことも沈澱することも決してできず、見えるものの上でいわばつねに新たな局面を見せて、見えるものにおいて、見えないものの無限の行程を遡ってゆかねばならないのだ。この意味で、イコンは、無限のまなざしを生じさせることによってのみ見えるようにするのである。

6　顔が見据える

しかし、見えないものを見えないものとして見えるようにする、とは何を意味するのだろうか。単にイコンという概念がその力を失っているというのでなければ、ここでは、おしゃべりが概念の代わりになっているのではなかろうか。見えないものは、見えないものとしては、見えるものとなることはありえないであろう。もし見えないもの、とりわけ神々もしくは神の神的なるものが、*ousia*（実体）に関する（形而上学的な）諸用語で理解されるならばおそらくそうであろう。その場合、*ousia*（実体）は見えるもの（感性的でも叡知的でも、われわれの意図にとっては同じことである）となるか、あるいはそうでないかのいずれかであるが、偶像はそのどちらかを選ぶことができ、その二分法を生み出すものでさえある。とはいえ、*ousia*（実体）が、少なくとも神学にとっては、出来《しゅったい》しうるもののすべてを尽くすわけではない。その上、イコンの神学的な身分を決定的に立証している公会議の定義は、イコンを*hupostasis*（基体、下に立っているもの）の上に基礎づけている。「イコンを崇拝する者は、イコンにおいて、そこに刻み込まれた者の位格（hypostase）を崇拝すべし(16)」。イコンに向けられた崇敬は、イコンにおいて、顔を描かれている者の位格に関わるのである。*hupostasis*（基体）を、ラテンの教父たちは*persona*（ペルソナ、位格）という言葉で翻訳したのだが、これはその*hupokeimenon*（基体、下に横たわっているもの）においてあるものとしてイコンのうちに囲い込まれたいかなる実体的な臨在をも含んではいない（そしてこれは、聖体の秘蹟におけるキリストの実体的臨在とは反対である）。ペルソナがおのれの臨在の証をたてたのは、ペルソナを最もふさわしい仕方で性格づけているものそのもの、すなわち、まなざしが働かせる志向（*stokhasma* 矢）の狙いによってなのである。イコンは、木と絵具の素材を配置し、そこに、それらの素材から出現するところの、貫くまなざしの志向が現われてくるようにする。しかし、と、表面しか見ない聴衆は次のように反論するだろう。イコンを志向の狙いによって、したがってまなざしによって定義するならば、偶像を定義したときとまさに同じ用語を再び使うことになるのではないか。全くその通りなのである。ただし、ここである完全な転倒がおこなわれていることを別とすればである。つまり、まなざしはここでは、もはや最初の見えるものに至るまで狙う人間や、ましてや芸術家などに属するものなのではない。かかるまなざしは、ここではイコンそのものに属しているのであり、そこで見えないものが見えるものとなるのは、志向的に、したがってイコンの狙いによってのみなのである。人間が、そのまなざしによって偶像を可能にするとすれば、イコンを敬って見入る場合には、逆に、見えないもののまなざしがみずから人間を狙うのである。イコンはわれわれをまなざす――すなわちイコンは眼に見える仕方で見えないものの志向を出来《しゅったい》させることによって、われわれに関わってくるのである。さらに、最初の見えるものの、もしくはその物質的な供託の、盲目的な面を見据えることが人間のまなざしに帰するとすれば、イコンにおいては、それを見る者はそこに顔を見るのであり、その顔の見えない志向が見る者を見据えるのである。イコンはある顔の上に開かれるが、その顔においては人間の視線は何も注視することなく、見えるものそのものの魅力によって、見えるものから見えないものへと無限に遡ってゆく。すなわち、人間のまなざしをひたすらそれ自身だけに送り返して、狙いえないものを禁止していた見えない鏡に代わって、イコンは、それらをイコンの深さへと召喚するためにわれわれのまなざすある一つの顔においておのれを開くのだ。イコンのみがわれわれに顔を見せる（言い換えれば、顔はみなイコンとしておのれを呈示する）、とまであえて言わねばならない。というのも、顔が現われるのは、鏡の完全な、滑らかな不透明性が顔を閉じてしまわない限りにおいてでしかないからである。顔が閉じる、ということは、それが輝く鏡のうちに閉じ込められる、ということ以外の何ものも意味してはいない。まさしく、輝くような微笑みほど仮面で顔を閉ざすものはないのである。イコンのみが開かれた顔を提供する。それというのも、イコンはおのれの光景を、それに違反するように――それを見るのではなく、崇拝するように呈示することによって、おのれのうちで、見えるものを見えないものへと開くからである。知覚された見えるものの見えない位格への回付は、（見えない）鏡を通過して、いわばイコンの眼のなかに――この眼に、見えるものと見えないものとを相互に変換させるという不思議な特性があるとすれば――入ってゆくようにと召喚するのである。まなざしがそこで凝固する見えない鏡の後を継ぐものとして、人間のまなざしが、見えないものを見るようにと招かれて、そこへと呑み込まれてしまうある一つの顔が開かれるのである。人間のまなざしは、おのれと同じく凝固した *figumentum*（形象）に神的なるものを固定するどころか、イコンに見据えられて、目に見えるもろもろの広大な浜辺に静止した、見えないものの潮の干満がそこに出来するのを絶えず見るのである。偶像においては、人間のまなざしはその鏡のうちに凝固するが、イコンにおいては、人間のまなざしは、目に見える仕方でこれを見据える見えないまなざしのなかに消失するのである。

7　見えないものの見える鏡

見えないものそのものを見えるようにする可能性が、いまや考えられるものとなる。偶像においては、鏡の反射が見えるものを、狙いを越えるもの、狙いえないがゆえに見えないものから分かつ。イコンにおいては、もしこう言ってよければ、見えないものの各点に光の点を伴わせるために、見えるものは限りなくおのれを深めるのである。ところで、見えないものは志向のうちにしかないのであるから、見えるものと見えないものとがこのように無限に共存するのも、見えないものが見えるものに対立しない限りでのことである。イコンの見えないものは、顔の志向に存する。顔が見えるものとなればなるほど、顔のまなざしがそこからわれわれを見据えてくる見えない志向も、見えるようになる。より適切に言えば、顔の可視性は、見据える不可視性を増大させるのである。顔の深さ（奥行）、見据えるためにおのれを開く顔の深さのみが、イコンに見えるものと見えないものとを結びつけることを可能にし、この深さ（奥行）がそれ自身、志向と結合するのである。しかし、志向はここでは、無限から由来する。したがって、志向は、イコンが無限の深さによって貫かれることを含意しているのである。偶像がつねにそれをある固定点から来《きた》らしめる反射として、根本的に偶像がそこから立ち戻る原物《オリジナル》から出発して規定される（立ち戻るもの＝幽霊（revenant）としての偶像――*Gespenst*（幽霊）はエイドーロンのいくつかの使用法と重なる）のに反して、イコンは原物《オリジナル》のない起源《オリジン》によって定義される。つまりイコンの無限の深み（奥行）にそって流れ込み、あるいはおのれを与える、それ自身無限の起源《オリジン》によって定義される。それゆえ、イコンの奥行（深み）はイコンを、あらゆる美（感性）的なるものから免れさせる。偶像だけが、捉えられることが出来、捉えられるべきである。というのも、偶像のみが人間のまなざしの結果であり、それゆえ、まさしく偶像におのれの尺度を押しつける*aisthesis*（感覚）を前提とするからである。〔これに対して〕イコンは顔の無限の奥行からしか測られない。このように見据えてくる志向は、おのれ自身にしか依存していない――*aisthesis*（感覚）に、ある黙示録がとって代わる。見えないものが、志向に沿って、見えるもののうちで自由となるのは、出来《しゅったい》という純粋なる恩寵によってのみなのである。天は、そこから顔が降《くだ》ってくるために、天自身からしか裂けることができない（「イザヤ書」六三・一九）。イコンは、おのれ自身の限りない測り知れなさ（démesure）以外のいかなる尺度もおのれに認めない。偶像が神的なるものを測るのは、次いでこの偶像を彫刻に彫る者のまなざしの射程に従ってのことであるのに対して、イコンが見えるもののうちに頒《わか》ち与えるのはある顔だけなのであり、この顔に属する見えないものは、その啓示が人間の眼では決して探り尽くし終えない深淵を示せば示すほど、それだけますます適切に見据えられるべく、おのれを与えるのである。さらにイコンが他所からわれわれにやって来るというのは、このような意味においてである。確かにここでは「人間の手で作られていない」イコンに経験的な有効性を認めることなどが問題になっているのではないが、しかし*ackeiropoièsis*（人間の手で作られていないこと）が、イコンをその起源へと送り返す、というよりもむしろイコンを起源へのこの無限の送り返しとして資格づける無限の奥行から、いわば必然的に帰結することをよくわきまえることが問題なのである。物質的偶像を資格づけるのは、まさしく、芸術家がその偶像に、見る者を魅了し尽くす最初の見えるものの輝きを刻み込むことができる、ということである。反対に、木版の上に描かれたイコンを資格づけるものは、人間の手に由来しているのではなく、イコンを貫いている無限の奥行に、よりよく言えば、まなざしの志向に従ってイコンの方向を定めている無限の奥行に由来しているのである。イコンのうちの本質的なるもの――見据える志向――は、イコンに他所からやって来る、というよりもむしろ、その見えない異他性が顔の可視性を意味で飽和させる、この他所としてやって来る。翻って、イコンを見る、あるいはむしろ観想することは、見えないものが見えるものとなる黙示録に答えるために、見えるもののうちに見えないものの志向を読み取ることがやがてできるようなある解釈学によって、顔の可視性のうちに露出する奥行を踏破する（parcourir）ことにのみ存する。イコンを観想することは、見えるもののうちでおのれを頒ち与える見えないものが、見えるものを見据える仕方そのもので見えるものを見るということ――厳密に言えば、われわれのまなざしを、イコンの仕方でわれわれを見据えてくるまなざしと交換するということである。したがって、イコンの成就は、驚くほどの現象学的正確さでもって、偶像の本質的な諸契機を逆転させるのである。聖パウロの驚くべき一連の言葉が示しているように、「われわれは皆、顔の覆いを除かれてあらわにされた（*anakekalumménô prosôpô*）、『主の栄光』を反映する鏡として役立ちながら（*katoptrizomenoi*）、主の霊の働きに従って、栄光から栄光へと進みながら、主と同じ姿（イコン *eikona*）へと、またそれに従って造り変えられてゆく」（「コリント後書」三・一八）。たとえ概略でも、これらの言葉に注釈することはほとんど無益だ（また不可能でもある）と思われる。われわれはこの反転の要点を簡単に指摘しておこう。ここではわれわれのまなざしは、その狙いによって、最初の見えるものの光景を指し示しはしない。というのも、この視覚においては逆に、いかなる把握（*aisthesis*）をも放棄して、黙示録的な顕現を受け入れるわれわれの顔そのもの以外のいかなる見えるものも、あらわにはならないからである。そのことによってわれわれの顔そのものが目に見えてあらわになる。なぜだろうか。それは、われわれの狙いにとって、そして狙いによって眩惑するものであると同様、眩惑されもするものであるがゆえに、見えない鏡のうちに呈示される偶像とは反対に、イコンにおいては、われわれのまなざしは、われわれのまなざしがそれによってより根本的な仕方でまなざされることによってしかまなざすことのないものの、視覚的な鏡となるからである。われわれは、その栄光に応じてわれわれを覆す見えないまなざしの見える鏡となる。見えないものは、その受肉の描かれた可視性とわれわれの肉の事実的な可視性とを通じて、「顔と顔を合わせ、人と人とを対面させて」（「コリント前書」一三・一二）、われわれを召換する。それはもはやわれわれのまなざしの見えない鏡としての見える偶像ではなく、見えないものの見える鏡としてのわれわれの顔なのである。したがって、われわれの渇水位を境界づけていた偶像とは逆に、イコンは、われわれ自身の可視性の限界を、イコン自身の可視性——その栄光——に応じて移動させるのである。イコンは、その栄光をその鏡としてのわれわれの顔の上に輝かせることによって、われわれをその栄光へと変化させる。しかし、その鏡とは、まさにこの栄光そのものによって焼かれ、見えないものによって変容し、そしておのれ自身の彼方でかの栄光に飽和させられることによって、不完全ではあっても、まさしくその栄光のイコンとなる鏡、つまり見えないものそのものの可視性なのである。(17)

8 概念におけるイコン

イコンは、その資格を無限なる奥行の踏破からしか得ていないのだから、少なくともここではイコンが裏づけている偶像と同様、芸術の領分には属さない。画家が顔の開披のために可能な支えのうちのひとつ、感性的な支えを提供するのは、石のなかに神の輝き、最初の見えるものを刻み込む彫刻家が、感性的な一箇の支えによって、記憶を駆り立てるのと同様である。しかし、まなざしが見えない仕方でおのれ自身の狙いを反省し、そこで狙いえないものを追い払うこともまたできるがゆえに、偶像は概念による神的なものの測定を行使することができる。それと同じくイコンも、少なくとも概念が、理解しえないものを理解する（comprendre 把握する）ことを断念して、それを思い抱こう（concevoir 孕もう）と試み、したがってまた、理解しえないもの自身の測り知れなさにおいてそれを受け入れようと試みさえするならば、概念を使用することができる。しかし、はたして、そのような諸概念を思い抱く（孕む）ことが可能なのだろうか。イコンにとって――叡知的な――支えとして役立ちうるのは、無限な深さ（奥行）を通じて可視性のうちへ入ってくる見えないものの測り知れなさにおのれを合わせることを許容するような概念、したがって、それ自身、見えるものと見えないものとが互いに睦み合う場であるその無限の深さ（奥行）をみずから語り、あるいは語ることを約束する概念のみである。デカルトが、*idea Dei*（神の観念）は *idea infiniti*（無限者の観念）として語られるだろうこと、そして無限者の観念は « *ut sit vera nullo modo debet comprehendi, quoniam ipsa incomprehensibilitas in ratione formali infiniti continetur* »「把握不可能性そのものが無限者の形式的根拠に含まれている以上、無限者の真の観念であるためには、それはいかにしても把握されてはならない」[18]ということを明らかにするとき、彼はわれわれに一つの道を、少なくとも近い道を示している。イコンは概念に、無限の奥行の踏破を受け入れるように強いる。明らかにこの踏破は、無限なもの、したがって概念によっては規定しえないものとしてのみ有効である。しかるに、概念によって一箇の本質を規定することが問題ではなく、ある志向――見えるもののうちへと進み出、この見えるものから見えないものへの、見えないものが課する回付そのものによって、この見えるもののうちにおのれを刻み込む見えないものの志向を、規定することが問題なのである。イコンの解釈学の意味するところは、見えるものが見えないものの可視性となるのは、見えるものが見えないものの志向を受け入れる場合、つまり、志向に関して、見えるものが見えないものへと送り返す場合に限られる、ということであった。要するに、見えないものが（見えないものとして）見据えてくるのは、（顔としての）見えるものへと移行することによってのみであり、他方で、見えるものが（見えるものとして）見えさせるのは、（志向としての）見えないものに移行することによってのみなのである。見えるものと見えないものとは共に、見えるもの、見えないものとして増大する。両者の絶対的な区別は、それらの（相互）移行という根源的な交流を含意しているのである。われわれは、イコンのうちで、距離（distance）という概念が働いているのを再び見出す。すなわち、統合は区別に応じて大きくなるのであり、またその逆でもある。イコンの距離への本質内在的な関係をここで再びとりあげることはせずに、イコンが距離へと開く展望のうちのいくつかを示しておくだけにとどめよう。(a)イコンに値するのは、見えるものと見えないものとの統合と区別をともに強め、それゆえ、それらの統合と区別の一方を強調すればそれだけ他方をも増大させるような概念、もしくは諸概念の全体である。したがってあらゆる絶対知の僭称は、偶像に属することになる。(b)イコンは、神学的な身分、見える顔から見据える志向への回付を持っており、この回付は、キリストから父への回付においてその絶頂に達する。というのも、*eikon tou theou tou aoratou*（見えない神のイコン）という定式は、まず第一にキリストに関わるからである。このような〔キリストへの〕割り当てが、イコンの応用のうちのひとつをなすにすぎないどころか、どの程度、規範的な価値を持っているかをはっきりさせることが、なお課題として残されているであろう。(c)偶像崇拝は、凝固するまなざしの射程に従って神的なるものを測るのだから、神的なるものを「語られた神々」（ルネ・シャール）[19]の一つに還元することとひきかえにでしか、神的なるものの、それでも現実的な体験に達することができないのと同じく、イコンは、それが——厳密な意味で——無限に、距離における観想を召換するのだから、ひたすら、凝固したまなざしのあらゆる偶像を過剰なほどに覆すことしかできず、要するに、（ナイフで身体を切り開くように）凝固したまなざしに対して眼を開かせ、一箇の顔へとその眼を開いてやることしかできないであろう。偶像はその重心を人間のまなざしに置いている。したがって、人間のまなざしは、神的なるものの輝きによってどれほど眩惑されようとも、つねに偶像の受託者であり、そのただひとりの主人である——つねに、少なくとも潜在的には、偶像はその黄昏へと向かっている。それというのも偶像は、その黎明期にあってすでに、外部からの輝きしか集めていないのだから。イコンは、もろもろの人間的なるものの眺めの釣り合いを失わせ、それが無限なる深さ（奥行）のうちに呑み込まれるようにするのだが、最悪の苦境の時代にあってさえ、無関心によって損われることがありえないほどの神の前進を示している。なぜなら、おのれを見させるために、イコンはおのれ自身以外の何ものをも必要とはしないからである。

このようなわけで、イコンは、その放棄（abandon）が受け入れられることを、忍耐強く、まさに要求することができるのである。

第二章　二重の偶像崇拝

モーリス・クラヴェルへの挨拶として

1　偶像の働き

明らかに、ニーチェとの対話から、『歓ばしき知識』の狂気との対話から、それゆえまずは、偶像のより本質的なる概念から始めなくてはなるまい。実際、偶像のいっそう本質的なるこの概念は、神的なるものの知的な表象を全き権利をもって迎え入れることができ、「神の死」の解釈、より適切に言えば再解釈の枠組みを提供することができるように繰り広げられねばならない。したがって、少なくとも概略だけでも、偶像の形象の輪郭をたどること——形象を形象化すること、図式を図式化することが必要である。書く場合にごく自然に、避けられないものとして生じるこの二重化は、あらかじめ、偶像が、感性的と知性的、より適切に言うと「美的・感性的」と概念的、というその適応領域の両義性を呼び求めることをあらわにしている。

偶像崇拝的な形象は、神的なるものに戯画を押しつけているとして頻繁に批判されてきたが、このような形象を形象化することは、その形象に、同じような戯画を向けかえすことを意味しているだろうか。しかし、偶像には、まさしく、戯画的なものや欺瞞的なもの、錯覚を抱かせるものなど何もありはしない。偶像が見せるのは、それが見るもののみである。エイドーロンが直接にエイドー（見る）によって公認され、それに結びつけられている、ということはわれわれに、ただ単に中性的な、あるいは取るに足らない語源学的な事実などを示しているだけではなく、ある基礎的な逆説をきわめて正確に反映しているのである。偶像はそれが見るものを見せる。偶像は、欺瞞も錯覚もなしに見えるものの領野を現実に占有しているもの、しかし決定的な仕方で、視覚そのものからしてのみ偶像を公認するものを見せるのである。偶像は視覚に、それが見るものの像を与える。偶像は、視覚が志向的に狙うものを現実性において産み出す、〔あるいは〕（おのれを）かかるもの（として）産み出す。偶像は、視覚がまなざしをもって狙うものを、ある一つの形象へと凝固させる。かくして鏡は、見る働きに、それが狙う唯一の対象、すなわちその狙いそのものの顔を呈示するために地平を閉じる。それはまなざしているおのれをまなざすまなざしであるが（le regard se regardant regarder）、まなざしているまなざしをそこに知覚することなく、この顔以上のものはそこに見ないという危険を冒してまでもそうするのだ。ただし、偶像にとっては、いかなる鏡もまなざしに先立たないし、また偶然のことのようにはまなざしの視覚空間を閉ざしもしない。自己を反映し、そのうえただおのれの上にのみ映し出すために、偶像崇拝的な視覚はおのれ自身以外のいかなる審級をも動員することはない。その狙いの未来において、何ものも予見できないであろうある瞬間に、狙いはもはや彼方を狙うことをやめ、ある鏡の上で、おのれへと跳ね返る——この鏡は、さもなければ決して現われることはなかったであろう——。この見えない鏡が、偶像と名づけられるのである。見えない、というのは、それを見ることができないからではなく、逆に、それしか見ることができないからである。それは、狙いが目ざすものを隠してしまうがゆえに見えないのである。この鏡から、狙いはもう進まなくなり、もはや狙うことをせずにおのれへと立ち戻り、おのれを反射し、この反射によって、体験するに耐えないもの、狙われておらずまた狙うこともできないがゆえに見えるものではないものとして、見えないものを放棄するのである。したがって、見えない鏡は、狙いのおのれ自身への反射的な回帰を生ぜしめるのではなく、むしろその結果なのである。この鏡が呈示するのは、いわば、凹凸の痕跡でしかなく、狙いが衰弱し、次いでそれが振り返って自分自身に逆向きに行なう跳躍《エラン》の跡でしかない。この偶像という木の板は、視覚がそこまで前進して、そこから自己へと立ち戻るきっかけとなる視覚の踏切り板にほぼ相当する。ワインの中に溜まる澱が、熟成しきったことを示し、そこにはいかなる新たな変化もありえなくなったことを示すように、偶像は、見えないものと神的なるものへの狙いの澱、したがって、その反射によってひとたび狙いが止められた後に残るものでしかない。彫像や絵画といった偶像のうちに、狙いは沈澱する。狙いの逆転が不可視性の点を規定し、反射（反省）が鏡を生じさせるのである。見えない鏡——それは、視覚の逆転の見られて－いない原因というよりもむしろ、ある極限の上に見えないものを固定させる視覚のこの逆転なのである。かくして偶像がある形象の手応えのうちにおのれを凝固させるのは、逆転という審級からしてでしかない。形象は、見えないものの上／前での逆転から結果するのであって、その逆ではない。したがって偶像は、個体の上への反射（反省）であるように見える。つまり狙いうるものへと向かう狙いは、狙いのある瞬間に自分自身のほうへと向きを変え、かくして、それがもはや狙うことのできないものを見えないものと性格づけるために、おのれに向かって自己反射（反省）するのである。見えないものが反射（反省）によって定義されるのであり、その離反が、見えるものを狙いえないものとして、それゆえ見ることのできないものとして、要するに見えないものとして放棄することになるのである。

かくして、偶像は、可視性でおのれを示せば示すほど、見えないものを隠すことになる。偶像は、欠如によって見えないものを欠けば欠くほど、見えるものとしておのれを目立たせる。アテネの国立美術館の広間にあってさえ、その力強くしかも控え目な壮麗さでいつもわれわれを捉えるあの古代ギリシャの少年像《クーロイ》の彫像は、いずれをとってみても、確かに神的なるものの印を担っている。聖なる風景や神殿、神々の像に、神的なるものがその印をとどめた、ということを否定するための資格を何ぴとも持ってはいない。なかんずく、そのような力は何ぴとにもない。そのわけは、実際に偶像が、渇水位が水嵩の増加を印しづけるように、ある反射（反省）と離反（放棄）とに至るまでの神的なるものへの狙いのある前進を印しづけるからである。いくつかの偶像の証言は、われわれにとっては、その適切さを確かに失っているかもしれない。とはいっても、偶像の証言が証言として、つまり神的なるものとしての資格を失ったわけではなく、ただ無意味性の刻印を押されただけなのである。というのは、ギリシャ人たちによって鍛造された偶像がわれわれにはもはや神的なるものを見せないとすれば、落度は（落度と言わなければならないとしてのことだが）神的なるものにも、ギリシャ人たちにも帰せられはしないからである。ただ単に、われわれの間にもはやあのギリシャ人たちがいないだけなのである。彼らにとってのみ、これらの石の形象は、彼らの見えない鏡によって、見えないものへの反射（反省）を示しうるであろう。その見えないものの見える渇水位が、ギリシャ人たちのみが到達しえた神的なるもののあの特殊な経験にまさに対応しているのである。ギリシャ人たちの偶像は、沈黙のうちに、そして理解不可能な仕方で、全く現実的な神的なるものの経験を洩らしているのだが、しかし彼らにとってのみこの経験は実現したのである。デルフォイの神託を沈黙させるものは、何らかの欺瞞がついに暴かれたこと（フォントゥネル）によるのではなく、ギリシャ人たちがいなくなったことによるのである。偶像はつねに、神的なるものの真の、本物の経験を示しているのだが、しかしまさにそのために、それはその経験の限界をも表明している。つまり、偶像は神的なるものの経験として、したがってその経験を狙う者の立場から、その狙いが偶像崇拝的な形姿による見えないものからのおのれの離反を隠しかつ示す場である反射をめざして読み取られるべきであり、つねに、その神的なるものの経験が偶像において形となる者の立場からして読み取られるべきである。偶像においては、神的なるものは、確かにある現前《プレザンス》を有し、確かにある経験に対しておのれを提示するのだが、しかしそれもある狙いとその諸限界からしてのみである。一言でいえば、偶像において神的なるものが形となるのは、ただ間接的にのみ、人間的な審級が神的なるものについて定める経験に従って反映されてのことにすぎない——神的なるものは、実際に体験されても、人間的な審級の尺度に従ってのみ形をとるのであり、この人間的審級は、できうる限り、神的なるものの試練に身をさらすのである。かくして、偶像において現存在（*Dasein*）の神的な機能が暴露され、標準化される。すなわち、偶像は決して神的なるものそのものには達しないのであり、まさにそのために、欺くことも、錯覚を生じさせることもなく、神的なるものを逸するわけでもないのである。現存在の神的な機能として、偶像は、現存在のつねに有効な経験の指標を提供している。偶像が神的なるものを反映しているということ、そしてある意味で偶像は、それが依然としてその貯蔵庫となっている経験を、われわれのために呼び起こすようわれわれをなお誘うことができる、ということを疑わしめることができるのは、ひたすら愚かさだけである。しかし、この妥当性とこの無垢とのために、偶像はまさしくその限界という代価、つまり現存在のある状態に合わせた神的なるものの経験、という代価を支払っている。要するに、偶像を疑わしいものとするものは、ある欠陥（たとえば偶像が「錯覚」しか提供しない、ということ）によるのではなく、逆にその有効性の諸条件——偶像が、それを体験する者、そして当然のことながら越えることのできないものとしてそれを体験する者に徹底的に内在している、ということによるのである。それぞれの時期（époque）に、ある偶像のうちにそのつどおのれを固定する神的なるものの一つの形姿が対応している。実際、ボシュエが、始めから終わりまで諸多の偶像の継起について考察している世界史のなかで、*époque*（時期）という用語をあえて用いているのも偶然ではない[1]。神的なるものの限られ、それゆえに現実的であり、限られているがゆえに現実的な把握としての偶像のもつ真摯さのみが、ヘルダーリンがヘラクレスとディオニュソスとキリストとの間に認める兄弟関係[2]を理解可能なものとするのである。実際、偶像は神的なるものを、それをおのれの反映として産出する狙いの視点から証すのである。したがって、そのつど偶像は神的なるものの証しとなるのだが、しかしそのつど、神的なるものは、現存在によって、可変的な射程に限られた現存在の狙いから出発して思惟されているのである。偶像はそれゆえつねに、ボードレール[3]の言い方を借りれば、「自己」－偶像崇拝」において極まる。偶像とは、神的なるものの誤った、もしくはいつわりの像であるよりも、その神的なるものの狙いにおいて見られた現存在の、現実的な、限られた、そして際限なく可変的な一機能（関数）なのである。偶像とは、現存在が神的なるものについて抱く像であり、それゆえ、より現実的に神的なるものの形象であればあるほど、それだけ神ではないのである。神的なるものについて像を抱く（se faire du divin une image）？　フランス語の用法ではむしろ « se faire une idée de... »〔何かについて概念・観念を得る、心に描く〕と言ったほうがよい。これはとりわけ、観念が偶像を完成させるであろう、という理由からなのだろうか。

2　概念的偶像の両義性

なぜならば、概念は、神的なるものをおのれの支配のうちで知り、それゆえ「神」と名指すときに、それを定義するからである。神的なるものを定義する、したがってまたそれを概念の支配の次元の尺度で測るのである。かくして概念は、「美的・感性的」[4]偶像の本質的諸特徴を改めて自分の責任のもとに引き受けることができる。それというのも、神的なるものを現存在から捉えるがゆえに、それを現存在の一つの機能として測るからである。現存在による神的なるものの経験の諸限界は、現存在に、彼方を、見えないものを狙うことを回避させるある反射（反省）を誘発し、現存在をして神的なるものをある概念へと、見えない鏡へと凝固させる。とりわけ「神の死」は、神をある正確な概念において明白なものにする、神のある規定を前提している。「神の死」はしたがって、最初は、限られた、そしてまさにそれゆえに知解可能な、神的なるものの把握を含んでいる。したがって、このように神と名指されるものに括弧——「神」——を付け加えなければならないが、この括弧は、疑いを示すよりも境界を定めるものなのである。つまり、「神の死」は、第一に、それが「神」の名のもとに捉えるものと等価なある概念を前提している。この概念を基礎にしてこそ、批判はその論争をおこなうのである。すなわち、もし「神」がその概念のうちに疎外（フォイエルバッハ、シュティルナー、マルクス）や、力への意志（ニーチェ）の解放された形態を含んでいるとすれば、その際「神」はこの概念の諸帰結がそこから完全に消滅するまでこれらを担い続けることになろう。このことは、明らかに、神がある概念一般に等価であることを前提している。それというのも、この等価性のみが、「神」を概念として操作的たらしめるからである。それは、ある無神論は（もちろん概念的無神論であって、どんな無神論でも、というわけではない——概念的無神論と社会学的無神論との間の絆がどれほど重要なものでありえようとも）それを含む概念と同じだけの値しかもたない、ということを意味している。そして、この「神」の概念は、限定されたものに留まることによってのみ、これを操作的たらしめることになる明確さに接近するのだから、概念的無神論はその厳密さ、その説得性、その適切性をその領域的な性格によってしか保証しえないと言わねばならない。領域的な性格にもかかわらず、ではなく、それによって、である。つまり、領域性は、神という定義上無限定な辞項に、概念が「神」というある正確な定義を置き換える、ということを示しているのであり、この定義に悟性が、規定的な定義によって、その論理を働かせることになるのである。かくして、もろもろの概念的無神論は神に、「神」と言われるある領域的な概念を置き換えることを前提しているのである。したがって、もろもろの概念的無神論が対象とするのは、それらが語るあの「神」をそのつど養っているもろもろの概念でしかない。「語られた神々」（ルネ・シャール）は、神に、われわれだけが概念として陳述することのできる「神々」をとって代えるのである。しかしながら、概念で語るにこと足りるこの「神」は、何ら錯覚をもつわけではない。それというのもこの「神」は、現存在がある時期《エポック》のさなかにおいて体験した神的なるものと、おのれの「神」の定義として承認するものを顕示しているからである。ただ、このような神の体験は、神のうちよりもむしろ人間のうちに根拠をもっている。そして、L・フォイエルバッハが正確に述べているように、「人間がその偶像の原物《オリジナル》である」(5)——人間は依然として神的なるものについておのれのもつ偶像崇拝的概念の原初的場所でありつづける。なぜなら、この概念が示しているのは、見えないものを狙いつつ、おのれ自身の彼方へとあえて向かう危険を冒すことを断念するある思惟の極限までの前進と、次いでそこから反射（反省）しての回帰だからである。

いまや、次のように問うことが可能になる。いかなる——領域的であるがゆえに厳密な——概念が、「神の死」に、その偶像崇拝的な支えを提供するのだろうか。この問いに、ニーチェ自身、はっきりと、前もってこう答えている。「道徳とともに、あらゆるものに与えられる〈然り〉の汎神論的な肯定もまた不可能となってしまったのか。根本においては（*im Grunde*）、ただ道徳的な神のみが反駁され、超出されたにすぎない。〝善悪の彼岸〟に一箇の神を考えることに意味はないのであろうか[6]」。「道徳的な神」のみが死ぬことができ、すでに死せるものとして発見されることもできるのである。なぜなら、この神のみが「道徳的な神」として、価値の論理に属するからである。つまり、この神自身、反‐自然としての道徳の諸価値の体系のうちでしか理解されず、作動しないのだ。かくしてこの神は、ニヒリズムとともに「最高の諸価値が信用を落とす」や否や、直ちに傷つけられるのである。「神」が、「道徳的な神」として、それ自身「プラトニズム」の究極の形態と捉えられた道徳の領域のなかで尽くされるのでなければ、ニヒリズムは「神」にいかなる力も及ぼすことはなかろう。ニーチェのテキストの文面通りに、「道徳的な神」のみが消え去るのだと認めることは、ニーチェの意図の徹底性を鈍らせるどころか、逆にその可能性の条件を解き放つことになる。この可能性の条件は、明らかに、神とある偶像（領域的概念）との、ここでは「道徳的な神」との等価性を想定している。ここから、次の二重の問いが生じてくる。(a)この偶像にどれほどの射程を認めるべきか。(b)この偶像にいかなる起源を帰すべきか。

その射程に関しては、とりあえず、これをこの射程が何を排除しないかに照らし合わせて決めることができる。すなわち、「道徳的な神」の死としての「神の死」は、「新たなる神々」の到来に手を触れないばかりか、むしろこれに門戸を開き、これを誘発する。そして新たな神々の肯定的な機能が、いまや唯一の世界となるこの世界を支えるのである。このように、ニーチェの意図の内部でさえ、「神の死」が効力をもつのは、それを思考可能ならしめる偶像が狙う限りにおいてである。それというのも、この *Götzen-dämmerung*（偶像の黄昏）の彼方に、神的なるものの別の曙光が登ってくるのだから。この神的なるものの新たな上昇の身分については、われわれはもっと後になってからでないとその吟味をおこなうことはできないだろう。この偶像の起源に関しては、これは容易に見つけられる。フォイエルバッハは、偶像崇拝としての宗教の哲学の全体を、そこに一つの破産を告発するためにではなく、ついに正当なものとなった〔人間による神の〕所有化をそこに認めるために構築しつつ、偶像崇拝は宗教において、「神」をそこで道徳的なものとして考えることによって、おのれのもつすべての厳格さを発揮する、と指摘している。「宗教、とりわけキリスト教において、悟性もしくは理性が神に与えるあらゆる規定のうちで、すべてに優っているのは道徳的完全性である。道徳的に完全な存在としての神は、道徳性の実現された理念、道徳性の人格化された法にほかならない〔……〕。道徳的な神は、人間に、神自身のようにあることを要求する」[7]。しかし、しばしばそうであるように、ここでもフォイエルバッハは、カントに向かっての一つの中継所としての価値しかほとんど持たない。カントははっきりと、神を「世界の道徳的創造者」[8]と考えているのである。〔神と道徳的創造者との〕この等価性が、先に定義しておいた厳密な意味における偶像として働くことを示すのは、少なくともある意味では、何ら困難なことではない。世界の道徳的創造者として「神」を捉えることは、ある実際の神体験を想定しているが（カントの実践哲学の宗教的真率性を、誰があえて疑うだろうか）、それは（ひたすら実践的な視点のみからする）「神」の有限な規定に基づいているのであって、神の本性――そういうものがあるとしての話だが――からではなく、人間の現存在が神についてなす経験からの規定に基づいている。この性格を、カントははっきりと取り入れている。「宇宙の道徳的至高者というこの理念は、われわれの実践理性の一つの義務である。われわれにとって大事なことは、神がそれ自身で（その本性において）何であるかを知ることよりも、神が、道徳的な諸存在者としてのわれわれにとって何であるかを知ることなのである」[9]。それゆえ、「神」が「道徳的な本質として」、「道徳的な存在者」と言われうるのは、神の固有の本性には触れることなく、ひたすらわれわれにとってのみなのである。カントにもましてフィヒテは、「道徳的な神」という偶像崇拝的な還元を荒々しく次のように表現している。「生き生きした、現実のこの道徳的秩序は、神そのものである。われわれにはそれ以外の神は必要ないし、考えることもできない(10)」。かくしてニーチェは、何ら明確なものを狙わず、その意図は概念的な厳密さから後退し、ある情念（*pathos*）へと、それ以上曖昧な形容詞を避けて「詩的」と言われるようなある情念へと陥ってしまうか、それともカント的な（それによって「プラトン的な」）、神の「道徳的な神」への同一化を黄昏にある偶像として告発するか、いずれかとなる。このような〔神と道徳的な神との〕同一化は、二つの批判を誘発する。一つは、ニーチェの論全体が展開しているもの――すなわちこのような観念は偶像に、すなわち偶像の黄昏に等しいということである。したがって、シェリングの言うように「神は、世界の単なる道徳的秩序などよりもはるかに現実的なものである(11)」ならば、その場合は黄昏における偶像は、その消滅によって、神的なるものの、道徳的な形姿とは異なった形での出来《しゅったい》のための空間を開くことになる。概念的無神論は、その偶像崇拝的な結構から厳密に領域的な有効性を受け継ぐのだから、ここではむしろ神的なるものを解き放つという効果をもつ。ニーチェについての真の問いは、そのいわゆる（そして通俗的な）無神論には関わりがない。この問いが問うのは、ニーチェが試みる神的なるものの解放が、真の解放に至るのか、それとも道半ばにして衰えてしまうのか、ということなのである。ところがここで、もう一つの、しかも限りなくいっそう徹底した批判が生じてくる。それというのも、この批判が問うのは、概念的無神論は領域的なものにとどまることによってのみ厳密さをもつ以上、必然的に偶像崇拝とおのれを認めるべきではないのか、したがって排されるべきと自認すべきではないのか、という問いだけにはもはやとどまらないからである。この批判は、偶像崇拝が、肯定的《ポジティヴ》に神に近づくと主張する概念的な言説にも同じほど、いやそれ以上に、害を与えていないかと自問しているのである。なぜなら、結局、カントもニーチェも神と「道徳的な神」との等価性を等しく認めるのであり、したがって同じ偶像崇拝が、「神の死」の思想家と全く同様に、定言命法の思想家をも害するからである。このことから、偶像崇拝は、概念的無神論を性格づけるに先立って、世に言われてきたように神の存在を証明すると称する護教論の諸々の試みに害を及ぼしているのではないかという嫌疑が出てくる。それぞれの論証は、実際いかに説得力があるように見えても、行き着きうるところは概念だけである。論証にはなおこの場合、言わばおのれを乗り越え、この概念を神自身と同一化するという課題が残っている。この同一化は、たとえば聖トマスが、それぞれの *viae*（道）（*Summa theologica*『神学大全』Ia, q.2, a.3）の終わりで繰り返される « *id quod omnes nominant* »「すべてのものを命名しているもの」によっておこなっているものであり、それはアリストテレスが *Metaphysica*（『形而上学』）Λ, 7 の証明を *touto gàr ò theos*「なぜならそれがこれ、すなわち神なのだから」（1072b 29–30）という言葉で締め括っているのと同様であり、とりわけライプニッツが、根拠律に達して「われわれが発見したばかりのものが神と呼ばれるべきでないかどうか、いま直ちに見てみたまえ[12]」と要求するのと同様である。〔神の存在の〕証明は、概念的無神論が否定的に使う偶像崇拝を肯定的に使うのである。いずれの場合も、概念との等価性が神を「神」へと、すなわち限りなく繰り返されうる「語られた神々」の一つへと変貌させる。いずれの場合も、人間の言説が神について決定するのである。一方は論証的で他方は批判的な、これらの決定の対立が両者を区別するとはいっても、それらに共通の前提が両者を同一化するほどにではない。その前提とは、人間の現存在が概念的に神に到達することができ、それゆえ、「神」と名づけることをおのれに引き受けることになるような何ものかを、それを容認するためにせよ、廃棄するためにせよ、概念的に構築することができる、ということである。偶像は、否認に対しても〔存在〕証明に対しても、普遍的に働くのである。

3　形而上学と偶像

最初の偶像崇拝は、その本質が存在論的差異に、しかも「そのものとして思惟されてはいない」（M・ハイデガー）存在論的差異に依存している限り、厳密に形而上学から出発して確立されうる。われわれがたったいま得た結果は、その徹底性そのものによって、普遍的であるがゆえに微妙な問いへと道を開く。われわれは、偶像崇拝から概念的無神論へと移り、また同様に、肯定的なものさえ含めて神についてのあらゆる概念的な言説の偶像崇拝的な前提を明るみに出したのであった。しかし、あまりに見せすぎることで、われわれはかえってもう何も見せないことになる。神的なるものについてのあらゆる概念的な企てに対して偶像崇拝の嫌疑を拡大することによって、この嫌疑そのものの資格を失わせる危険にわれわれがさらされることにはならないか。偶像崇拝を標《しる》しづける作業がその主張を確かなものにできるのは、自分自身を限定すること、要するにおのれの適用される領野に正確に標識を設置することによってである。このような領野が矛盾なく規定されうると想定することには、形而上学的思惟そのものの普遍的なある特徴づけが、あるいは形而上学的思惟を普遍的に形而上学的なものとして現われさせる思惟のある特徴づけさえもが含まれている。この特徴づけを、ハイデガーは存在論的差異として明らかにすることができた。したがってわれわれは、ここではそれを検討することも説明することもしなくとも、〈存在〉の／〈存在〉としての *Geschick*（命運）(一) が、それによって、またそれとして、ある退却のなかで、しかしながら取り戻された近さをしつらえる退却のなかで諸存在者を展開する当のものとしての存在論的差異の根本的先行性を認めるであろう。われわれはまた、存在論的差異が形而上学的思惟において働くのは、そのつど存在論的差異をそのものとしては思惟されないままにしておく、〈存在〉の思惟（〈存在〉へと、〈存在〉によって召喚された思惟）を忘却した形態においてのみだということも認めるだろう。「形而上学的思惟は〈差異〉のうちに取り込まれており、この〈差異〉はそのものとして思惟されていない[13]」。かくして、「存在」は、決してそのものとしては思惟されておらず、つねにただ存在者の思惟されないもの、存在者の可能性の条件としてしか考えられていない。こうして〈存在〉の思惟は、存在とは何か *ti to on* ? という問いにおいてすら曇ってしまうのだが、この問いにおいては、存在としての存在 *on hē on* が示しているのは、〈存在〉そのものよりもむしろ存在者の存在者性（*Seiendheit, ousia, essentia*）なのである。したがって、このように存在者性は〈存在〉についての問いをも同様に最高存在者 *ens supremum* の問いに変えてしまうのだが、後者の問いそれ自身、存在者にとって決定的な、根拠の要求からして理解され、立てられるものなのである。したがってどちらの問いにおいても、〈存在〉について問うことは根拠の保証へと連れ戻される結果になる。「形而上学の存在‐神‐学的構成は、根拠としての存在と、根拠づけられ、かつ理由‐において‐根拠づけるものとしての存在者とを引き離しつつ相互に関わらせて保つ差異の優越した力に由来する[14]」。神的なるものは、かくして、そのものとしては思惟されない存在論的差異のうちでのみ、それゆえまた、存在者を確実なものとするために要求される根拠づける基礎、おのれを安全なものとし、よって根拠づけをすべき基礎の形態のうちでのみ、現われるのである。存在‐神‐学は、形而上学的なものとしておのれを構成しようとする神的なるものの一切の介入のための機能と、したがってそのための場所とをおのれ自身から解き放つ。すなわち、形而上学の神‐学的な極は、ギリシャにおける端緒の稼働以来直ちに、後になって「神」と名づけられるもののための用地を規定する。したがって、「神がその際哲学のうちに入りうるのは、哲学がおのずから、その本質に従って、神が哲学のうちに入ることを要求し、その仕方を明確に指示する限りにおいてである」[15]。それゆえ、神のようなあるものが哲学のうちに出来《しゅったい》することは、神そのものによりもむしろ形而上学に、〈存在〉の思惟の命運的な形態としての形而上学に属することなのである。「神」は、形而上学がなしえ、認め、支持することのできるものから出発して、その利益のために、規定されるのである。この先行的な審級——これが、避けて通ることのできないものと考えられた条件から神的なるものの経験を規定しているのだが——が偶像崇拝の最初の性格を示している。とはいえ、存在‐神‐学の神学的な言説を偶像崇拝として解釈するのにはまだ十分ではない。偶像崇拝が「神」と等価とする概念の、限られているが肯定的な射程を規定することも同様に大切だからである。これを果たすために、われわれはハイデガーとともに、また哲学史家としても、この概念が近代においては（デカルト、スピノザ、ライプニッツにおいて、またヘーゲルにおいても）、*causa sui*（自己原因）をもってひとつの完成した定式化を見いだすことを認めるであろう。「存在者の〈存在〉は、根拠の意味では——根拠にまで遡ろうとするなら——*causa sui*（自己原因）としてのみ考えられうる。それは、神の形而上学的概念を名指すことである［……］。自己原因《カウサ・スイ》として理解された *Ur-Sache*（原因・原的事態）。これが、哲学における神にふさわしい名である」[16]。「神」を自己原因《カウサ・スイ》と考えることによって、形而上学は「神」の異議の余地のない経験と、これまた同様に疑いの余地のない制限とを同時に示す「神」の概念をおのれに与えるのである。形而上学は、「神」を、作用因として、それもそれ自身が根拠づけの本質からしてしか、したがって最後には根拠づけのそれ自身への折り返しとしてしか理解されえないほど、絶対的にかつ普遍的に基礎づける作用因として思惟することによって、確かに神の超越性の把握をおのれのために構築するのであるが、しかしそれはひたすら作用因の、原因の、根拠づけの形態のもとにおいてでしかない。このような把握は、その限界をもまた認めるという条件でのみ正当性を要求しうる。この限界を、ハイデガーは甚だ正確に明らかにしている。つまり「この神、これに向かって人間は祈ることも、これに犠牲を捧げることもできない。彼は自己原因《カウサ・スイ》を前にして畏れおののいて膝を屈することも、楽器を奏でることも、歌うことも、踊ることもできないのだ。かくして、哲学者たちの神、自己原因としての神を放棄することを強いられると感ずる神なき思惟は、おそらく神的なる神にいっそう近いであろう。しかしこれは、ただ単に、かかる思惟が存在-神学が信じたがっているより神的なる神にいっそう開かれているということを意味するにすぎない[17]」と。自己原因は「神」について、一個の偶像しか、それも直ちにおのれの不十分さを明かすことなしには、礼拝と崇拝を求めることも、それらを引き受けることすらもできないほど限られた一個の偶像しか提示しないのである。自己原因を「神的なる神」に同一化することは、いわゆる神の存在証明を提供するという護教論的意図においてすら、一種の無作法、いやそれどころか瀆神をも表明することになるほどにまで、自己原因は「神的なる神」についてほとんど言明するところがないのである。「まずその存在を論証させなくてはならないような神は、つまるところ、きわめて神的ならざる神であり、論証は精々のところ、瀆神に行きつくのである[18]」。ここでは瀆神は、概念的無神論がその裏面を呈示していた偶像崇拝の表面しかほとんどなしていない。いずれの場合にも、神は「神」の、すなわち限定された一つの概念——根拠としての原因——の、そしてこの代価を支払ってのみ形而上学の只中で機能する概念の、優位を認めるのである。瀆神（*blasphème*）が悪役として言うことを、偶像崇拝は善玉の役割で言明しようと試みる。瀆神は、偶像崇拝が善く言っていると自分では思っていることを、悪く言う（*médit*）のである。両者とも、同じ名を言明していることを覚っていない。善く言うか、悪く言うかはどちらでもよい、なぜなら一切の問いは、一個の固有名が神を「神」としておのれのものとなしうるのかどうかを決定することに存するからである。偶像崇拝のもつ無意識的な瀆神は、したがって、瀆神のもつ辻褄の合わない偶像崇拝をも同様に暴露することによってのみ、真に告発されうるのである。「神」が等しく反駁されたり論証されたりするのは、したがってまた概念的領域一般と等質的な概念的偶像として考察されるのは、一個の概念という基礎の上においてでしかない。

われわれは以上で何を獲得したのか。われわれはただ、われわれの出発点を、すなわち概念に適用された偶像崇拝の嫌疑を再発見したにとどまるのではないか。われわれはそれを再発見したのだが、それを決定的な仕方で性質づける次のような規定とともに再発見したのである。つまり概念的偶像崇拝は形而上学という地勢を、存在‐神‐学における神‐学という機能を、そして自己原因《カウサ・スイ》という定義を持っている。概念的偶像崇拝は、いつまでも普遍的に漠然とした嫌疑に留まるものではなく、形而上学的な形姿を取った思惟の全体的な戦略のなかに書き入れられる。ほかならぬ〈存在〉の命運――より適切に言えば命運としての〈存在〉――が、概念的偶像崇拝を動員し、それに正確な機能を保証するのだ。われわれはしたがってハイデガーを読むことによって、「諸宗教が神と名付ける*Ens causa sui*（自己原因的存在者）」[19]について語るサルトルの軽率で手っ取り早い表現を、一語ずつ逆転させることになる。ところでただ形而上学のみが、*Ens causa sui* を神という名で呼ぶことを欲し、呼ぶことができるのである。というのも、まず第一に形而上学のみが自己原因《カウサ・スイ》を思惟し、名づけるのだから。これに対して「諸宗教」、もしくは厳密を期するならキリスト教的宗教は、神を自己原因から思惟するのではない。なぜならこの宗教は原因からして神を考えるのではないし、形而上学によって定義された理論空間の内部においても、また概念からしてすら神を考えるのでもなく、神がおのれを打ち明け――自己啓示する場所としての知をみずから創始する限りにおいて捉えられた、神のみからして神を思惟するのだからである。ボシュエは、次のような言葉の意図的に練られていない平凡さのもとに、名言を吐いている。「われわれの神［……］は、哲学者たちが知っていながら、しかも崇拝することのない第一原因やあの最初の動者より無限に高きにまします[20]」。それのみが存在‐神‐学によって立てられた諸条件から「神」の把握を解放することによって「神」をその引用符から解放する、神の非偶像崇拝的思惟に到達するためには、したがって、形而上学が瀆神（論証）を通じて必然的に偶像の黄昏（概念的無神論）に導く限り、形而上学の外部で神を思惟することに成功せねばならないであろう。ここでもまた、形而上学の外への退却の歩みが、大騒ぎするほどのではなくても、緊急を要する課題と見えるのだが、しかし神のような何らかのものの名においてであって、もはや〈存在〉のような何らかのものの名においてではない。だが、この退却の歩みは、何を目ざしてなされるのだろうか。偶像崇拝の超出は、『存在と時間』が〈存在〉の本質的な時間性の省察によって〈存在〉そのものへの退却の一歩を試みる意味において、われわれに形而上学の外部へと退去するべく命じるのだろうか。形而上学から退去することは、〈存在〉としての〈存在〉に専心している思惟がそれに成功しているとすでに仮定して、神を偶像崇拝から解放するためにもまた十分なのであろうか――それというのも、偶像崇拝は自己原因で完成するのか、あるいは逆に、自己原因の偶像崇拝は、指標としてだけでも、別の偶像崇拝へと、いっそう控えめでいっそう切迫した、したがってそれだけいっそう脅威的な、いま一つの偶像崇拝へと差し向けるのではなかろうか〔が問題だからである〕。

4　〈存在〉のスクリーン

これまででわれわれは、いかなる点で前進したのだろうか。われわれは、ただ単に、形而上学の存在‐神‐学において神的なるものがとる形姿についてのハイデガーの省察を取り上げ直し、それを、いささか無理を犯して、われわれ自身の偶像の問題系に同一化したにすぎないのではなかろうか。おそらくは無理やりなされたこの同一化は、厭わしくも執拗なある偏執の新しい症例を示しているのではなかろうか――つまり、ハイデガーの言説のいくつかの契機を、それらの意に反してでも神学的な言説のうちで捉え直す、という偏執である。しかもこれは、参加者の双方が、得るものよりは失うもののほうが限りなく多い取引としてなされるのだ。偶像崇拝の問題系が〈存在〉としての〈存在〉の思惟の試みに出会う際に、それが廃れてしまうどころか、いかにして根本的な討論の真の場を見出すのかを、まさにいまや示さねばならない。

だが、この逆説を素描するに先立って、またこれをよりよく視野にいれるためにも、ニーチェを振り返っておきたい。「神の死」は、「道徳的な神」の死として、ある偶像の黄昏を確証するものである。しかし、まさしく一つの偶像が問題であるがゆえに、その崩壊は、滅亡よりもいっそう本質的に、偶像崇拝とは別の、神の起こりうべき把握のための自由な空間の解放をもたらすのである。それゆえにこそニーチェは、それらへの熱烈な待望が予見可能なものにする、「新たなる神々」のいわば真の可能性を告知するのである。だが、この新たなる神々がおのれを見えるものとなしうるのは、それらの把握が力への意志に従うとき以外では決してありえないであろう。力への意志は、存在者の存在者性として、あらゆる存在者の地平を支配するのである――« *höchste Macht–das genügt !* »「最高の力――それで十分だ！」。これらの神々は、道徳的偶像崇拝から解放されてもなお依然として、他のもろもろの審級と、これらの神々がその機能となるもうひとつ別の唯一の審級、力への意志に従っている。それというのもこれらの神々は、端的に、力への意志の諸状態、もしくは諸形態をなしているからである。新たなる神々は、「宗教的本能、神々を形作る（*gottbildende*）本能」[21]に依存している。かくして、一つの偶像崇拝的な把握にもうひとつの偶像崇拝的な把握がとって代わることになる。神的なるものの顕現は、（道徳的な）条件から別の条件（*Wille zur Macht* 力への意志）へと移ったにすぎず、神的なるものはそれ自体としては決して解放されていないのである。ニーチェが、形而上学を完成させるがゆえにその最後の瞬間をなすのだ、とあえて言うことができたのと同様に、彼が偶像の黄昏を決定的なものにするのは、彼自身が偶像崇拝のプロセスのある新たな（最後の?）進展を成就させることによってでしかない、と主張せねばならない。力への意志は絶えず「神々」を形作っている。近代的な意味で、「神」ほど月並みなものはないのだ。われわれは、強迫観念的な嫌悪に至るほど、われわれ自身が「神」に取り巻かれているのをやむことなく見続けている。各瞬間が、神々を調達するだけではなく、神々を要求し、産み出すのである。というのも、生成に永遠性の刻印を押す力への意志の普遍的な支配に、存在-神-学の厳密さに従って、神的なるものの、したがって、力への意志の一状態と一形姿の現実的となった極大の、統合された形姿の勝ち誇った輝きが対応すべきだからである。恐るべき、また下らない「偶像」（なぜならわれわれがこれらを「偶像」と呼ぶのは至極当然なのだから）、ニヒリズムの現代はその消費をやむことなく増大させ続けているのだが、これら「偶像」の野蛮な怒濤のごとき襲来は、偶像崇拝の激昂を示しこそすれ、神を見たいという何らかの自然な――さもなければ正道を踏みはずした――欲望の残存を示しているのではもちろんない。なぜなら偶像崇拝から逃れるには、一個の偶像を乗り越えるだけでは十分ではないからである。ニーチェでさえも避けることができないこのような偶像崇拝の重複が、ハイデガーにおいて、ニーチェによる〔神々の〕待望におけるよりさらに大規模で、したがってより危険な仕方で存するのではないかという嫌疑を、われわれはかけることができる。ニーチェにとって、「神の死」はニヒリズムに向かって開かれるのであり、ニヒリズムが耐え忍ばれることを通じて、力への意志は新たなる神々を形姿として産出するに至る。「組み立て」（Arraisonnement,

Gestell）[21]に極まる技術の本質がニヒリズムを完成させるのだが、かくしてニヒリズムはある救いの可能性へと開かれるのである。事実、存在者の〈存在〉を現在《プレザン》および現前《プレザンス》（*Anwesenheit*）として解釈することをその超出不可能な極点まで押し進め、したがって存在者のその存在者性に対する優位を公認することで、したがってまた、存在論的差異において絶えず忘却されるのはまさしく〈存在〉であるということを忘却することによって、「組み立て《アレゾンヌマン》」は存在論的差異をその極みにまでもたらすのだが、その際、それは存在論的差異を、それ自体としては思惟しないだけ、それだけいっそう明瞭にあらわにしているのである。危険が増すところでは、救いもまた育つ。「組み立て《アレゾンヌマン》」は存在論的差異を問題として提起するのだが、この問題提起は、前者が後者を産出しながら、それを産出したのと等しい大きい力をもってこれを見損なうことからまさに生ずるのである。かくして、ニヒリズムが絶えず「新たな神々」の出来《しゅったい》を目ざし、ある意味ではそれを誘発しているように、またそのゆえに同様に、「哲学の終末とともに、だからといって思惟もその終末に到達するわけではない。思惟はある別の始まりへの移行にさしかかるのである[22]」。この別の始まりは、存在論的差異をそれ自体として、それゆえ存在（l'être）を〈存在〉（Être）として思惟しようとする。この「別の始まり」に、ハイデガーは、存在論的差異とは逆に、ある機能とある明確な賭金とを指定しており、来たるべき（à-venir）、とか幻想的、といった疑わしい性格は何ひとつ負わせていない。「新たなる始まり」は、〈存在〉を〈存在〉として思惟しようとひたすら努めるものであり、それゆえ哲学からの歩み戻りを遂行するものなのだが、これは『存在と時間』とともに、あるいは少なくともその狙いとともに、実現される。「新たなる始まり」は、「新たなる神々」とまったく同じように、いかなる未来にも属するものではない。というのもそれのみが、現在の反復される主張によって一挙に支配されることのない、将来（avenir）なき未来（futur）を開きうるからである。要するに、「新たなる始まり」はわれわれの目の

前で、望むべくはわれわれとともに、生じるのである。かくして、思惟されない存在論的差異と、したがって存在－神－学の自己原因《カウサ・スイ》と袂を分かつ「新たなる始まり」は、「神的なる神」を構想することを企て、あるいは少なくともその可能性におのれを閉ざすことはなく、むしろその可能性を開くのである。したがって、以上の結論として、〈存在〉としての〈存在〉を引き受ける「新たなる始まり」は、神としての神に近づこうとするのである。そこから、いまやわれわれがその倍音とともに聴かねばならぬ決定的な宣言がなされる。「存在の真理から出発して初めて、聖なるものの本質が思惟される。聖なるものの本質からして初めて、神性の本質が思惟されるべきである。神性の本質の光のなかにおいて初めて、〝神〟という語が名指すべきものが思惟され、語られうる。――［……］〈存在〉。神と神々とが拒絶されるのか、だとすればそれはいかにして拒絶されるのか、そして夜は留まるのか、聖なるものの日は昇るのか、そしてそれはいかにして昇るのか、聖なるもののこの黎明のうちで、神と神々の出現が新たに始まりうるのか（*neu beginnen*）、それはいかにしてか。これらが決定さるべきなのは、この近さにおいてであり、それ以外では決してない。ところで、それのみが神々と神のための次元を与える神性の唯一の本質的な空間である聖なるものは、〈存在〉があらかじめ、長い準備のうちで明け開かれ、〈存在〉の真理において経験されたときにのみ輝き現われるのである」(23)。これらのテキストのどれもが、互いに含み合い、重なり合った諸条件の厳密に規則づけられた累積に従っている。かくして〈存在〉は、その退却から生ずる明け開け（*éclaircie*）によって、諸存在者を規定する。〈存在〉（*das Heile*）が無傷のままに保っている諸存在者の先頭部分が、今度は、存在者のうちでも最も守られたものたちを聖なるもの（*das Heilige*）の栄光によって飾るのである。しかし、さらに聖なるものの輝きのみが、神的存在者（*das Göttliche*）のようなものの開示を保証しうるのである。そして、つねに神的なるものの徳のみが、それらの面貌の上に神々（*die Götter*）

の面影を認めねばならないほどに抜きん出た諸存在者の重荷を担うことができるのである。最後に、神々の一族のみが、キリスト教の神のようなもの、もしくはある他の神が（ここで真に問題なのは、一者性への要求のみである）おのれをあらわにするためのゆとりを持つに十分なほど神的な滞在地を調達し、保証することができるのである。さらに、これらの重なり合った諸条件は皆、他の箇所で（「物」という奇妙な講演において）ハイデガーが四方域もしくは正方形（*Geviert*）と名づけているものの遊動のうちに集まる。この四方域の四つの力域、大地、天空、死すべきものたち、神的なるものは、不動でありかつ震動するある緊張において互いに支え合っており、それゆえ確証し合いながらかつ斥け合っている。この緊張のうちにそれぞれは、他との闘いにのみその出来《しゅったい》を負うているのであり、そしてそこではそれらの相互の闘いは、それらが縺れたりほぐれたりして調和のとれる均衡を、それらを召喚し、動員し、維持する〈存在〉にのみ負うているのである。四方域のなかでは、神々は自分たちの役割しか演ずべきものはない。神が神々の役を演じるに足るなどとはおいそれとは言い難いように、ましてや神を四方域から免れたものとして考えることはいっそうできないことであろう。神は四方域から免れていないし、当然ながらそれを創始したり支配したりするものでもない[24]。形而上学の外部で、それ自体として省察された存在論的差異に決然と直面して〈存在〉としての〈存在〉を思惟することに専心する思惟にとって、「神の現実存在《エクジスタンス》」についての問いが場違いな、尚早な、正確さを欠いた問いと思われるのは避け難いことであろう。正確さを欠いた、というのも、*exister*（現実存在する）ということが何を意味するのか、この語が何か「神」というようなものにふさわしいものか、問題だからである。尚早な、というのは、「神」に至る以前に、たとえ仮説としてにすぎなくとも、神々の魅惑的であるが耐え難くもある多様性を、次いで神的なるものと聖なるものの奇蹟的な単純さを耐え忍んで、遂には〈存在〉の問いそのものに到達しなければならないからである。「驚異中の驚異」は、「神」とは全く異なる存在者の存在以上に「神」の存在に存するわけではなく、また「現実存在」が（形而上学的に）語るものに存するのですらない。それは、より単純で、それゆえより思惟するに困難なこと、存在者が存在するということ〔事実〕に存するのである。[25]「神の現実存在」の問いにおいて本質的なことは、「神」よりも現実存在そのもの、それゆえ〈存在〉（Être）に由来している。したがって、最後に、この問いは場違いな――不躾であると同時にその本来あるべき場所から退けられた――もののように思われる。「神」についての真理は、真理そのものが由来するもの、すなわち〈存在〉から、〈存在〉の布置ならびにその開示からしか決してやって来ないであろう。神への問いは、前もっての問いという形のもとにすぎないにせよ、ある前提条件を認めなくてはならない。始まりにおいて、そして根源（原理）において出来《しゅったい》するのは、神でも、何らかの神でも、ロゴスでもなく、出来《しゅったい》そのもの――〈存在〉である。この出来《しゅったい》そのもの、〈存在〉の先行性は、それが爾余の一切のものを裁定するのだから、それだけ爾余のものに共有されることのないものである。それというのも、この出来《しゅったい》そのものに従えば、またそこからすると、文字どおり諸存在者しか残らず、諸存在者と無以外の何物も残らないのだから。「神」の存在的優位についての問いですら、この出来《しゅったい》の只中においてしか立てられえない。だが、思惟の順序において、まさしく、思惟を誘発する諸々の問いの順序以上に決定的なものがあるだろうか。

したがってわれわれは、ここでまた、二度目になるが、形而上学に固有の偶像崇拝の彼方に、〈存在〉そのものの思惟に固有のもう一つの偶像崇拝が働いていると仮定する。この主張は、どんなに乱暴に見えようともしかし、「神」についての存在的な問いに対する存在論的な問いの明らかで本質的な先行性から直接帰結するものである。偶像崇拝を作り上げるには、この先行性で十分なのである。とはいえ、この先行性に、偶像の諸契機のなかの二つをハイデガーの二つの決定に結びつけることを可能にする二つの裏づけを示しておこう。(a)偶像は「神」を、狙いから、したがって先立つまなざしから規定する。しかし、先に検討したテキストでは、「神」が神々に、ついで神性に、聖なるものに、最後には「存在」に依存しているということは、存在的に同定できるまなざしにまで遡るものとは思われない。だとすれば、ハイデガーは、偶像の諸条件のうちの一つを満たしていないことになるであろう。〔しかし〕実際は、「転回」以後のこれらのテキストを読む場合に、現存在の分析論と現象学の基本的本質に関する、「転回」以前のテキストの（実は決定的な）成果を忘れないことが重要である。人間が現存在の尊厳に近づくことができなければ、〈存在〉を語ることは端的に言って可能ではないであろう。現存在はここでは、人間という存在者に固有のものを示しているが、それはこの存在者においては、（一九二七年に『存在と時間』が繰り返し言うように）おのれの存在が問題となるのみならず、より本質的には、ハイデガーが一九二八年に言うように、〈存在〉なるもの（*l'Être*）およびその了解が問題なのだということに存する。「現存在とは、〈存在〉のようなあるものを了解する（*dergleichen wie Sein zu verstehen*）、ということがその存在の仕方（*Seinsart*）そのものに本質的に属しているような存在者である」[26]。後にそれだけで扱われることになる〈存在〉の先行性は、ここでは具体的に現存在によって、現存在自身に向かって獲得されている。現象学的には〈存在〉の先行性は、現存在の分析論の先行性によってのみ展開され正当化されうるのである。それゆえ、あらゆる存在者、あらゆる領域的で存在的な探求に対する、〈存在〉了解としての現存在の絶対的な現象学的先行性を認めなければならない。ハイデガーは、現存在のこの特権的な状況を、その「特徴的な中立性」[27]について語ることによって特徴づけた。宗教的な掟、もしくは「神」の存在的な現実存在に関連させると、現存在の現象学的特権は、「極度に個人的な、ラディカルな無神論という見かけ（*Shein eines extrem individualistischen, radikalen Atheismus*）」にさらされることになる。実存的な選択のことに想いを致すならば、これはおそらく見かけにすぎない。ハイデガー自身はもちろん、彼が後に「大衆的なならず者」と呼ぶ人々には入らないからである。それでも、その現象学的な定義のうちで、したがってカテゴリーの研究（*Kategorienforschung*）として捉えられる際には、「哲学的研究はある無神論であり、無神論でありつづける」のである。(28) 無神論とはここではある否定よりも、ある留保を示している。だが、このような留保は——現象学的に避けえないものなのだが——神学的には「神」に先立つある審級を、したがって偶像崇拝がそこから生じてくる可能性があるようなものを含んでいるのである。確かに、「現存在を存在論的に世界‐内‐存在として解釈することによって、神が存在する可能性については、肯定的にも否定的にも、何ら決定は下されない」(29) のだが、この未決定が可能であるということそのことのうちに、ある留保が含まれている。この留保はさらに、外部にあるがゆえに先行するある視点からすると、あらゆる存在的な措定を留保するある狙いを含んでいる。この狙いは現存在によって遂行されるのであり、この狙いに狙われ、見られることなしには、いかなる事項も現われることはありえないであろう。〈存在〉が、神々、神的なるもの、聖なるものに従って「神」を、その生と死とを前もって決定するという意味そのものにおいて、現存在は「神」の問いに先立つ。現存在によって、括弧に入れるという仕方で、他のあらゆる存在者と同様に狙われた「神」は、偶像崇拝の可能性の第一の条件に服するのである。

　偶像が生じるのは、ありうべきいかなる光景にも先立つ狙いの跳躍《エラン》によってであるとともに、最初の見えるものによってでもあるが、この最初の見えるものにおいて、狙いは沈澱しつつ、その高揚の限界であるおのれの見えない鏡に、これを見ることなくして達するのである。ハイデガーのテキストのうちに、この最初の見えるものと見えない鏡とを同一視する主張が再発見されるだろうか。〈存在〉そのものを思惟しようとする思惟が捉えることができ、また捉えるべきなのは、〈存在〉についての省察の道、というよりもその場を提供してくれる諸存在者以外の何ものでもない。「神」のようなあるものへの接近はいかなるものでも、〈存在〉そのものへの狙いというまさにそのことによって、「神」をあらかじめある存在者として規定せずにはおかないであろう。「神」の存在者としての先了解は、問いとしての「神」をあらかじめ汲み尽くすほど自明のことなのである。ハイデガーはしばしば繰り返し言っている。信仰を持つものは、その信仰の確信ゆえに、「存在」についての哲学的な問いを理解することは確かにできるが、彼の確信によって抑制されているため、その問いに身を投ずることは決してできないのだ、と。この指摘は少なくとも逆転することが可能である。可能なあらゆる「神」の存在者としての先了解と、〈存在〉という先行的審級による「神」の規定を確信しているため、ハイデガーは、確かに（引用符なしの）神の問いを考え、定式化することはできても、この問いに真剣に参加することは決してできないのである。それはまさしく、「神」は、その未来の形姿がいかなるものでありえようとも、前もって決定的に存在するであろうからである。「神々が合図を送るのは、ただ単に、神々が存在するからでしかない」、「神は、その本質に従えば、存在しないことのありえないある存在者であり」、「存在しないことのありえない……存在者、この存在者は〝神学的に〟考えられるならば、〝神〟と名づけられるのであり」、「さらに、あらゆる神々もまた、それらが存在する限り、いかなる仕方で存在しようとも、〝〈存在〉〟のもとに納まるのである[30]」。要するに、「神」が存在者として初めて見えるものとなるのは、まず初めに決定的に〈存在〉に向かう狙いを――少なくともある意味で――「神」が以上のようにして充たし、反射（反省）的に（見えない鏡）その狙いを狙い自身へと送り返すからでしかない。言い換えれば、「神は一個の存在者である」という命題は、それ自身偶像であるように思われる。なぜならこの命題は、可能ないかなる「神」も、現前していようと不在のものであろうと、何らかの仕方で存在せねばならない、ということをあらかじめ決定する狙いの向きを変えただけだからである。このことは次の一連の言葉で厳密に定式化されている。「なぜならば、神／〝神〟自身、もしそれが存在するならば、一個の存在者なのであり、一個の存在者として〈存在〉のうちに、〈存在〉の本質のうちにあるからであって、この〈存在〉の本質は、世界が世界として生起することから出来《しゅったい》するのである。*auch der Gott ist, wenn er ist, ein Seiender* 神でさえ、存在するのなら、一個の存在者である」[31]。しかし神が、神としておのれを与えるためには存在せねばならず、それゆえ（至高のものであれ複数のものであれ、その他どのようなものであっても）存在者として存在せねばならない、ということは自明のことだろうか。〈存在〉が、過去のものであれ将来のものであれ、あらゆる神の顕現に前もって開かれた（あるいは閉じられた）神殿として問題なく認められるのは何に由来するのだろうか。そして〈存在〉という神殿は、名づけることとさえしてはならないようなもの——神——に関することは何であれ、救うことも、呼びかけることも、認めることも、約束することも、〈存在〉そのものの思惟の定義と公理からして、いかなる意味でもできないのではないかと逆に疑ってみることさえ可能ではなかろうか。そして、この嫌疑が真であると判明するはずはないにしても、少なくともそれを合法的に提起することは可能なのであり、この嫌疑が信者たちもハイデガーの読者たちも同様に驚かすことはないということに驚くべきなのである。「神」が存在するなら、確かにそれは一個の存在者であろう。しかし、神は存在せねばならないのだろうか。

この問いを避けることがないように、また、ハイデガーの諸テキストがこの問いを避けていることはわれわれには異論の余地がないように思われるのだから、われわれは、この正確な意味で、第二の偶像崇拝について語らねばならない、と言っておこう。この問いが「より神的なる神」[32]を対象とする、ということは、この偶像崇拝を破棄するどころか、追認する。なぜなら、ある狙いによって「神」の神性の多少が決定されるなどということを、敬虔であると同時に瀆神的でもあるまなざしから結果する「神」以外のいかなる「神」がこのように容認するというのか。いかなる保証が、神と形而上学の自己原因的な「神」との間の等価性以上に正当な、神と存在との間の等価性――そこでもなお神は存在者の役を演じているような――を導入することを可能にするだろうか。さらには、「より神的なる神」の探求は、存在‐神‐学を乗り越えることにもまして、存在論的差異をも同様に乗り越えることを、要するに、まず最初に〈存在〉からして神を思惟することを断念するのであるから、もはや一個の存在者を目指して神を思惟しようとはしないことを強いるのではなかろうか。それは、いかなる条件もなしに、〈存在〉という条件すらなしに神を思惟すること、したがって、僭越にも一個の存在者として〔像として〕刻みつけたり〔文字によって〕記述しようなどとはせずに神を思惟しようとすることなのである。

しかし、存在論的差異なしに、その外部で神を思惟するなどという試みは、いったい何を可能にし、約束することができようか。――このような批判的要求が、事実、思惟全体をすぐさま不可能にしてしまうという危険は、侮ることはできないだろう。実際、存在論的差異の外部で思惟することは、場合によってはもはや全く思惟することをできなくしてしまう。しかし、まさに、もはや思惟しえないということは、こと神に関しては、不条理も不適切さも示すものではない。というのも、神そのものは、思惟されるためには、「それ以上大きなものは考えられないもの」« *id quo majus cogitari nequit* »として、言い換えれば、非表象的な思惟さえも含めてあらゆる思惟を越え、当惑させ、狂わんばかりにさせるものとして思惟されねばならないからである。定義と決定からして、神は、思惟されねばならない場合、その尺度に見合ったいかなる理論的空間にも出会うことはありえない。というのも、神の尺度はわれわれにとっては尺度を外れた途方もなさ（démesure）として働くからである。存在論的差異そのものと、したがって〈存在〉もまた、（たとえそれらが普遍的《ユニヴェルセル》であるとしても、より適切に言えば、それらのうちで世界が「世界化する」がゆえにそれらがわれわれに一個の宇宙《ユニヴェール》を作り出すのだから）そこで神が思惟されうるものとなるような次元を、まして「神の滞在地」を提供すると主張するにはあまりに不十分なものとなるのである。このことの確証、とは言わないまでもある指標を、聖書の啓示はそれなりの仕方で与えているように思われる。それは、この啓示が、同じ名において、「われは在りて在るものなり（*Sum qui sum*）」として理解されうるもの（しかし理解されねばならないものではない）、したがって〈存在〉としての神と、それと同時に、あらゆる同一性の否認として理解されねばならないもの――「われはわれ在らんと欲するものなり」――とに言及するときである。〈存在〉は神について、神がすぐさま拒むことのできないようなものは何も語ることはないのだ。〈存在〉は「出エジプト記」三・一四においてさえ、またとりわけこの箇所で、神について何事も語っていない。あるいは、神について決定的なことは何も語っていない。したがって、存在論的差異の外部で思惟することの不可能性、もしくは少なくともその極度の困難は、神そのものを思惟することの――こちらは明白で決定的な――不可能性に言わば直接適合することもありうるということを認めなければならない。あらゆる思惟にほとんど欠くことのできない存在論的差異は、かくして、神についての思惟しえない（驚くべき）思惟の否定的な予備教育として呈示される。それは究極の偶像として、最も危険なものであるとともに最も教えるところの多いものであって、それなりの仕方で役立つものである。なぜなら、この偶像はある障害として呈示されるが、この障害は打ち倒され、踏みつけられて、かの思惟しえないもの、不可欠な思惟しえないもののうちに参入することなくして（そのための）究極の足場――「汝の足の踏み台」*scabellum pedibus tuis*――となるからである。それというのも、思惟しえないものは、ここでは仮の、もしくは否定的な意味は持っていないからである。思惟しえないものは実際、不可欠なものとして、思惟すべきものの、批判を経た唯一の顔を呈示するのである。神については、思惟しえないものという形でしかこれを思惟できない、ということをはっきり認めることにしよう。ただし、この思惟しえないものは、われわれが思惟できるものも思惟できないものも同様に越えているのである。なぜなら私が思惟できないものはなお私の思惟に属しているのであり、したがって私にとって依然として思惟しうるものにとどまるからである。これに反して、思惟しえないものは、まさに思惟しえないものとして受けとられるならば神そのものに属するものであり、その出来《しゅったい》の霊気（*aura*）として、その執拗さの栄光として、その退却の光輝として神を特徴づけるものである。思惟しえないものは、神を、被造物の有限な思惟にとってのその決定的な無規定性という刻印によって規定する。思惟しえないものは、神と偶像との間の、というよりもむしろ神とあらゆる可能な偶像崇拝の思い上がりとの間の隔たり、永遠に開かれたままの断層を覆い隠しているのである。思惟しえないものは、「神」の偶像崇拝的な括弧に、いかなる認識標識によっても画定されえない神そのものを置きかえることをわれわれに強いる。この事情を言い表わすために、十字によって神というように神を抹消することにしよう。この十字は、仮に聖アンドレのものとしておくが、それは、思惟しえないものを一個の偶像にして冒瀆しようという、意識的なあるいは素朴な誘惑にその限界を示すものである。十字が示しているのは、神が概念としては消え去らねばならないだろうとか、神は仮定としてしか有効性を承認する審級として介入してこないはずであろう、などといったことではない。そうではなく、思惟しえないものがわれわれの思惟の領野に入ってくるのは、それが思惟において思惟を超過して思惟しえないものとなることによって、すなわちわれわれの思惟を批判することによってのみである、ということである。事実、神を抹消することは、神のほうがわれわれの思惟を、飽和するがゆえに抹消するのだということを示しており、また思い起こさせる。というよりもむしろ、思惟しえないものがわれわれの思惟のうちに入ってくるのは、われわれの思惟に自己批判を課すことによってのみなのだ。神を抹消する線をわれわれが神の書かれた名の上に引くのは、まず初めに神のほうが、われわれの思惟には思惟しえないものとして、その思惟の上に抹消を行使するからでしかない。われわれの思惟には思惟しえないものがわれわれの思惟を――原初から、永遠に――飽和していることをわれわれに、もちろんわれわれ自身に、明らかにするためにのみ、われわれは神の名を抹消するのである。

したがって、存在論的差異の外部で、〈存在〉の問いの外部で、そしてまた、欠くこともできないが越えることもできない思惟しえないものという危険をおかして神を思惟すること。だが、いかなる名、いかなる概念、いかなる記号がなお使用可能なものとして残っているのだろうか。おそらくただ一つの名しか残っていない。愛《アムール》である。あるいは、聖ヨハネが提案するように――「神はアガペー（である）」（「ヨハネ第一書」四・八）と言ってもよい。なぜ愛なのか。それは、ハイデガーが、さらにはそれとは異なった仕方ででではあれ形而上学の全体が派生的で二次的な身分に抑え込んでいるこの語が、逆説的ながら、少なくともいつの日にか神の思惟を第二の偶像崇拝から解放することができるほど十分に思惟されないものになおもとどまっているからである。この膨大な、ある意味ではまだ手のつけられていない課題は、愛の秘める思弁的な可能性のすべてが発揮されるまで、愛を概念的に練り上げる（それゆえ翻って概念を愛によって練り上げる）ことを要求する。ここでわれわれは、たとえ素描という形ですらその輪郭を示そうなどと企てることはできまい。愛の決定的な二つの特徴と、それらが約束する思弁的な若干の見込みを示すだけで足れりとしよう。

a．愛は思惟しえないものにも、条件の不在にも苦しむことはなく、かえってこれらによって強固になる。なぜなら愛に固有のものは、おのれを与えることにあるからである。ところで、贈与がおのれを与えるには、相手に受け取られることも、滞在地に迎え入れられることも、条件に保証されたり確認されたりすることも必要ではない。ということはまず第一に、~~神~~は愛として、偶像崇拝的な諸々の拘束を一挙に破ることができる、ということである。なぜなら偶像崇拝――とりわけ第二の――は、可能性の諸条件（「神」が一個の存在者であるならば〈存在〉、「神」が神的なるものに依存するならば「神の滞在地」など）によって行なわれるからである。これらの可能性の条件のみが、「神」にふさわしい場所をしつらえるのであり、それゆえ、この尊厳（ふさわしさ）の諸条件が揃いえない場合は、「神」を相続人不在の住居に、それゆえ辺境に住まわせるのである。これに反して神が、存在する必要がないゆえに存在せずして、愛する場合には、定義からしてもはやいかなる条件も神の発意、広やかさ、ならびに脱自《エクスターズ》を制限することはできない。愛は、ただ単に愛するという事実だけで無条件に愛するのであり、神もまた限界も制限もなしに愛する。おのれを与えるために迎え入れられることをまったく期待せず、ほんのわずかの配慮も要求しないものを、いかなる拒否もはねつけたり制限したりすることはない。このことは次に、愛の相手として人間は、まずはじめに愛に「神の滞在地」をしつらえるのだなどと自負する――この自負そのものが支持されうるとして――には及ばないのであり、端的に愛を受け入れさえすればよいのだ、ということである。愛を受け入れる、あるいはより謙虚に言うならば、愛から逃れてはならない、ということである。こうして、愛が人間に何の根拠もなく強いる運命に応じることができないという人間の不可避的無力ですら、人間の発意も遂行も失格させるのには十分ではない。なぜなら、意志のみが拒否したり受け入れたりすることができるのだから、愛への応答を遂行するためには、それを意志せねばならず、それだけで足りるからである。したがって人間は、~~神~~の発意に、たとえ否定的なものであれ、条件を課すことさえできない。かくして、「神」への接近の、そして「神」からの接近の可能性あるいは不可能性を、何らかの狙いが偶像崇拝的に決定しにやって来ることはもはやないのである。

b．それだけではない。神をアガペーとして思惟することは、狙いを最初の見えるものにいつか固定することと同様、それを見えない鏡に凝固させることも禁じる。何ゆえにか。それは、把握の定義そのものからしてそれが理解するものを取り集め、それゆえにほとんど不可避的に偶像としておのれを完成させる概念とは反対に、愛は（愛が思惟させるべく――その上さらに――思惟すべきものを与えるべく到来する場合でさえ、またとりわけそういう場合に）、何かを捉えようなどとは全くしないのだから、理解するなどと主張することはないからである。愛はおのれ自身の贈与を要請するのだが、この贈与においては贈与者が贈与物と厳密に一致しており、そこに何の拘束も抑制も制御もない。かくして、愛がおのれを与えるのは、おのれを放棄することによってでしかなく、遂には自己の外に移り住むに至るまで、絶えず自己自身の贈与の限界を超えてゆくことによってでしかないのである。その帰結として、終わりも限界もない愛の自己自身の外へのこの移行は、ある一つの応答や表象や偶像への固定を一挙に禁ずる。大波が防波堤の壁を呑み込むように、表象的なものであれ実存的なものであれ、おのれの流出に対するあらゆる限界づけを呑み込んでしまうということが愛の本質――*diffusivum sui*（自己自身からあふれ出ること）――には属している。愛は偶像を排除する、というよりも偶像を覆すことによってこれを包み込むのである。愛は、無条件に前進するためにおのれに果てしなく留保なき自己批判を課するある贈与の運動として自己を定義することさえできる。なぜなら愛は何ものも、おのれ自身もおのれの表象も留めておくことはないからである。愛の超越の第一に意味するところは、愛が、批判的な運動において自己自身を超越するということであるが、この運動においては、何ものも――〈無〉(Néant/Rien)ですら――絶対的贈与の超過を抑制することはできない――絶対的、というのは、この放棄そのもののうちで行使されることの全くないもののすべてから解放されている、ということである。

したがって第二の偶像崇拝は、神がその唯一の、純粋な要求からしておのれを思惟するに委ねることによってしか克服されることはありえないだろう。このような要求は、概念——その存在‐神‐学における形而上学の概念すら——の限界を超えるのだが、しかしまた、いかなる条件の限界をも——存在論的差異において考えられた存在の限界さえも——越えるのである。神は、ひとり神からしてのみ、偶像崇拝に陥ることなく思惟されるべくおのれを与えることができる。それは、愛として、したがって贈与として思惟されるべくおのれを与えることである。贈与の思惟として思惟されるべくおのれを与える。もしくはより適切にいえば、思惟にとっての贈与として、思惟されるべき贈与におのれを与える贈与として〔おのれを与えることである〕。しかし、永遠におのれを与える贈与は、思惟されるべくおのれを与える思惟によってのみ思惟されうる。おのれを与える思惟のみが、思惟にとっての贈与に没頭（s'adonner）できる。だが、思惟にとっておのれを与えるとは、愛すること以外の何であろうか。

5　神的なるものとそれに関連する主題についてのノート

以上のテキストの第一稿は、一九八〇年に、全編 *Heidegger et la question de Dieu* (Paris, Grasset, 1980)（『ハイデガーと神の問題』〔パリ、グラッセ社、一九八〇年〕）に当てられた論文集に発表された。この論文集は、数カ月先だって、パリのアイルランド学院によって組織された私的な討論会《コロック》の記録に手を入れたものであるが、この討論会でわれわれのテキストをめぐって討論がおこなわれた。J・ボーフレとF・フェディエは、われわれの諸命題に反応して以下のような貴重な指摘をしてくださり、これは、同論文集に印刷されている。われわれはここで、彼らのそれぞれが論点を明確にしたことに答えて、いくつかの正確な説明をもたらすことができればいいが、と願っている。

「それにしても、『ヒューマニズムについての書簡』(*Lettre sur l'Humanisme*)のこのくだりを、『フォークを前にした雌鳥』(四)の当惑のなかでとは別様に読むことを学ばねばならないだろう」(« Heidegger et la théologie » *loc. cit.*, p. 30)。上述のこのくだりとは、われわれが先に(本書五六頁以下)研究したものであり、「神」のあらゆる顕現の前提条件として、「神々」の、神的なるものの、聖なるものの、無傷な〔健やかな〕ものの、そして最後に〈存在〉の顕現を置くものである。この機会に「雌鳥」の役を引き受けて、「フォーク」について語ることにしたい。まず初めに、ある誤解を解いておこう。もし「一神教とは、自分たち以外の人びとにとって最高の崇拝の源となったものを間違いだと宣言するような人びとの見地である」(J. Beaufret, p. 34)ならば、その場合にはわれわれは、「一神教者」ではない。より正確に言えば、われわれが粗描する偶像の理論の帰結はまさに、一神教以外の諸々の崇拝にその正当性を取り戻させ、まさにそのためにそれらの多様性を説明し、したがってそれらの尊厳を制限するという以外のものではないのだから、一神教に接近しようとするわれわれの個人的な試みには、それ以外のもろもろの崇拝に対してそれを間違いだとするようないかなる言明も含まれてはいない。というのも、まさしく複数の「崇拝」の正当性は、それらを制限する学説によってしか基礎づけられえないからだ。ヘルダーリンの読解がわれわれにとってまったく無縁なものでなかったことを認めてもらったように、このことも認めてもらいたいと思う。さらに私は、偶像の理論――われわれのものであれ、もし存するならばより優れたものであれ――を作り出すことなしに神的なるものの多数化をいかにして主張することができるのかを尋ねたい。――対象なきこの非難をあとにして、本質的なことに移ろう。J・ボーフレが主張するところによれば、ハイデガーが思惟させようとするのは次のことだけである。「それゆえ、あらゆる神よりもなお神聖なものは世界である」(p. 33)。何ゆえになのか。「率直に言えば」次のゆえにである。「聖なるものに属することがなければ神性はもはや神性とすらいえず、全能とされたある存在者の、おのれは一つの方域しか示していない当のものの中心を横領しようとする空しい自負である」(p. 31)。係争のさなかにある『書簡』のくだりのこの権威ある注釈のなかで、われわれは次の二点を指摘しよう。(a)「全能とみなされたある存在者……」。注釈者は、ハイデガーの出発点にある仮定を、問題にもせずに繰り返している。すなわち、あらゆる「神」は、先行的理解によって一個の存在者として、そして、形而上学の言説に甘んじるならば、全能ということによって特徴づけられる一個の存在者として規定される。これら二つの仮定を、われわれは最初のテキストで正確に指摘しておいた。われわれは単に次のことを問うているのである。全能としての「神」の形而上学的規定が自明ではない(ハイデガーがまさにこのことをわれわれに垣間見させているのだから)のと同様に、「神」を「一存在者」とする規定のほうも自明だと認めねばならないのだろうか。この問いが、(その規定を)背理だとする暗黙の非難か、あるいはその月並みさの保証以外の答えを呼び覚ますことがないのはどういうわけだろうか。ところが実際には、この規定は、その直接の帰結から見るならば何ら月並みなものではない。この帰結にあの権威ある注釈は誰にもまして固執しているのであり、それは故なきことではない。この帰結は、(b)「神」がいったん「存在者」として規定されると、絶対的な中心として定着しようというその自負が横領となる、と仮定する。すなわち、「神」は「存在者」として「世界」の中心を横領するのだが、この中心は四方域(*Geviert*)に帰せられるものなのであり、この四方域のみが世界を開くのである。われわれは、偶像崇拝の診断を基礎づけるためにこれ以外の指摘はしなかったのであり、したがってJ・ボーフレはわれわれの出発点を認めているのである。この点をこれ以上尋ねることはよそう。

それよりもむしろ、次のような基礎について尋ねることにしよう。すなわち「神」、というよりもむしろ神が存在し、存在せねばならず、四方域のみがそのもろもろの出合いを保証するものの諸「方域」のひとつとして存在せねばならないということは自明のことなのだろうか。『書簡』のテキストに照らして、これらの問いは何ら根拠のないものなのだろうか。このテキストのうちに確かにそれらの問いの地盤があることを、少なくとも注釈者はわれわれに確証している。それならばなぜ、それらの問いを聞くに耐えないものとみなし、雌鳥の鳴き声に格下げしようとするのか。

「ハイデガーと神」と題された短いがすばらしいテキストのなかで、『書簡』の同じくだりに立ち戻って、F・フェディエは、〔ボーフレとは〕逆に次のような指摘をしている。「ハイデガーは、神を存在に従わせるなどという主張は全くしていない。彼は、神を思惟することが問題となるたびごとに、前もって存在を思惟しなければならない、と控えめに指摘するにとどまるのだ」(*loc. cit.*, p. 44)。事実、この区別は正当性をもっている。なぜなら、ハイデガーは存在の「神」に対するある優先(*erst* まず初めに、*zuvor* 前もって、など)しか引き合いに出していないのだから。われわれは、未刊のテキストの詳しい検討を保留した上で、このことは喜んで認めよう。このことがいったん認められたとして、それによって偶像崇拝の診断が再び問題視されるのだろうか。F・フェディエ自身によれば、「神」はおのれを啓示するためには、それゆえおのれを与えるためには、諸前提条件を、さらには思惟の諸前提条件を満たさねばならないのだが、この単純な事実は、この診断を破棄するどころか追認するものである。これに続く、安心させようと意図する言明――「この限られた意味で、神は存在に依存する。ギリシャ人たちは次のようにいった、〝神々でさえ必然に従う〟と。この限られた意味で、存在の思惟は神の思惟よりも上位にある」(p. 45)――これは、何の和解ももたらすものではない。それというのも、神々についてのギリシャ人たちの思惟がおのずから絶対的な基準をなすものではないということに加えて、とりわけ、問題となっているのが前提条件としての思惟（先立つ狙い）ではなく、あらゆる思惟を越えた思惟しえないものの仮説を検討することであるということに加えて、「この限られた意味」は、数行前にこう定義されていたからである。「世界のうちに存在するあらゆるもの、またたとえば神のような、世界のうちに到来するものさえ、存在の光に照明されている」（*ibid.*）。この一連のくだりは一語一語問うに値するだろう。とりわけ次のことを問うためにである。(1)「あらゆる」の定義と正当性は何に基づくのか。(2)いかなる意味で世界のうちに「到来すること」を思惟することができるのか、また、あらゆる「神々」は、ヨハネ伝の*erkhomenos*（到来）と同じ意味で世界のうちに到来するのか。(3)存在が光に代わって投射するものは、あらゆる「神々」そのものを栄光で照らし出すのか、それとも逆に、それによってまさしく神（々）が「神々」もしくは神として自己啓示するものを、時として覆い隠すのではなかろうか。要するに、存在の光は、使徒パウロによれば狂気としてしかおのれを啓示しない神を讃美するのだろうか。存在の光は、あの存在者、十字架上のユダヤ人を照らし出すことによって、そこに不名誉な死以上のものを認めさせてくれるのだろうか。もしそうでない場合、それでもなお存在の光が神々を存在者として見えさせるというただそれだけで、存在があらゆる神々そのものを迎え入れると断言できるだろうか。われわれが問うているのはただ単に次のことだけである。「存在の光」には、あらゆる啓示を迎え入れるだけの資質があるのか。

J・ボーフレとF・フェディエの支持しえない立場――それは、『書簡』のテキストの偶像崇拝的な暴力を、自分たちのそれぞれの注釈をそれよりもさらに異論の余地なく偶像崇拝的にしてしまう危険を冒してまでも過小評価することにある――この立場を放棄するなら、われわれはそのような思いあがりの醜悪さと滑稽さとともに、ハイデガーを「断罪」せざるをえないのだろうか。決してそんなことはない。われわれは、ハイデガーによる自分自身のテキストの単なる理解の仕方を再発見するのである。実際、われわれにとって幸運なことに、『書簡』のこのテキストについてのわれわれの問いは、一九五三年一二月に、ホフガイスマーの福音アカデミーのある会議の際、ハイデガーに対して提起されたのである。ハイデガーはこう答えている。「『ヒューマニズムについての書簡』のあのくだりが語っているのはもっぱら詩人の神であって、啓示の神ではありません。そこで語られているのは、ただ単に、哲学的思惟がそれ自身の手段でなすことを可能にするものだけなのです。それが神学的な射程を持つものかどうかを言うことはできません。なぜならそれを決定できるような第三の審級はわれわれにとっては存在しないのですから[33]」。注釈者たちの熱意とは反対に、「神」に関して、一方で（哲学の、もしくは詩の？）思惟のなしうることと、（他方で）啓示が与えるものとのあいだに取り去りがたい他律性を認めるこの立場に、われわれは完全に同意せざるをえない。啓示（われわれの言葉でいえばイコン）は存在者としての「神」についての哲学的思惟（われわれの言葉でいえば偶像）に、同一化されることも従属させられることも許されない。ハイデガーはこう言っているのであり、恩寵も進展もなしにわれわれが足踏みしていた際に、一言でわれわれに確証を与えているのである。おのれを啓示する神は、（少なくとも原理的には、そして神がそれに同意しない限りは）哲学者の、学者の、また場合によっては詩人の「神」と何の共通点もないのだ。

　注釈者たちには、われわれが彼らの意に反して、もしくは彼らと関わりなく、ハイデガーの言明に依拠することを許していただきたい。なぜなら、雌鳥がフォークを前にして驚くことがありうるならば、それでも詩人に最後の言葉を託すなら、誰かが「雌鳥に捕らえられた狐のように恥ずかしい[34]」思いをすることもありうるのだから。

第三章　〈存在〉の十字（一）

かくして、「語ることのできぬものについては沈黙せねばならない――*darüber muß man schweigen*」。言い換えれば、ヴィトゲンシュタインからハイデガーに移行し、論理学（もしくはほとんど論理学）からでなく、哲学（もしくはほとんど哲学）から語るなら――「神学について、神学が十分に発展した場所で汲みとられた直接の知を持つ者は誰でも、神に関する思惟の領域に近づくやいなや、むしろ沈黙することを今日では好む――*von Gott zu schweigen*」[1]〔ということになる〕。このような〔ヴィトゲンシュタインとハイデガーの間の〕コンセンサスは即興的に作られたものであるが、そこでは、ひとりは計算的思惟を、もうひとりは省察的思惟を根本的に規定し、それぞれが以上の二つの思惟の関係を規定しているがゆえに現代を支配している二人の思想家が互いに交差し、適切な接近にもかかわらず、あるいはそれゆえに出会うのである。この即興的なコンセンサスは、しかしながら、言葉の明白な類似性にもかかわらず、あまりに冗舌なキリスト教徒たちに対してアンティオキアのイグナチウスが呼びかけた警戒――「沈黙を守り存在するほうが、存在せずに語るよりよい」[2]――を繰り返し述べているわけではない。われわれが沈黙へと呼び出される場合、アリストテレスが言うように、神のような何ものかについて沈黙を「余儀なくされることが、真理そのものによる」[3]ことだとしても、しかしながらこのような事態が根本問題を解決することにはならない。なぜなら沈黙そのものが多様な意味で言われるからである。われわれは無視の、歓喜の、苦痛の、快楽の、同意の、孤独の沈黙を知っている。〔以上の諸例のような〕日常的で具体的な態度が提示するもの〔沈黙〕を、ましてやオリゲネスが「沈黙の内に加護さるべき諸教説 *ta siōpómena dogmata*」[4]と名づけるもののみに関わる神学的態度と呼べるものが課するのは当然である。しかしこの沈黙は何を意味するのか。われわれが今日呼び出されているのは、いかなる沈黙に向かってであるのか。死はすぐれて沈黙を課する。無限の諸空間の虚空は、その息づまらせるような空虚を、永遠の沈黙として対立させる。失語症は砂漠のように増殖し、その沈黙もまた同様である。他の何ものにもまして近代性を脅かすこの沈黙は、神のような何ものかに関して、神秘家ディオニシオスが「言葉では言い表わせない［ものごと］を賢明な沈黙によって敬うこと」[5]へとわれわれを促すときに彼が狙っているものと、ほんのわずかの関係でもあるのだろうか。言い換えれば、最高の困難は、ヴィトゲンシュタインもしくはハイデガーとともに、神に関して保留されている沈黙についに接近するに至ることに存するのではない。最高の困難はおそらく、いっそう本質的には、沈黙が何を言うのかを決定することに存する。無視、断念、無力の告白、もしくは最高の敬意の表明、恥ずべきものでも「危険なもの」でもない唯一のもの[6]〔のいずれを言うのか〕。ところでわれわれは、沈黙のみがふさわしい場所を獲得することにすでにたいへん気を配ってきたので、われわれの努力をこの沈黙の賭金と本性の規定にまだ結びつけてはいない。沈黙についての沈黙はかくしてわれわれに、言葉の無以上の解釈を要求するものは結局何もない、ということを隠している。あるいはまた、沈黙に決着をつけて終わりにするためには沈黙するだけでは十分ではないことを隠している。沈黙はまさしくおのれを説明しないがゆえに、意味の無限の多義性におのれをさらしている。そして、神についてわれわれが沈黙するためには、神についてある言説を述べるのでないにしても、少なくともわれわれの沈黙そのものについて、神にふさわしい言説を述べるのでなくてはならないのだ。

1　偶像の沈黙

この新たな問いの重大さをもう少し確認しよう。なぜなら、答えというものは、それを真正な問いかけによって培った問い以上の価値を持つわけでは決してない（しばしばより以下の価値しか持たない）からである。沈黙がある困難を閉ざすどころか開くものであることを、第一の指標が明らかに証明している。それは、それについてまったく語ることができないものを前にして沈黙することの、われわれが体験する極端な困難のことである。神についてわれわれが語ることができないということに、何ら驚くべきことはない。なぜなら、語ることがうまく構築された一箇の命題を言明することに等しいならば、言表不可能なもの、思考不可能なもの、名づけられないものとして定義されるものは、定義からしてあらゆる言葉を免れるであろうから。驚くべきことは、それゆえ、神についてわれわれが語ることの困難ではなくて、まさしく神について語らぬことの困難なのである。なぜなら、事実、神について人びとは大いに語っているからである。ある意味では人びとは神についてしか語らない、そして恥も警戒心もなくあまりにも多くのことを語るのである。そのうえ、神について沈黙を守らないことは、多くの意味に解せられうる。(a) まず第一に、明らかに、敬虔な、あるいはそう思われているおしゃべり〔と解せられうる〕。なぜならそれは、しばしば下らないおしゃべりに卑屈な異端を結びつけているのだから。これは参考までに言及しておく。(b) 次に、同じく明らかに、神の概念そのものを失格させたり解体したりする、今日ではかなり弱体化した議論〔と解せられうる〕。それは神を黙らせるために神について語ること、神を黙らせるために自分は黙らないということである。この議論は二つの不十分な点を示している。それは沈黙させることと沈黙を守ることとの間の差異を見ていない、というのも、ヴィトゲンシュタインの警句そのものが、沈黙に近づくために述定を超えることを要求しているのに、反駁が述定の領野の内部にとどまっていることを見ていないからである。反駁するだけでは——たとえ可能的な対話者を「沈黙に追い込むまで」反駁したとしても——沈黙を守ることができるためには不十分である。なかんずく反駁の議論はそれが反駁するものそのものの概念的定義を前提しており、外観上だけでも厳格さを展開するためには、その定義に二つの矛盾する特徴を付与せねばならない。一方で定義は個体を汲み尽くすべきである。そうでないとその解体が神を除去することにならないだろう。こうであってこそ、この定義は少なくとも可能的な個体自身の現実的定義として与えられるのだ。他方で定義は、その反駁に面していわば完全に解体されねばならない。可能的な定義(*exigentia existentiae* 現実存在の要求)もまた不可能なものとして解体されねばならない。この二重の、互いに矛盾した要求は、このように用いられた神の定義のうちにわれわれが一つの偶像を、すなわち(客観的には)不十全であると同時に(主観的には)超出できない神の表象[7]を識別する場合にのみ理解される。概念的な偶像が反駁の議論を導いて、この議論が神を黙らせようとすればするほど神について自分が黙ることがなくなるということを結論すれば十分であろう。(c)神について沈黙を守らない最後の仕方、最も騒々しいが、しかし最も誘惑的であることを認めねばならない仕方が残っている。それは、時に神への回帰と名づけることができるものを機会として展開する。最近の例として、レーニン主義のいくつかの形態の歴史的・理論的解体において神に認められた役割を考えていただきたい。フランスの状況にわれわれは留まろう。それは、霊的経験の真正性が最も優れた人びとにあっては疑う余地もないソビエトの証言から、きわめてはっきりと区別されるのである。ここで重要なのは、これらの証言がフランスで受ける概念的な取り扱いのみである。個人ならびに個人の自由という資本《もとで》の消滅に直面して、人びとがきわめて近似的に「超越」もしくは「精神（霊）」と呼んでいるものが、人間にその人間性を返す唯一の手段として、もしくはより散文的に言えば、革命のだまされた闘士たちを美しい魂――天使――として描く唯一の手段として現われる。したがって、神という名称は、議論が実際に機能する際に唯一働いている別の概念を無限によって保証するためにしかもはやほとんど介入しない――自由、精神、魂、欲望、他者でさえも、つねに神がそれらの名義人として働きながらも、神を神として思惟することには決して考えも及ばないのである。こうした神への回帰は、また、欲得ずくの神への訴えとなって分散してゆくが、これらの訴えは、本来的なものであれうわべだけのものであれ、無信仰が、確信に満ちた公然の信仰と同様に、いやそれ以上におこなっているものである。ただし、文字の知識と儀式の華々しさだけからなるキリスト教徒だけが、この点について誤ったのである。(8)（最近のフランスで最もよく知られる）この最後の二つの場合において、神について沈黙することがかくもわずかしかできず、またかくもうまくできない唯一の原因である同一の背理、つまり代替の偶像崇拝が生ずるのである。一方で、ある概念が神の名を尽くすものとして想定されるが、この両者は互いに忌避しあうものとなる。他方では、別の概念がより自然な意味で意味するものを神が保証すると想定されるが、これらは相互に資格を与えあうものとなる。神について沈黙を守ることのこの二重の無能力は、それだけいっそう神を沈黙させるのである。しかし沈黙への無能力、というよりも、われわれの饒舌が襲いかかるものをして黙らせる代わりに、沈黙をわれわれの側に引き留めておくことへのわれわれの無能力は何に由来するのか。

それを沈黙させることによってわれわれが示すであろうもの、ここでは神であるが、それをまさしくこの保留によって敬うために沈黙をわれわれの側に引き留めることは、神がみずから思惟におのれをさらす場合にのみ、思惟可能なものとなるであろう。われわれの起こりうべき沈黙による退却は、まさしく絶対的な照準極を含んでおり、そのまわりに敬意に満ちた砂漠が広がることができるのである。神の通常の偶像崇拝的取扱いは、このような絶対的照準極の孤独を一挙に禁止する。なぜなら、われわれのまなざしやわれわれの言葉と極との間に偶像が見えない鏡を介在させ、そこで最初の見えるものがこのまなざしの跳躍《エラン》を自己自身に向かって送り返すからである。というのも、形而上学の完全な成就として理解された近代性に固有なものは、神の否定に存するのでは全くないからである。そのような理論的な否定は先だつ諸世紀において容易に見出される。近代性はまず第一に、問いとしての神の廃棄によって特徴づけられるのである。何ゆえに、神はもはや問いのなかに宿らないのか。なぜなら、神の本質あるいはその現実存在(これらの語の厳密な形而上学的意味に従ってであるが)の問いに対する答えはどうでもよいものとなっているからである。それはおそらくイデオロギー上の論争のためでもなければ諸観念の運動に従ってでもなく、確かに、現象学的還元に対してそうなのである。神を否定すること、もしくは肯定することにおいて、いったい何が賭けられているのか。それは神としての神ではなく、「神」と呼ばれる偶像と、存在者がその存在において一時期《エポック》を画す場である概念的システムの全体との間の両立可能性もしくは両立不可能性なのである。両立可能性と両立不可能性との隔たりは確かに重要であるが、しかし、いずれの場合にあっても、偶像を絶対的極に恒常的に代替することに比べれば、その重要性は限りなく小さい。有神論と無神論とは、同様に一つの偶像に関わっている。それらは敵同士であるが、共通の、越えがたい偶像崇拝の内部での敵対する兄弟なのである。このことの最善かつ究極の説明を、ニーチェは、偶像が演じる二つの役柄を模範的な仕方で示すことによっておこなっている。——まず第一に、否定である。われわれはいかなる意味で、「神」と呼ばれるあるものを論駁すべきであろうか。漠然とではなく、きわめて正確に、「神の内の〝父〟、そしてまた〝審判を下す者〟、〝報酬を与える者〟が論駁される」限りにおいてである。つまり論駁は、「神」と、事実上その操作的な定義をなしている道徳的な役柄／名称との間の同一化を想定しているのである。「問い――道徳とともに、あらゆるものに対する汎神論的肯定もまた不可能となったのだろうか。根底においては道徳的な神のみが超出されたのである。［それゆえ］〈善悪の彼岸で〉ある神を思惟によっておのれに与える［sich...denken 思い浮かべる］ということが意味をもつだろうか。汎神論はこの意味では可能ではなかろうか[9]」。論駁は、あまりに明確だが操作的な「神」の概念（カントとフィヒテの意味における「道徳的な神」）と、「善悪の彼岸の神」という無規定な審級との間でおこなわれている。この隔りそのものが、絶対的に自律的な極を、何であれ一箇の名称／概念と同一化することを問題化するのである。事実「道徳的な神」は、ルサンチマンを持った人間が神的なものに向けるまなざしを異論の余地なく反映することで一箇の偶像として機能するのだが、それはまさしく、彼は少しも絶対的な極には到達しないからである。それでは、無神論を担う偶像はいったいどこに居を定めるのであろうか。この問いに対する答えは、有神論と無神論との間の現代人の無頓着を十二分に示している。実際無神論は、「新たなる神々」の主張と同様に、力への意志の偶像に取り組んでいる。無神論は「道徳的な神」を否定するが、それは「キリスト教の誕生をルサンチマンの精神から」理解したためであり、したがって、力への意志の反動的状態からキリスト教の系譜を再構成したためである。なぜなら「ルサンチマンもまた創造者となり、諸価値を生み出す[10]」からである。ニーチェに固有なのは、「神の死」を宣言することより、力への意志から神を思惟することにある。つまり人びとが「神」とみなすものは認め続けねばならないが、それは力への意志の（反動的）状態の結果としてなのである。――このようにして（偶像崇拝的）否定と完全に連続して（偶像崇拝的）肯定が生ずるのである。神的なものについてのその思惟の別の側面においてニーチェが「新たなる神々」の顕現の地平を開くとき、彼はそれらの神々を、全く同様に力への意志から演繹する。「――そしてどれほど多くの新たなる神々がなおも可能であろう！　私の宗教的本能、すなわち神々を形づくる（*gottbildende*）本能は時代に逆らってのみ活発となるのだが、その私にとってすら、神的なものはそのつど、いったいどれほど他なるもの、どれほど異なったものとして現われたことだろう！」。いかなる形態のもとに？　答え――「〝神〟という概念のために一つの意味を維持し正当化するための唯一の可能性は、動力としてではなく最大の状態としての神、時期《エポック》［を画するもの］としての神――すなわち力への意志の発展における一点であろう」。あるいはまた「絶頂の瞬間としての〝神〟、永遠なる神格化と脱神格化［としての］現存在[11]（*Dasein*）であろう。しかし、それはその内部における価値の頂点ではなく、力への意志の頂点にすぎない」。「新たなる神々」はそれらの正当化とそれらの存在と意味とを力への意志からのみ受け取る。新たなる神々は力への意志の何度となく忌避され、また蘇生する無数の相貌を、絶えず新たに誕生すること以外に永遠性はないのだから黄昏ることのない無数の偶像を、提示するのである。したがって、「道徳的な神」と同じく「新たなる神々」も力への意志の結果として生ずる以上、後者を前者からさらに分離させるのは何なのかを問わなくてはならない。また、ある偶像は黄昏れて姿を消す一方で、他の偶像は曙光に向かって開かれてゆくのはなぜだろうか。それは単に、一方はより能動的かつ肯定的な力への意志の形態に起源をもち、他方はより肯定的でなく、より反動的な形態に起源をもつからである。死せる「神々」と未来の「神々」との間にあるのは度合の区別である。多数の形態を取る力への意志という唯一の観点からすれば、「神々」は何であれ偶像なのであり、その有効性は、それらを狙い、それらに自分自身の肯定もしくは自分の病弱さを見るまなざしの状態を忠実に反映するのである。「道徳的な神」の顔の上にも新たなる神々の顔の上にも、ただ一つ現われているのは力への意志である。力への意志のみが、生ける「神々」のディオニュソス讃歌においても死せる「神々」の沈黙においても語っているのである。

こうしてわれわれは、陳述として語ることができないものを前にして沈黙することがなぜかくもうまくできないのかを理解する。ヴィトゲンシュタインが *das Mystische*（神秘的なもの）という表題のもとに示すもの[12]を、われわれはつねにわれわれの狙いにおいて狙っているがゆえに、そのものとして狙うことは決してない。その名称ができる以前の現象学的還元によるかのように、系譜学的に「神々」――例外なしにすべての「神々」――を力への意志に導き返すニーチェ以上によくこのことを明らかにしたものはいない。ところで力への意志は、*das Mystische* がたとえ「死んだ」ものとして現われるとしてもなお語り、生産する。なぜならそれを語り、生産するためには力への意志だけでこと足りるからである。さらには、「神々」は常に力への意志によって系譜学的に認知された偶像として語られることができるであろう。われわれは、言うことができないことを前にして沈黙する必要は決してない――なぜなら、力への意志の諸形態と諸偶像のほかに、われわれには語るべき何ものも決してないだろうからである。力への意志のほかに語るべきものは何もない。そのほかには何も、無さえも存在しない。なぜなら生成そのものが存在として力への意志へと移行するからである。「要約――生成を〈存在〉の刻印でしるしづけること、これが最高の力への意志である[13]」。それゆえわれわれは、力への意志がわれわれの内部と外部でそれと同じ数の目標としてめざすであろう千一箇の偶像を生み出し、語ることに心奪われているので、沈黙するなどということは決してないであろう。したがって、われわれは沈黙することなく、絶対的なこの極を――力への意志から放免された極を――敬意に満ちた沈黙でもって指示することすらないであろう。それゆえ、沈黙しないことによってわれわれは、沈黙のみが場合によってはまさしくそれを言うことも、狙うことさえしないことによって——敬うことができるかもしれないようなものを、われわれの忙しいおしゃべりで掩いかくして黙らせるのである。あらゆる偶像と千一箇の目標を表明することに忙しい言葉によって沈黙を黙らせるか、それとも沈黙が敬うものに（みずからを）語るに任せるために自分が黙るか、いずれかである。——しかし、われわれの沈黙そのものが黙することができないとしても、その責任は、単なる知的な規律によって正すことができるような「大衆的ならず者」の何らかの経験的行動に帰せられるものではない。われわれの沈黙は、際限のないおしゃべりに屈するか、あるいはもはや敬うことができずにただ単に語らないだけか、いずれかである。というのも、根本的に沈黙も、われわれ皆と同様ニヒリズムに、それゆえ力への意志のついに暴かれた働きに属しているからである。「神々」を欲するときも欲しないときも同様に自己自身を意志してやまない力への意志、それゆえひたすらおのれの偶像のみを欲し、そのような偶像を意志することしかできない力への意志において、形而上学が完成するのである。そして、この形而上学の成就のうちで、存在者の〈存在〉の西洋的な運命が、その究極の完全性において完成するのだ。なぜなら「〈存在〉の最も内奥の本質は力への意志だからである[14]」。——それゆえ、あえて一つの問いを、すでにしばしば取り組まれ、われわれを駆りたててやまない問いを提起せねばならない。つまり、「神」を偶像から免れさせるためには、神を沈黙に切り詰めたり、偶像崇拝的な饒舌によって覆い隠したりする審級とは別の審級からして神を思惟する——なお思惟するというべきだろうか——ことを企てねばならないのではなかろうか。その審級をわれわれは力への意志として、それゆえ完成した形而上学として、それゆえ最終的には存在者の〈存在〉と見なされた〈存在〉自身として同定した。「神」をその括弧から解放するためには神を形而上学から、それゆえ存在者の〈存在〉から解放しさえすればよいであろう。沈黙をその偶像崇拝的不名誉から解放するためには、「神」という言葉を存在者の〈存在〉から解放しさえすればよいであろう。しかし、われわれは〈存在〉の外部で思惟することができるのだろうか。偶像崇拝から逃れ、その括弧を取り除くためには、まさしくそれらをもはや記さないということで十分であろうか。

2 存在論的抵当

「神」を〈存在〉についての／〈存在〉の問いから解放せねばならないが、しかしこの解放がある意味において思惟の諸条件に違反することにもなるのではないかということにハイデガー以上に気づいた者は誰もいない。「神」を〈存在〉から解き放つというわれわれの命題の法外さが許容されえ、それゆえ端的に考えうるものとなりうるのは、まずそれが十分厳密に定式化されて、正確なもろもろの保留を受け入れ、測定可能な逆説を呈示するようになった場合のみであろう。したがってわれわれは、ハイデガーが定めた「神」と〈存在〉との間の交差を、たとえそれを解任することができるようになるためだけであっても追跡しなければならない。なぜなら、もし「神」が〈存在〉と交差しているなら、この交差自身が多数の意味に理解されうるからである。

ハイデガーが下した最初の決定、そして最後のテキスト群に至るまで変わらぬ決定は、神学と問いとの、さらには存在という語との間を絶対的に切り離すものである。神学は存在という語を排除することによってのみ神学として、それゆえおのれの本質に応じて構成される。かくして、一九五一年チューリッヒにおいて今一度、「存在と神とを同一のものとすることができるでしょうか」と問われた際、ハイデガーは次のように答えるのである。「……存在と神とは同一ではありません。私は神の本質を存在によって考えようとすることは決してないでしょう。あなた方のうちの何人かは私が神学出身で、神学に対する古くからの愛情を今でも持ち続け、神学において何らかの理解を持っていないわけはないということをおそらく承知しておられるでしょう。もし私がある神学を書かなくてはならない——私はしばしばその誘惑を感じるのですが——ことになったとしても、その場合存在という語は決してそこに介入することはできないでしょう。信仰は存在の思惟を必要としていません。信仰が存在に頼るときには、それはもはや信仰ではありません。これがルターの理解したことです。彼自身の教会の内部においてすら、これは忘れられているように見えます。私は、神が神である所以を神学的に規定するのに存在を使用するいっさいの試みに対してこの上なく慎重なのです。このような試みにおいて存在に期待すべきものは何もありません。私は、存在が神の根底に、また神の本質として考えられることは決してありえないが、しかし神ならびにその顕現の経験が実際人間に生じうる限り、この経験が輝くのは存在の次元においてであると思います。〔しかし〕これは、存在が神にとっての可能的な述語の意味を持ちうるということを意味するものでは断じてありません。この点については、すべて新しい区別や境界づけを定めなければならないでしょう[15]」。この複雑なテキストは次のようないくつかの命題を結びつけているが、それらを混同しないことが重要である。(a)神と〈存在〉との非-同一性、(b)神学における存在という語の不-適切性、(c)「神」を経験するための〈存在〉の次元の適切性。われわれは、われわれの道程の現時点においては、これらの命題のうちの二番目のもの、つまり存在と神学的な語彙との両立不可能性を含むものだけを取り上げよう。一九五三年にホフガイスマールにおいて、ハイデガーはきわめて明瞭にこの両立不可能性を確認している。「思惟する者は、存在の開示性（*Offenbarkeit*）について語る。しかし存在という語は非神学的な語である。啓示はそれ自身でその開示の仕方を定めるのだから、神学は哲学に対して自己を擁護する必要はない。なぜなら、神学は〝存在〟を論証したり解釈したりする必要もないからである。（……）キリスト教的経験はきわめて特異なものなので、哲学と競合する必要は全くない。神学が哲学は〝狂気〟であると主張するとき、啓示の神秘性の性格ははるかによく守られるのである。この理由から、二つの道は究極的決定において互いに分離するのである」[16]。句切り（分断）は明瞭に現れている。思惟、ここでは哲学は、〈存在〉の開示性（*Offenbarkeit*）に集中し、神学は、「神」の啓示（*Offenbarung*）に専心する。一方の敬虔さはその問いの厳密さに由来し、他方の敬虔さは信仰の強さに由来する。両者は「深淵によって区別され」[17]ているのみならず、神学に資格を与える唯一のものたる信仰は「死を賭した敵 *Todfeind*」として哲学に立ち向かう[18]。なぜなら神学は哲学からおのれを区別するだけにはとどまらないからである。聖パウロの言葉に従えば「神は世の英知を狂わんばかりにさせた（*emôranen*）のではなかったか」。そして、ルターの権威のもとに、ハイデガーは、信仰が哲学を狂気として理解することに彼の全重力を傾ける。「本来キリスト教的な信仰にとって哲学は狂気である」。そして現代の信者たちに「キリスト教神学はようやく使徒の言葉をまじめに取り、その結果として哲学を狂気とみなす決意をするかどうか[19]」と問いかけている。信仰がおのれ自身に無知である限り、それは自己自身の基礎を、すなわちひたすらなる信仰を欠いており、今度は信仰が半狂乱となる。半狂乱になって、信仰は、深淵がそれを存在から隔てているにもかかわらず存在を要求することによって新たな土地に定住しようと試み、ついには、思惟がそこではせいぜいのところ「四角い円」や「鉄製の木[20]」といったものしか認めることができないような「キリスト教哲学」を練り上げると主張するまでになる。この句切り（分断）は和解を認めない。神学が哲学を狂気と見なすことを拒むなら、その場合は逆に神学自身が今度は哲学から見て狂気となる。狂気とはここでは、誤謬、相違、争いなどよりはるかに大きなことを示している。狂気が示しているのは、いかなる意味でも互いに理解し合うことはできないし、すべきでもない二つの論理の還元不可能性なのである。信仰は思惟を理解できないし、思惟も信仰を理解できない。

「究極的決定において二つの道が分離しあう」[21] 以上、何らかの第三の立場がそれらを調停しにやってくることは決してない。狂気とは、二つの論理が還元不可能な仕方で、いかなる媒介も開きえない孤独のなかで行使されることを示している。というよりも、論理がとりわけ存在に依拠している以上、それはヨハネの〈御言〉（*Logos*）が信仰に対して開く啓示の領野に及ぶことはないのである。まさに狂気こそが神学を存在から分離するのである。

しかしながら〔神学と哲学という〕学のこうした配分は、「神」を存在についての問いから解き放つというわれわれの最初の目論見にとって十分ではない。なぜならまず第一に、ハイデガーは、彼の一貫した意図のなかで、真正な意味で神学的な議論の諸様相を展開しているのではないからである。真正な意味で神学的な議論は仮定からして彼には無縁のものなのだから。存在という語は神学的議論に介入すべきではないというただ一つの指図だけがわれわれに届く。これは、神学者たちが文字通り尊重しなくても、少なくとも慎重に配慮すべきであろう規則ではある。次に、〔神学と哲学という学の分配が不十分な第二の理由は〕これらの学の区別がすぐさま「神」についての非‐神学的議論の可能性を解き放つからである。なぜなら、もし神学が存在に従って語らないならば、そしてそれでも「神」が存在に従って思惟されたのであれば、そこから直ちに、「神」についてのいくつかの思惟は神学に属さないということを演繹せねばならないからである。それゆえ、神学の領野は「神」の領野と一致しないことを〔演繹せねばならない〕。「神」はまた神性学 théiologie（二）に、すぐれて存在者に関する知にも属することができるのである。「第一哲学は、存在論として、真の存在者の神学でもある。それをもっと正確に神性学 théiologie と名づけるべきであろう。存在者としての存在者の学はそれ自体において存在‐神学的である」[22]。神学 théologie を神性学 théiologie へと変化させる *i* の付加は、少なからざることを示している。つまり、*logos* は今後、「神」*ὁ theos* よりもいっそう本質的に、「神」をひとつの見本として資格づける唯一の審級である神的なものそのもの *to teion* に関わるのである。存在者はその存在において、存在者一般とすぐれた意味での存在者という二重の次元に従って語られることになる。後者は神的なものについての厳格に哲学的な学、神性学の可能性を定める。この際、その〈存在〉における存在者のみが問題であり、信仰が真正な意味でキリスト教的な神学に提供するものが問題なのではないということから、（存在‐神‐学の）神性学が積極的に「神の存在」を語りつつ、しかも完全に瀆神を犯し得るということの異論の余地のない証拠がわれわれのもとにやって来る。「神の論証は、たとえば最も厳格な形式論理のあらゆる手段をもって構築されうると同時に、何も論証していないこともありうる。なぜなら、その存在をまず最初に（*erst*）論証させねばならない神は結局はきわめて神的ならざる神だからであり、そして、その存在証明は最高度の瀆神に至るからである」[23]。「神」の概念をたとえば「至高の価値」[24]の概念に「格下げ」することは、それがまず第一に「〈存在〉に対して考えられる最大の冒瀆である限り」、「神」に「打撃」を与える。「神」についての、あるいはあらゆる他のすぐれた存在者についての神性学的な議論は哲学に、より正確にいえば哲学の形而上学的な展開を特徴づける存在‐神‐学に属するのである。形而上学は実際、諸々の神名を語るのに何ら信仰の神学を必要としない。それは例えばライプニッツの究極の根拠としての「神」[25]、カント、フィヒテ、ニーチェの「道徳的な神」としての「神」[26]、そして最後にとりわけ、デカルト、スピノザそして結局あらゆる形而上学の自己原因としての「神」[27]といったものである。「神」についてのこれらの概念は、存在‐神‐学の唯一の要求に従って、厳密に形而上学に属する。さらに、形而上学の存在論を「破壊」しようとする思惟が「より神的なある神」[28]に到達しようと試みても、この探求もなお依然として存在の省察に属しているのであり、その神性学は存在者には触れても、信仰が触れる神学には何の関係もない。換言すれば、「神」は哲学のなかには入ってこない。なぜなら〔もし入るとすれば〕「神」はキリスト教的啓示からギリシャ的思惟へと移り行くであろうからである。そしてこの移行それ自身、まずあらかじめ、存在の（ギリシャ的）思惟が存在‐神‐学に従って存在者の存在の思惟となる限りでのみ可能となりえたからである(29)。――かくして、哲学と神学との間の「深淵で隔てられた」区別は、単なる対置よりもずっと複雑なものだと思われる。つまり、神学が排他的な一領域を持っており、哲学の全的な領域がこれに応酬する、ということではない。実際には哲学もまた、神性学として「神」のようなあるものに到達するのである。「神」の領域に対して、神性学は神学と同等の権利、あるいは少なくともそれとは別の、しかし異論の余地のない諸権利をもつ。対置よりもむしろ従属関係について語らねばならないだろう。それも、両者の場合において「神」ということでそれぞれ別のことが問題になっているのでなければの話であるが。

　このような問いを別の仕方で捉え直すこともできる。そこで次のように問うてみよう。――神学が、もっぱらその形式的対象とする「神」をもたないとすれば、それは神性学に対していかに定義されることができるだろうか。ハイデガーは神学としての神学に正確な定義を、われわれの知る限り決して撤回されることのなかった定義を与えている。それは、「啓示の神的な言葉の解釈としての神学」、もしくはここでは同じことになるが、「神に向かう人間の存在の解釈(30)」という定義である。神学はそれゆえ、いかなる意味に理解されようと「神」に関わるものではない。神学が関わるのは、十字架に掛けられた者への信仰の事実（*Faktum/Positivität*）、信仰のみが受け入れ、理解する事実である。神学は、信仰の確実な（積極的《ポジティフ》な）事実、すなわち信仰する人間と十字架に掛けられた者との関係をおのれの対象として選ぶことによってのみその学問性を獲得する。神学は「神」の学ではなく「信仰の学」を展開するのであり、その後で初めて信仰の対象（*das Geglaubte*）の学を、この対象が「信じる態度」としての信仰のなかでのみ繰り広げられる、厳密にその限りにおいて展開するのである。[31]『存在と時間』は第三節から直ちにルターの権威を特権化しているが、それは可能的な多くの神学の間の（たとえばカトリックに対する）一箇の選択ではなく、哲学的決定なのである。ルターは、「神」についての（彼の後の術語に従えば）神性学的な知と、信仰が信仰という出来事に対して持つ関係だけに関わる神学という学との間の隔たりを明らかにするために介入する。しかしながらこの学同士の間の区別は、キリスト教神学が自己自身の定義に対して事実、歴史的に無理解でなかったとするならば、厳密に認識論的な（この表現を、そこで要求されるあらゆる下らなさという意味で理解するならば）区別だったであろう。なぜなら神学は、ハイデガーが見るところでは、おのれを信仰の、それによってのみ信じる人間の、次いで信仰の「神」の学ではなく、信仰を通して人間の学であり、そして実に「神」の学ですらあると自称しつづけてきたからである。実際、ハイデガーが神学と神性学との混同を告発するより十年以上前に、『存在と時間』がまず何よりも、現存在の（現象学的）分析論と、これに取って替わってその緊急性を隠蔽し、それへの接近を閉ざしてしまう「古代キリスト教的人間学」との混同を告発していることに注意しなくてはならない。「キリスト教的‐神学的人間学は……古代の定義［すなわち *animal rationale* 理性的動物としての人間という］の助けを借りて、われわれが現存在と呼ぶ存在者の解釈を獲得する」[32]。おのれ自身を「信仰する実存の概念的自己‐解釈」として、「神に向かう人間の存在の解釈」[33]として理解する代わりに、神学は、その存在論的地位ゆえに現存在と呼ばれるべき存在者そのものの解釈であると自称するのである。神学は、人間学という一見無害な表題のもとに現存在の分析論という厳密に現象学的な（それゆえ哲学的な）課題を簒奪することによって、おのれ自身の真正な意味で神学的な身分を失う。神学がまず自己自身を失うのは、端的に（*schlechthin/überhaupt*）現存在について論ずるのだと主張することによってであって、信仰の学、信仰者としての現存在の学としてではない。要するに、神学を相対化し、したがってその場所に戻さなくてはならない。なぜなら、神学はまさにその場所を守っておらず、現存在そのものと信仰者としての現存在との間の隔たりを十分認識していないからである。神学は、同じひとつの間違った運動によって、信仰がそれに保証する学問性を見失うと同時に、不適切な人間学によって現存在の分析論を禁ずるのである。ハイデガーが神学の地位を相対化するのは、現存在のなかで作動しているもの、つまり存在者の存在の諸要求の名において、それゆえこの時期に彼がなお存在論と名づけているものの名においてでしかない(34)。

『存在と時間』からして、そしてそうしてのみ、〔『存在と時間』と〕同じく一九二七年にテュービンゲンで初めて述べられた講演 *Phänomenologie und Theologie*（「現象学と神学」）が理解可能となる。そこでは、極めて明瞭に規定されたある論点が哲学を神学に対立させている。哲学は、その存在とともに「存在」そのものが問題となるような存在者(35)である現存在の分析論に集中することで「存在の学、存在論的学」を構成するという点で、あらゆる他の学から区別される。これに反して神学は、化学もしくは数学と同じ資格で「存在的学」の一つにとどまる(36)。このことにはいかなる逆説もない。まさしく一箇の事実（*positum*）が神学のために取っておかれるのであるから、神学は実証的な一箇の学として展開する。この事実（*positum*）、神学にとっての形式的な対象となるこの存在者は、混同を招いてはならない。つまりそれは「神」（これはまず第一に神性学に属する）でも人間（これは現存在として哲学に属する）でもなく、単にキリスト教性（*Christlichkeit*）、すなわち死刑に処されたキリストの出来事への人間の信仰なのである。ところでこうした「キリスト教性」は、それが人間に働きかけるとしてもいかなる人間学をも可能にするものではないし、現存在の分析論と結びつくものでもないのだが、これはある根本的な理由のためなのである。他の実存諸範疇ならびに *Grundbestimmungen*（根本諸気分）と反対に、キリスト教性は、たとえそれが信仰する実存状況にある現存在を示そうとも、現存在に属するものではない。キリスト教性は現存在に働きかけるが、そこから由来するものでもそれを性格づけるものでもない。「信仰は人間の現存在の一つの実存の仕方である。それは、彼自身の証言——この証言は本質的にこの実存様態に属している——に従えば、現存在から由来するのではなく、また現存在によって自由に時間化されるものではない、そうではなくて、この実存様態のうちで、それに伴って啓示されるものから結果するのであり、すなわち信仰されるものから結果するのである」。信仰することはたしかに実存の可能性として現存在に関わるが、信仰として、この可能性は現存在としての彼自身とは別の審級からしか彼のもとに到来しえない。「これによって襲われる現存在は、自己自身によってこれを制御することはできない（*von sich aus nicht mächtig*）(37)」。神学は、現存在にふさわしくない仕方でしか現存在に到来しないものを研究する。なぜなら信仰の事実は定義からして信仰者が信じるものを尺度として測られるのだから。換言すれば現存在的な（*daseinsmäßig*）何ものも神学の分野には介入しないのである。ここから、それぞれの概念は、真正の意味で神学的なものとして現われるためには、おのれと「前‐キリスト教的現存在」(38)との本質的な隔たりを測定しなくてはならないということが帰結する。この「前‐キリスト教的現存在」が、信仰がそこに存在的なものとして付け加えるものの厳密に存在論的な「修正」を保証するのである(39)。信仰は現存在のある「流儀(40)」を導入するのだが、その「流儀」は、信仰者という現存在の変形が現存在に強いる隔たりの測定によって、したがって現存在の存在論的分析論を参照することによって初めて正確に現われうるのである。「キリスト教性」と信仰する実存との存在的学としてこのように正当化されることによって、神学は現存在の分析論から脱落する。『存在と時間』が企てる人間の現存在への現象学的還元は、他のすべての存在的諸学と同様、神学をも排除する。いやそれ以上でさえある。それというのも神学ほど強力に、人間学の諸々の試みによって現存在のかかる分析論なしですまそうと努めた学はほかに何一つなかったからである。神学は現存在を規定することを放棄し、逆に現存在の中立性によって「修正」されるべきである。中立性の意味することは、現存在の分析論は信仰のようなものと、とりわけ「神」とは全く関わらないということである。一言でいえば、現存在は――まさにそれが実‐存する（外に歩み‐出る ex-siste）がゆえに――「神」なしに実存（existe）する。「哲学的探求は無神論であり、そうであり続ける」、「基礎的存在論の実存的使命は、極度に個人主義的で根本的な無神論の外観を伴っている(41)」。信仰が人間に導入する存在的変形《ヴァリアント》よりも現存在の不変の原型のほうが、人間にとってより本質的なものとして現われる。人間はまず第一に現存在として実存している限りにおいてのみ、場合によって信仰者になることができるのである。――したがって、神学を存在という語から解き放つことがいまや明確な意味をもつことになる。それは、神学を現存在から解放することでは全くなく、逆に神学を存在論的「修正」に従わせることを条件としてのみ信仰という神学に固有の領域を認めるということなのである。神学が存在から遠ざかるのは、他の存在的な諸学と同様、おのれを現存在から区別するということ以上にでも以下にでもない。もちろん神学は存在という語を使用すべきではないが、しかしこれは欠如によるのであって過剰によるのではない。神学は神学より大いなるもの、つまり現存在の分析論へと、さらに後には〈存在〉（*Seyn*）の思惟へと差し向けられるのである。信仰の神学は存在という語を語ることを避けるべきである。なぜなら〈存在〉は、神学がいつか垣間見ることができるであろうよりもいっそう本質的に語られるからである。そしてまさしくこのゆえに、現存在のいかなる存在的変形《ヴァリアント》も裸の現存在そのものへと送り返されるように(42)、いかなる神学も〈存在〉の問いに従属しているのである。

「神」を〈存在〉の／についての問いから解放する課題を提起することによって、われわれは最初は、ハイデガーの残した足跡の上にみずからの進むべき道を発見できると信じた。いまやわれわれは事情が全く違うことを垣間見るのである。逆に、状況は二つの相対化によって定義される。(a)形而上学において、「神」はすぐれた存在者という資格で、形而上学の存在‐神‐学のなかに刻み込まれた神性学の管轄に属する。形而上学がある仕方で存在者の〈存在〉を機能させる限りにおいて、「神」は形而上学において〈存在〉に属する。そしてこのことに例外はない。形而上学の諸概念のなかへキリスト教の「神」が介入することは、存在‐神‐学の一箇の特殊なケース、要するにほとんど決定的ではないケースにすぎないからである。「神」の〈存在〉へのこのような包含に面して、単純にルター的と呼ぶべき(しかしまたパスカルもしくはK・バルトによって例証された)反射行動によって、形而上学的規定を免れた「信仰の神」へと向きを変えることができるだろうか。(b)この第二の仮説においては、神学は信仰の存在的学として現われる。その完全な独立性もまさしく存在的であり、その限りにおいて現存在の存在論的「修正」に従属せねばならないのであって、神学はそれなりの仕方で現存在の一箇の変形《ヴァリアント》を提供するものにすぎないのである。信仰とその神学は確かに独立しているが、その存在的独立性は断固とした存在論的依存性を含んでいるのである。それゆえ、信仰の神学は現存在の管轄に属し、それによって直接〈存在〉に属するが、それは形而上学の「神」が存在‐神‐学の管轄に属し、それゆえそれによって間接的に〈存在〉に属するのと同様である。「神」の問いがハイデガーの現象学的企てにおけるほど徹底的な〈存在〉の第一の問いへの還元を蒙ったことはいまだかつてなかったように思われる。――「神」についての問いが〈存在〉の問いから解放されるような第三の道を考えることがなお可能であろうか。実際次のように論じることもできよう。信じる人間の信仰は現象学的には確かに現存在へと送り返すが、しかしその志向は現存在とは関係のないある項を狙っている。さらに、この狙いの無規定な項は形而上学がそれについて把捉するものたる自己原因（*causa sui*）に還元されることはできないであろう。それゆえ、信仰の狙いにとって純粋に可能なものとして「神」の別の名を検討せねばならない。この第三の道を、ハイデガーは事実遠ざけてはいない。あるいは少なくとも、彼はこれを全面的には遠ざけず、著しく異なった手筈に従ってこれを検討する。自己原因とは別の「神」を検討する可能性があり、またそれが必要でさえあるのだ。しかし検討する（もくろむ、企てる）とは、この語が現象学的意味をもつべきならば一つの狙いを、それゆえ現存在の狙いを含意している。この狙いは、現存在の事実的で存在的な一規定にとどまる信仰によっては定義されえない。この狙いはそれゆえ、そこにおいておのれの存在が、というよりも〈存在〉そのものが問題となるような存在者としての現存在そのものからして理解されねばならない。したがって「より神的な神」も、それを「神々の〈存在〉*Seyn der Götter*」[43]に従って展開された一箇の存在者としてあらかじめ規定する一つの狙いの終局点においてしか考察され（もくろまれ）えない。何であれ、「神」への狙いに答えるであろうものは、存在するという条件でのみ「神」であろう。「なぜなら神／〝神〟自身、それが存在するならば一箇の存在者であり、存在者として〈存在〉のなかに、〈存在〉の本質のなかに身を置くからであり、〈存在〉の本質は世界の世界‐化（l'advenir-monde）から出来《しゅったい》するのである。*auch der Gott ist, wenn er ist, ein Seiender*（神もまた、それが存在するならば一箇の存在者なのである）」[44]。「神」のいかなる非‐形而上学的可能性も、それを存在者としてのみ迎え入れる存在の措定《テーズ》（仮定《イポテーズ》、抵当《イポテーク》?）によって直ちに支配される。仮に「神」が形而上学の外部に存すべきであるとしても、それは——その存在において、したがって〈存在〉に従って展開された存在者として——「神」が存在する限りにおいてでしかありえないだろう。〈存在〉があらかじめスクリーンを提供するのであり、自己を構成しようとするいかなる「神」もこのスクリーンの上に自己を投影して現われるであろう——自己を構成することは定義からして自己を存在者として構成する〈存在者となる〕ことを意味するのだから。自己を〈存在〉から／のうちに存在者として構成する〔存在者となる〕ことは、自己を囚人として構成する〔囚人となる、自首する〕ように——文字通り〈存在〉の「神的な囚人」となることだろうか。もちろん、世界のあらゆる譲歩と厚意によって、このあまりに激越な結論を柔らげることもできるように思われる。しかしこれはまさしく世界の厚意、大地と天、死すべき者と神的なものどもの間に世界が世界化する四方域の厚意にすぎない。〔ところで〕まさしく、まだ次のことを決定せねばならない。それは、神々、あるいはどう名づけてもよいが「神」のようなあるもの、もしくはもっと正確にいえば、無条件に、前提も系譜もなしに、絶-対者の権利がイコン的に十字によって抹消するもの、すなわち~~神~~としておのれを啓示するために「神」の括弧を喪失すべき者を神的なもののうちに取りまとめる権利と尊厳とを世界の世界性が持っているのかどうか、ということである。~~神~~が、〈存在〉が開示する一箇の存在者として、〈存在〉に従って開示される一箇の存在者として存在しなくてはならないという決定は何に由来するのか。他の箇所で明白に反復され踏破された、開示性（*Offenbarkeit*）と啓示（*Offenbarung*）との間の隔たりが忘却され抹消され、前者——〈存在〉の開けに従って存在者が開示されていること——を規定するものが必然的に啓示をも同様に規定するはずであると結論するに至るのは、何に由来するのか。結局、聖書の啓示がそれが啓示するものにおいて存在者に違反せず、その啓示の仕方において〈存在〉にも違反しないということは自明のことだろうか。啓示の仕方、聖書がそれは *polumerôs kai polutropôs*「何度も繰り返し多くの異なった仕方で」（「ヘブル書」一・一）語ると強調している啓示の仕方があらかじめ(par provision 賭金として)〈存在〉に迎合するはずであると、いったい誰が決めるのであろうか。ハイデガーの議論そのものに従えば、四方域が世界とその世界化を規定する。では、~~神~~として語られる出来事についてはどうなるのだろうか。というのも~~神~~は世界に属さないと主張し（「ヨハネ伝」一八・三六）、そして彼を信ずる者たちに「世界を用いるものは、用いないがごとくにせよ *khrômenoi ton kosmon ôs mê katakhrômenoi*、なぜならこの世界の有様は過ぎ去るだろうから」（「コリント前書」七・三一）と要求するからである。換言すれば、もし、われわれが絶対的に承認する仮定的ならざる一箇の仮定によって、〈存在〉の問いは自己自身への関係によってのみ、すなわち〈存在〉が現存在に対しておこなう要求に従ってのみ自己を規定し、そして世界として自己を構成しようとする世界全体を一挙に規定するとするならば、われわれはまた同様に、同じ厳格さに従って、仮定からして世界に属さず、そのものとしておのれを与えるものは〈存在〉の管轄に属していないと、そこから推論すべきではなかろうか[45]。ハイデガー自身が〔存在の要求と〕平行してキリストにおける父の要求 *Anspruch des Vaters in Christus* と呼ぶことを――奇異なことに――ためらわないものが *Anspruch des Seins* 存在の要求に根本的に還元できないということを、われわれは支持することはできないだろうか。この〔キリストにおける父の〕要求は父がキリストにおいて人間におこなう要求であり、したがって人間を現存在と名指すことは問いに値することとなる。あるいは、現存在の分析論の現象学的企てがその還元そのものによっていかなる外部の、そして決定的に他なる審級をも認めないことが当然であるかのように、信仰に純粋に存在的な身分を押しつけることによって、他方では認められている信仰の特殊性にけりをつけることが可能だろうか。ここではこれらの問いはわれわれにとって問いにとどまるのであり、偽装した肯定を隠しているようなことはない。しかし、問いは、たとえそれが〈存在〉からわれわれに出来《しゅったい》するものではないにしても問いであることに変わりはない。なぜなら信仰は、（少数の者ではなく多くの者が想像するように）粗野な確信の愚かな予弁法によって問いを押しつぶしてしまうどころか、世界についてのいかなる省察も垣間見ることすらできないいくつかの深淵を開くことができるからである。これらの問いは、十字架にかけられるがゆえに十字によって抹消される神の名は〈存在〉

の管轄に属するのか、という見かけはつつましいが的を射た一つの問いに結び合わせることができるであろう。われわれは「神」一般、あるいは神的なものからして、それゆえまた四方域からして思惟された「神」のことを語っているのでは全くない。われわれが語っているのは十字架に掛けられることによって啓示されるがゆえに十字で抹消される神についてであり、キリストによって、キリストにおいて、キリストとして啓示された神のことである。言い換えれば厳密にキリスト教的な神学の神のことである。ところで――そして驚くべきことには――ハイデガーにとってはこの神でさえ、〈存在〉からその名を受けるに十分なほど一箇の「神」にとどまるのである。「……キリスト教神学においては、人びとは神、*summum ens qua summum bonum*（最高善たる限りの最高存在者）を価値として規定する」(46)。この言明は少なくとも二重にわれわれを唖然とさせる。まず第一に、*ens supremum*（最高の存在者）としての「神」の命名が意図してキリスト教神学に与えられ、よりふさわしいと思われる存在-神-学の神性学に与えられているのではないということである。これを書き間違いだとするなら、ハイデガーの文章の品位をふさわしくない仕方で過小評価することになるであろう。そして、それにもかかわらず一歩譲って書き間違いだとしても、このようにして暴露された思惟のひそかな移行は、書かれた文面の明瞭な部分と同等の注意に値するであろう。事実、キリスト教神学は〈存在〉の問いに隷属するのである。しかし上述の言明は、第二の意味でもまた人を唖然とさせるものである。ここで言及されている *summum ens* と *summum bonum*（最高存在者と最高善）という二つの言葉は、何ら意図的な疑いもなく神名の問題へと、そしてさらに的確に言えば *ens*（存在者）と *bonum*（善）という二つの神名の間での優先権についての論争へと送り返す。換言すれば、ハイデガーは歴史上の神学の論争において *ens* を第一の神名とする立場を取る。善は、「神」の第一の名を与える唯一のものたる存在者性の一様態としてしかもはやそこに介入することはない。ある意味で、形而上学から身を引く〔ハイデガーの〕思惟と形而上学にとどまる〔聖トマスの〕思惟とをもちろん混同することなく、それら相互を分離するあらゆる隔たりとともにではあるが、あたかも〈存在〉の問いの優位（ハイデガー）が、いかなる他の神名にも勝《まさ》る *ens* の優位（聖トマス）と出会うかのようにすべての事柄は進展するのだ。いま一度言っておくが、これは二つの優先関係の間に間違った一致をでっち上げること――それは周知のように幾度となく試みられ、いつも無駄に終わった遊戯である――ではなく、二つの優先性の関係の間に類比を指摘することなのである。二つの優先関係とは、「神」の問いを〈存在〉の問いという前提条件に従属させることと、「神」の命名を *ens* の優先性に従属させることである。概略的にトマスの決定をたどり直すことによって問題となるのは、神名の中でいかに *ens* が働いているか、もしくはその優先性がいかにして「神」への他のもろもろの接近を遠ざけるのかを規定することだけではない。おそらくはまた、〔聖トマスとの〕類比によって、ハイデガーの決定が自明ではないかもしれず、さらには自らが〔聖トマスの〕彼方ではなくとも裏面であること、すなわち~~神~~がまずはじめに〈存在〉に従って、〈存在〉から出発して語られるのではないということを見出すかもしれないのはいかにしてかを感じ取ることでもあろう。

3　〈存在〉かあるいは（善か）

~~神~~を〈存在〉として、〈存在〉によって原理的に命名することは「出エジプト記」三・一四の句に単に依拠するだけで正当化されうるものではない――それが明白であることを直ちに示すことにしよう。それに加えて、その概念的不十分さのみが「出エジプト記の形而上学」に根本的な革新の栄誉と功績とを帰することを可能にするのである。そうでなければ、聖トマスは直接聖書から引用された月並みな主張しか述べなかったことになろうが、そんなことは、E・ジルソンの観点からも他のあらゆる観点からも、いずれにせよ支持されえないであろう。そこで、聖書原文と「出エジプト記の形而上学」との間の隔たりを示すために、ここでは二、三の注意で十分であろう。(a) ヘブライ語の言い回し *ʾèhyèh ʾasher ʾèhyèh* は、「私はある（存在する）ところのものである」(Je suis celui qui est) という型の肯定的言明として理解されうる。しかしそれはおそらくまずはじめに、「私は私があるところのものである」(Je suis qui je suis) という型の言明のように、そもそもいかなる〈存在〉が問題となっているのかを明確にすることの拒否として理解されることもできる[47]。したがってE・ジルソン自身、「出エジプト記」三・一四は文字通りに解するなら「絶対的に何も言わず、絶対的に全てを言う唯一の言い回し」[48]を示すものだと認めたのである。(b) 仮にこの言い回しが肯定的な言明を示し、神についてのいかなる言明の可能性も正当性も否認しないとしても、それをいかなる定式化のもとで理解するかをなお決定せねばならないだろう。ヘブライ語動詞 *hāyāh* がそのものとしては「存在する」という概念を導入するのに十分なものではないことは誰しも認めるであろう。歴史的には、聖書の記載から哲学者と神学者の間の概念的論争への推移は、七十人訳の *égô eimi o ôn* という翻訳によって生じたものである。この訳は分詞 *o ôn* を一箇の活用形に置き換え、現在の存続を未完了に代置する。要するに一つの行為が属詞となり、さらには名詞とさえなりうるのである。この変容がラテン語の言い回し *Sum qui sum*（われはあるところのものなり）の背景に存している。それというのも、（聖アウグスティヌス以来）[49] この言い回しは *ipsum esse*（存在自身）もしくは *idipsum esse*（存在それ自身）をめざして解釈されるからである。(c) ギリシャの教父たちが、たとえば〈御言〉の神性をカテゴリーによって規定するために「出エジプト記」三・一四を支えとし、神のための名を定めるべくそれを引き合いに出すとしても、彼らはそこから、この名 *o ôn* が神そのものの本質すらも規定できるなどとは決して結論していない。

そして、*o ôn* はまさしく〈子〉に帰するがゆえに決して三位一体の神性を規定することはできないだろうし、それゆえに三位一体の神性は存在を超過することになる。[50] (d) 最後に、先立つ諸困難が一貫した、満足のゆく解答を得たとしてもなお、「出エジプト記」三・一四に間接的に含まれている名が他の諸々の名、たとえば「ヨハネ前書」四、八がほのめかしている *ô theos agapè estin*「神は愛である」というような名に先立たねばならぬのかを明確にせねばならないであろう。もしくは、「神」を神であるようにさせているものは、存在することよりもさらに根本的に愛することなのだと言いかえるべきであろうか。要するに、「出エジプト記」三・一四が神名の一つを明らかにしているとしても、それが第一の名なのかどうかをなお決定しなくてはならないだろう。この一歩を踏み出すことはいかなる釈義も、文献学的事実も、客観的研究もできないし、それを正当化することもできないだろう。ただ神学的決断のみがこの一歩を飛び越え、ひるがえって文献上の論拠をその支えとすることができるのである。このような決断を万事承知の上でおこなったのは聖トマスである。彼はディオニシオスの『神名論』との論争においてかかる決断をおこなったのだから。確かに、*ens/esse*（存在者／存在）を第一の神名とする主張に対して見出されるのは *agapè*（愛）そのものではなく、*bonum/agathon*（善）にすぎない。しかしまさにディオニシオスが述べるように、神そのものがすべての存在者を「善、愛、欲望、*agathôtêti kai agapêsei kai erôti*」によって同時に「魅了する」、それというのも神は「すべての事物に対する善美なる *eros* エロスからして、欲望する *erôtikè* 善意の誇張によって[51]」愛するからである。つまり善が *agapè* を（また *erôs* も同様に）刺激し、育くむのである。それゆえわれわれには、*ens*（存在者）と善との論争のなかに、ある意味において、その論争に現われ出ている *ens* と *agapè* との論争を読みとる理由があるのである。

聖トマスが「善は *ens* に何も付加はしない。事実においても、理性においても *nec re nec ratione*」ということを要請するとき、彼は広く認められている超越疇同士の可逆性を強調するにとどまるものではない。そして、この可逆性はもっと後になって、「神の善性はその実体に付加された何かではなくて、その実体そのものがその善性なのである[52]」と強調することによって彼が言明するものなのである。彼は、キリスト教神学においてより伝統的に受け入れられている、善の *ens* に対する先行性に直接対立する主張《テーゼ》を言明する。聖ボナヴェントゥーラにとってもまた、神の観想を可能ならしめる究極の審級は善性のうちにあり、これに対して *ens/esse* は、言葉に表わしうる上昇の最後から二番目の段階しか示していない。「神的本質の観想の後に、われわれの英知の眼《まなこ》は、第二の智天使《ケルビム》が第一の智天使に直面して立つ〔すなわち契約の櫃を両側から挟むために〕ように、至福の三位一体への注目に高まるべきである。*ipsum esse*（存在自身）がそれ〔神的本質〕に本質的に属しているものを見るための根本原理であり、それによってあらゆる残りのものがわれわれに知られるようになる名であるのと同様、*ipsum bonum*（善自身）は原理的に、その流出の観想の基礎である」。これら二つの名のうち、前者はモーゼの言葉に基づいており、ダマスコのヨハネによって重要視されているが、後者はキリストの三位一体の言葉（「マタイ伝」二八・一九）に基づいている。そして「ディオニシオスは、キリストに従って善こそ神の第一の名であるという[53]」。*id quo nihil majus cogitari potest*（それより大いなるものは考えられえぬもの）から、*id quo nihil melius cogitari potest*（それより善きものは考えられえぬもの）へと遡ることによって、聖ボナヴェントゥーラは必然的にディオニシオスと、聖トマスが立ち向かうその主張とを事実再発見した[54][三]。ディオニシオスの主張は、神すなわち「あらゆる事物の〈必要条件〉（Réquisit）（*aitia* 原因）」の機能（カテゴリーではない）によってのみ狙われうる者は、「何であれあらゆる存在者と同様、存在そのものもそこから由来する存在者の原理 *arkhê aph'ès kai auto to einai*」として展開する、ということである。神が諸存在者に存在することを与えるのは、神がこれらの存在者のみならず、また彼がそれらに交付する贈与（賜物）――存在すること――にも先行するからでしかない。したがって、存在者に対する存在の優越性は、存在に対する贈与（賜物）の優越性へと、それゆえ結局存在に対する贈与（賜物）を交付するものの優越性へと送り返すのである。かの者、〈必要条件〉は、「存在がそれに帰するのであって、それが存在に帰するのではない。それのうちに存在が見出されるのであって、それが存在のうちに見出されるのではない。それが存在を維持するのであって、存在がそれを維持するのではない」。かくして存在そのものが要求する贈与（賜物）は、語ることも取り消すこともできない贈与の挙措をおのれの存在 *auto to einai* は、贈与（賜物）によって頒ち与えられることによってのみあらわになるのである。かくして存在そのものが要求する贈与（賜物）は、語ることも取り消すこともできない贈与の挙措をおのれのうちであらわならしめることによって初めて実現されるのだが、この贈与の挙措は、称賛のうちで、善性という名を受けるのだ。なぜならディオニシオスは、善以上に善性という指（命）名によって神を称賛するからである。善性とは、与え、そして事実おのれを与える善のことである。究極の指名は存在から善性へと後退するが、その命名は〈必要条件〉にまさに無条件な領野を、すべてに対して、無に対してすら開くのである。「それというのも善という神的命名は、あらゆる事物の〈必要条件〉からの諸々の総体的な発出をあらわにし、非存在者にも存在者にも *eis ta onta kai eis ta ouk onta* 同様に広がるのであるから」[55]。聖トマスが「出エジプト記」三・一四から引用した名 « *qui est*, celui qui est »「あるところのもの」が「神に最もふさわしい名」に値するということを確証しようとした際に対決し、そして回避せねばならなかったのは上記の〔ディオニシオスの〕テキストなのである。彼の推論は次のように言い表わされる。この名は「何らかの形相を意味するのではなく、存在そのもの *ipsum esse* を意味する。そこから次の帰結が生ずる。つまり神の存在はその本質そのものであり *esse Dei sit ipsa ejus essentia*、そしてこれは他の何ものにもふさわしくないことなのだから（……）、他のもろもろの名のうちでこの名が最大限、独自に神を名づける *hoc maxime proprie nominat Deum* ことは明らかである」[56]。問題のすべてはまさに、一つの名が「最大限、独自に」神に適合しうるかどうか、神は本質なるものを持ちうるのかどうか、そして結局（もっぱら）この「本質」が *ipsum esse/actus essendi*（存在自身／存在の現実態）のうちに定着しうるかどうかを決定することにある。なぜならディオニシオスは善性の存在そのもの *auto to einai, ipsum esse* に対する優先性を特別の厳格さをもって展開するからである。まず第一に、彼の主張は善性が〈必要条件〉の固有名をなすということではなく、善性の把握のなかで、神に関するカテゴリーによる言表の可能性そのものが適用しなくなるような次元、命名が称賛へと転換せざるをえないような次元が開かれるということなのである。〈必要条件〉をまさにそれとして、したがって善性として称賛することは距離を開くことに帰する。距離がわれわれに要求し、許容するのは、それを埋めることではなく、カテゴリーの不可能性、というよりもその不適切さをおのれの糧とする無限の称賛のうちでそれを踏破することなのである。最初の称賛たる善性という名はそれゆえ「最も固有の名」を示すのではなく、神がそこでおのれを明かす（そしておのれを隠すのではない）、つまり神がそこでわれわれに注視させるべくおのれを与えるような輝く闇のために「神」のあらゆる概念的な偶像を決定的に破棄するのである。次いで、〈必要条件〉は存在から善性まで退却するのだから、それはまた存在者の彼方――非-存在者――まで前進せねばならない。善性は非-存在者に向かって進む。ディオニシオスは自分の主張の大胆さを明らかに見定めつつ、この決定的な点を無条件に力説する。「そして善があらゆる存在者を超出するならば（……）同様に、あえていうなら、非存在それ自身もまた *kai auto to mê on* いっさいの存在者を越えて善のほうに向かうといわねばならない」。そしてさらに「論述は、非-存在もまた *kai to mê on* 善と美［*kalon kai agathon*］に与《あずか》るとさえあえていわねばならない」。「もしくは一言でいうならば、あらゆる存在者は美と善から由来し、あらゆる非-存在者はあらゆる本質の彼方で

美と善とのなかに住む」[57]。存在そのものであるとして神を称賛するためには、こうして〈必要条件〉に準拠するものは存在から出発して神を要求するのでなければならず、したがってそれは存在するのでなければならない。存在者のみが *auto to einai*（存在自身）に従って、またそれとして神を目ざすことができるのである。存在しないものは、定義からして称賛のこの形式には入りえない。しかし、美かつ善として、善性として神を称賛するためには、それを要求する者は存在することさえ必要としない。なぜなら、いかなる完全性の不在も、それが存在的なものであっても、すでに根本的欲望の場所と審級とを指し示しているからである。無が完全性を持つ度合が少なければ少ないほど、ますますそれは完全性を欲望するであろう。極まるところ、欲望するためには文字通り無以下のもの（取るに足りないもの）を必要とする。無以下のもの（取るに足りないもの）そのものが、すでに善性の名のもとに〈必要条件〉を要求し、それを善性として称賛しうるのである。存在論は存在者に関わるのであり、それは非‐存在者に関わる場合にも可能的な存在者において、可能的な存在者として理解することを目ざしている。称賛の言説は非‐存在者そのものと関わるときに文句なしに機能する。なぜなら非‐存在者の根本的な不完全性そのものが、善性を目ざす欲望に弾みをつけるからである。無以下のもの（取るに足りないもの）が〈必要条件〉を、その絶対的欲望そのものによって目ざすのである。この狙いの特殊性は、無以下のもの（取るに足りないもの）が〈必要条件〉を讃える命名の特殊性によって確証される。つまりそれが〈必要条件〉を讃えるのは美しきもの善きものとして、善としてであって、存在そのものとしてではない——存在そのものとは、諸存在者（そして存在論にとっては諸々の可能的なものとそれに準ずるもの）による別の称賛、別の状況によって特徴づけられる命名なのである。諸々の非‐存在者そのものは、たとえば、そしてとりわけ諸存在者が使用する称賛には還元されえない絶対的に特異な称賛によって〈必要条件〉を称賛する。——近代の注釈者たち

（ならびに聖トマス）は、この点については同じ還元的解釈を提起している。彼らによれば、*mē on*（非存在）、ならびに *ouk onta*（非‐存在者）によってディオニシオスが理解しているのは形相のない質料、形相の欠如のみであって、決して絶対的な非‐存在ではないことになる。[58] 仮にディオニシオス文書の隠れた教説がこのようなものだとしてもなお、ディオニシオスが「プラトン的」用語法を選んだのはなぜなのか、そして *onta* 諸存在者によって標《しるし》づけられた領野にとどまるかわりに *mē on/ouk onta* 非存在／非‐存在者という――少なくともデリケートな――仮説を検討する必要性を回避させることもできた他の用語法を採用しなかったのはなぜなのか、と問わなくてはならないだろう。そして逆に、聖トマスが神学的問いをかくも断固として *esse/entia* の領域に限定することにこだわったのはなぜなのかを問わなくてはならないだろう。いずれにせよ、この語彙の概念的厳格さはその結果（帰結）によって確証される。すなわちディオニシオスの非‐存在者が形相なき質料に還元されないのは、非‐存在者が叫ぶ称賛――善性としての神よ――が、諸存在者が叫ぶ称賛――存在そのものとしての神よ――と混同されないという以上のことではない（そしてそれ以下のことでもないと認めよう）。もしディオニシオス的な非‐存在者と非存在に関して語彙の不正確さだけが問題なのであれば、聖トマスは、存在に対する善のディオニシオス的優先性を反駁するのにこれほどの興味も困難もおそらく感じなかったことであろう。そこでいまや、この反駁の吟味にこそ議論の厳格さを委ねなければならない。

　聖トマスは少なくとも二度にわたって、諸々の神名の中で善が *ens* に優先するというディオニシオスの主張に出会う。最初は *Commentaire des Sentences*（『命題論集注解』）、*I, d. 8, q. 1* において、次に *Somme Théologique*（『神学大全』）, *I, q. 5* においてである。基本的な議論に変化はない。ディオニシオスは善が諸存在者を越えて非‐存在者にまで及ぶがゆえに〔存在者よりも〕善を好む。しかし *ens* に対するこの優位の所以はただ単に善が原因の考察を「付加する」こと、というよりも「神」を単に（事実、諸存在者の創造者であるような）作用因としてのみならず、目的因として、それゆえ全く存在しないものによっても欲望されうる善としても視野に入れることにすぎない。したがって善は目的因の考察を作用因の考察に、それゆえ *ens* の考察に「さらに付加する」[59]にとどまる。この推論は明らかに何も論証していない。なぜならまず第一に、それは *ens* と善との間のディレンマのアリストテレス的四「原因」に従っての再配分も、また有効性（efficience）への *ens* の奇異な同化も、そして最後にディオニシオスのいう善性と善美の *Aitia*（原因）、〈必要条件〉（réquisit）の、狭い目的因への支持しがたい還元も、正当化するものではないからである。しかし以上の不十分な諸点も、ある全く別の混乱の前では大して重要ではない。すなわち、もし合目的性の考察が、*ens* に対してなされた二次的とはいわないまでも二番目の付加に限られ、*ens* の優先性がこの付加物を取り除いた場合にしか現われないとするならば、ある付加物が優先権をもつあるものにこのように付加されうる——逆説！——などということがどうして理解されようか。善が〔価値を〕付け加え、そして善に優位を認めねばならないのか、それとも善は何ものも付け加えないのであり、*ens* の優先性をなお積極的に明らかにせねばならないのか、いずれかとなる。要するに、もし *ens* が最初に介入するならば、この優先性はしたがって引き算によっては獲得されえないことになる。——いずれにせよ事象そのものの必然性に強いられて、聖トマスは、最初の——そして薄弱な——議論を、善に対する *ens* の優位の積極的で無条件な正当化によって裏づけするのである。実際、なぜ *ens* は、善き合目的性の考察が事実それから奪う優先性を維持するのか。いかなる関係のもとで、*ens* は、非-存在者までもがほめ讃える善性の無条件な先行性を逆転させるのか。それは、新しい観点が入ってくるからである。この観点は、そこから視野が開けてくる特殊な点を示すという点でまさに新しいものである。善性の優先性は、存在しないものまでも含めたすべての請願者による〈必要条件〉の称賛に依存していた。そのため、善性は存在を逸脱していたが、それは欠如によって――無以下のもの（取るに足りないもの）という欠如によって――と同時に過剰によって――〈必要条件〉の誇張によって――、あらゆる表象や一般的な存在を無視した両極端の驚くべき交流に従ってのことであった。なぜならここでは〔両極端の〕交わりは愛《シャリテ》において、存在が共通分母として限定するものを超出するからである。それというのも、定義上有限ないかなる表象も、〈必要条件〉の辺境地帯にもその究極の寛容の深淵にも、近づくことはできないだろうからである。それゆえ、*ens* ならびに *ens* が素描する共同体に――制限によって――ある地位を与えるためには、この地位に強いてある用地を、したがってある観点を確保しなくてはならない。そして実際聖トマスは、視野を *ens* の尺度に限定する観点の優位によって *ens* の優先性を確立することをためらわなかった。観点――ある観点を取ることのみが、*ens* を見定め、それを揺るぎない点にすることを初めて可能にするのである。それゆえ議論は次のように進むであろう。「単純で絶対的な意味において、*ens* は他のもの［すなわち超越疇、善、一、真］に先行する。その理由は、*ens* はそれらの理解のうちに含まれているがその逆ではない、ということである。なぜなら、悟性の想像力に適合する最初の項は *ens* であり、それなしには悟性は何も把捉できないからである *primum enim quod cadit in imaginatione intellectus est ens, sine quo nihil potest apprehendi ab intellectu*」。あるいはまた「悟性の概念作用に最初に適合するものは *ens* である。それというのも何であれ、いかなるものも、それが現勢態にある限り認識可能となるのは *ens* によってだからである。（……）。ここからして、*ens* こそ悟性の本来の対象であり、かくしてそれが最初の理解可能なものであるということが帰結する *primo in conceptione intellectus cadit, proprium objectum intellectus et sic* （…） *primum intelligibile*」[60]。ここで聖トマスにとって（ドゥンス・スコートゥスにとってだけではなく）出発点となるのはアヴィケンナである。

「アヴィケンナが言うように[61]、*ens* は最初に精神の概念作用に適合するものである。」。少なくとも人間悟性の観点を取る限り、*ens* が最初のものとして現われる。*ens* の優先権は、人間悟性と人間精神の概念作用の優先権に依存している。*ens* の優先権は何ら絶対的なものでも無条件なものでもない。それは控えめに後方に留まっている別の優先権に支えられている。しかし、問わなければならないのはこの別の優先権である。というのもそれのみが、善を（そしてディオニシオスの伝統を）犠牲にして *ens* にその支配権を与えるのだから。――実際、*ens* を人間悟性の *objectum*（対象）として定義することは、必然的にそれをまた表象から解釈することを含意するように思われる。そのうえ聖トマスは、あからさまに悟性の概念作用、把捉作用、想像機能を導入している。悟性の、ということは人間の、ということである。つまり *ens* は人間が、彼の対象として把捉することができる最初の対面者として現われるのである。われわれの主題は厳密に神学的なものであろうとしているので、表象の本質と諸威光への *ens* のこの従属の含む困難と重要性についてここではこだわらないでおこう。しかし神学的に直ちに一つの問いが提起される。もし *ens* がいっさいの他の特殊化に先だって、人間悟性という尺度以外のいかなる尺度からも独立に人間精神によって最初に把捉される対象として定義されるならば、いかにして *ens* は類比の努力と隔たりとを担うことができようか。かえってこのような主張から、ドゥンス・スコートゥス派の次のような帰結を引き出すべきではないのか。すなわち、*ens* はまず第一に（道の途中での *in via*）人間の把捉作用の結果であるゆえに一つの概念の結果であり、「神」にとっても、あらゆる他の存在者にとってと同様一義的にとどまる。神を神として命名することは、それゆえ *ens* の議論とは別の企てに属するのだろうか。トマス（諸）派とスコートゥス派との伝説的な対立は確かにこの問いを問うことを禁じている。せめて、避けて通ることのできない奇妙な点を指摘するだけでもわれわれに許してもらいたい。トマスによる *ipsum esse* としての神の把捉、従っ

て彼の *ens* からする神の命名は、諸根拠の秩序のなかで、神名の教説が、それゆえ類比の教説が構成されるに先だって介入してくるのである。さらに、「トマスの類比の教説」の事後の定式化が引き起こした尽きることなき諸困難は、以上の歪みと少なからず結びついている。それを生硬なものにしてしまう危険を承知の上で、われわれはこの教説を次のように要約しよう。神名のいっさいの教説は、定義と志向からして、神の命名の原理にとって不可避なものと思われる人間的観点の偶像崇拝的優位を（ハイデガー的意味で）「解体する」べく努めているのであり、また他方、可能的な他の諸神名に対する *ens* の優位は人間的概念作用の優位に存しているのであるから、聖トマスは——意識的にしろ無意識的にしろ——*ens* を神名の教説から取り除こうと試みたのである。具体的には、彼はディオニシオスがその論文『神名論』のなかで認めた、存在に対する善性の優位を逆転させた。対象を把捉する悟性の観点からすれば、*ens* が最初のものとなる。限りなくおのれを与える〈必要条件〉の観点からすれば、善性が最初のものにとどまる。次のいずれかを選ばなくてはならない——〔あるいは〕神学は「学」として、諸概念の把捉によって処置する。その場合、神学にとっても *ens* が最初のものとなり、人間の観点が規範的なものとなる（少なくとも方法の上ではそうなのだが、学においては方法がすべてを決定するのである）。〔あるいは〕神学が神学的であろうとするならば、断固非客観化的なものとして無限の諸請願によって称賛するために、概念による「学」の身分を放棄しなくてはならないという危険をおかして、*ens* も例外とすることなくそのあらゆる概念を神名の教説による「解体」に従わせるであろう。このような選択を、恐るべき、しかし模範的な両義性によって、聖トマスはおこなわなかった。彼は、神名の教説と *ens* の優位とを、人間悟性の最初の概念作用という名目で両方とも維持することを主張したのである。われわれの意図にとって、歴史のなかに見出されるこの未決定という遺産は大して重要ではない。この未決定を引き起こしたもの、つまり、人間的概念作用からして定義されたにもかかわらず *ens* が神の第一の名として妥当するという主張だけが問題なのである。この主張が偶像崇拝の嫌疑を免れることは困難である。それというのも、こうして神に帰せられた *ens* は *in conceptione intellectus*（悟性の概念作用において）のみならず、また *in imaginatione intellectus*（悟性の想像機能において）――悟性の想像力、したがって像を、それゆえ偶像を形成する能力においても生まれるのだから。なぜなら「想像の能力は、不在の物や、さらにはかつて見られたことのない物のある偶像を形づくるのだから *vis imaginativa format sibi aliquod idolum rei absentis, vel etiam numquam visae*」[62]。想像力が不在のものの代わりとなる偶像を生産しうるのであり、そして *ens* は何にもまして想像力の概念作用のうちに置かれるのならば、聖トマス自身が思わずほのめかすところに従って、「神」にその最初の名として帰せられた *ens* が、それゆえに神の究極の偶像を定めることも十分ありうるだろうとあえて言うことができないだろうか。

このような問いの挑発は何ら根拠なきものではない。それというのも、ディオニシオスを聖トマスに対立させる、*ens* と善性をめぐる〔巨人族と神々との《ギガントマキア》〕戦いの後で初めて、決定的に（そしてドゥンス・スコートゥスの意に反して）存在についての問いがイエス・キリストの神についての問いに結びつけられるからである。それ以後神学は、形而上学の対象のなかで（に）「神」を「理解する（*comprendre* 含める）」（スアレス）[63]に至るまで、「神」を *esse* の内へ包含することをその作業の中心に据えることになるはずである。確かに神的なものは、形而上学のなかに入るために聖トマスを待っていたわけではなかった。しかし、愛《シャリテ》の名のもとにイエス・キリストにおいて啓示された神が、*esse/ens* をおのれの固有名として引き受けることによって形而上学の神的なものの役割のなかに入るように強く促されたのは、聖トマスにおいて初めて起こったことである。それ以後、「アブラハム、イサク、ヤコブの神」の受容が「哲学者や学者たちの神」

と運命をともにするために必要にして十分な諸条件が揃うのである。デカルトは、後続の全形而上学を決定するのであるが、彼にとってキリスト教徒の神であり続けるものを、無限者の観念としてだけでなく自己原因としても規定することになる。かくして自己原因のはらむ諸々のアポリアが「道徳的な神」を経て「神の死」を引き起こすことも可能となるだろう。この「神の死」において「神」の形而上学的偶像が積極的に成就するのであるが、しかしそこではこの偶像の偶像崇拝的性格が根本的に身を隠しもするのである。この隠蔽の由来は、実際、*ens/esse* が神名として優位を占めて以来、神学的知性がイエス・キリストにおいて啓示される神の本来的にキリスト教的な名を――（形而上学に従えば）存在者の〈存在〉に、したがってまた〈存在〉そのもののいかなる思惟にも先だつ名を――考えることができないことにある。なぜなら、ただ一つの道がなお開かれうるからである。すなわち「神は愛《シャリテ》 *agapē* である」（「ヨハネ第一書」四・八）ならば、アガペーは〈存在〉に違反することができるだろうか。換言すれば、アガペーは、存在者（たとえこの存在者が現存在という名をもっているにせよ）の諸々の「〈存在の〉仕方」の一つとしてはもはや現われないことができるだろうか。アガペーは〈存在〉に従うことなく現われることができるだろうか、そして、もしアガペーが存在をその――アガペーの――〈与えられる〉仕方の一つとして規定することができないなら、少なくともおのれと〈存在〉との距離を示すことができるだろうか。というのも、神を〈存在〉から解放するためには、甚だ疑わしく不十分な……への回帰によって、別の神名、たとえば善性に訴えることでは不十分だからである。アガペーとして自己を贈与する神がこのようにおのれと〈存在〉との隔たりを、したがってまず第一に存在者そのものの諸活動との隔たりをどのように標すのかを、なお具体的に示さなくてはならない。

4 〈存在〉への無関心

〈存在〉からの解放は、それを度外視する（抽象する）ことを意味するものではない。――それはまさに、抽象は存在者の〈存在〉のもろもろの形而上学的なあり方の一つを、すなわち *ens* の客観的概念をまさしく可能にするものだからである。また、〈存在〉からの解放は、〈存在〉を追い払ったり〈存在〉から逃亡したりすることを意味するものでもない。――なぜならこの逃亡そのものが非‐存在者に通じるものであり、したがって存在者の〈存在〉の帝国のうちに依然として留まっているからである。最後に〈存在〉からの解放は、それを批判したりもしくは取り消したりしようとすることを意味するものではない。――なぜならこの議論はなお一箇のロゴスを、そしてそこからしてロゴスを働かせる一つの場所を、それゆえ〈存在〉の諸特権を想定しているからである。〈存在〉からの解放、抽象も逃亡も取り消しも伴わない〈存在〉からの解放は、〈存在〉からの解放ということの言葉が、まず第一に〈存在〉に対する解放（その執行者を存在者の身分のうちに確認するような解放）からではなく、〈存在〉に返却される自由から理解されるのでなければ――不可能であると同様ばかげたものと思われるであろう。囚われた飛翔から自由な飛翔に移りゆき、〈存在〉がその働き（遊戯）を解放し、遂には自分自身の行為が予見不可能でかつ細心な的確さをもって本能的に遂行されるがままにする遊戯者のようにおのれを解放するために、要するにおのれを自己自身に委ねる（s'abandonne）ために、〈存在〉を解放するということ。しかしながら、〈存在〉がこのように自己自身を解放するためには、おそらく〈存在〉がおのれを注視しうるのでなくてはならない。〔しかし〕それは、ある存在者（特権的なものであろうとなかろうと、ここではどうでもよい）から、それゆえつねに自己自身から、自己自身によって、自己自身のために、それによって世界が諸存在者を内世界的たらしめる活動（遊戯）の全体を担って、自己を注視するのではない。そうではなく、（存在者の）〈存在〉をそのいくつかの特徴――あまりにも〈存在〉に固有のものであるため、〈存在〉自身いかなる見えない鏡においても識別できないほどであり、ある距離を隔てて、そしてその距離において設定された視覚のみが〈存在〉に授与することができるようないくつかの特徴において注視しうるのでなくてはならない。〈存在〉そのものを解放すること、これは〈存在〉に対しておのれを解放することと一体をなしているのであろうか。ある意味では確かにそうである。すなわち〈存在〉を、存在自身が自ら注視できないような仕方で注視するのである。このように言うことでわれわれは何を言わんとしているのか。われわれは単なるおしゃべりを概念の厳密さと取り違えている危険はないだろうか。つまるところどういう遊戯をわれわれは演じているのか。答え――〈存在〉の遊戯とは別の遊戯によって〈存在〉で遊戯し（賭けをし）、〈存在〉を利用しようとしているのである。あるいはまた、われわれは〈存在〉が自己自身の遊戯に定めた諸規則の裏をかくことによって〈存在〉を手玉にとろうと試みている。あるいは結局、〈存在〉自身の遊戯とは別の遊戯を〈存在〉に演じさせることによって〈存在〉の裏をかこうとしているのだ。まさしく、〈存在〉の（そしてまた存在者の〈存在〉の）遊戯は、そのものとして思惟されていようがいまいが存在論的差異に従って、それゆえ存在者の〈存在〉への隔たりのなかで、あるいは少なくとも、諸存在者を一箇の存在論の内部へ、さらには *on*（存在）についてのある学の内部へ包含することにおいておこなわれるのである。存在者として理解された *on* がこの遊戯のなかで語られるのは、存在者としてのそれを〈存在〉として理解された *on* へと連れ戻す差異に従う限りにおいてのみである。その結果、存在者は、それを通じてつねに自己自身を注視している〈存在〉しか見据えていないことになる。折り目（pli 襞）としての、とりわけ〈存在〉／存在者のその見えない光景に向かっての折り返し（repli 襞）としての存在論的差異の遊戯――それはなお偶像であろうか。このように遊戯がおこなわれるのであれば、その裏をかくとは何を意味しているのだろうか。疑いもなく、存在論的差異なしにそれをおこなうことである。このような存在論的差異なき遊戯は、強調しておきたいが、形而上学が存在論的差異を思惟しないのと同じことではない。なぜなら形而上学に倣って存在論的差異をそのものとしては思惟することなく存在論的差異のなかで思惟することは、つねにこの差異から思惟していることを明らかに含意しているからである。このようにして初めて、われわれは形而上学的に思惟されていない差異から、〈存在〉そのものから区別された思惟へと遡行を企てることができるのである――というのも、両者いずれも唯一の存在論的差異のなかに住まっているからである。ここでは事情は以上とはまるで異なる。〈存在〉の裏をかくために存在論的差異なき〈存在〉を利用すること、これは〈存在〉を存在論的差異から追い出すことを要求する。ところで、この挙措をただ単に粗描するためだけでも、〔存在論的差異を〕忘却している非思惟によって存在論的差異を自己に対して隠蔽することによってすら、その差異のなかに住まい続けることはとりわけしてはならない。遊戯は、別の遊戯規則を見出すことによってのみおのれの裏をかくことができるのだ。最初の遊戯規則を無造作に否定することは、遊戯の裏をかくことでも解放することでもなくて、遊戯を無に帰せしめることである。存在論的差異（の規則）なしで遊戯するとすれば、それは遊戯の規則なるものを保証し、かくしてのみ遊戯の裏をかくために別の規則が介入することを含意するであろう。裏をかくということは、しかし、ある遊戯の規則を変容させる以上のことを意味している。裏をかくとはさらに、遊戯の主導者に反して遊戯し、主導者がそれによってわれわれをたぶらかそうと試みていた遊戯規則を彼に対して向けかえることを言うのである。〈存在〉の裏をかくことは、したがって、ある別の差異のために存在論的差異を廃棄する以上のことを要求するであろう。[64] したがってそれは、存在者の諸差異が〈存在〉へと回付することが全くないような規則に従って存在者が遊戯することである。それはまた、〈存在〉をして存在者においておのれを捉え直すことも、存在者をして〈存在〉へとおのれを導きかえすことももはや許さぬような差異に従って存在者が配置され、解釈されることであり、その結果、存在者の遊戯は〈存在〉を逃れ——たとえ退去もしくは思惟されないものという形態のもとであろうと——〈存在〉はそこにはもはや現われないことになろう。存在論的差異に無関心な、しかしとりわけ存在者には無関心ではないこの差異によって、〈存在〉自身から、存在者の〈存在〉との遊戯を遠ざけなければならないであろう。その結果、〈存在〉がいかなる見えない鏡にも呈示しない諸特徴、したがって自分自身、見ることも言うこともできないような諸特徴のもとに（存在者の）〈存在〉が現われ始める。この別の差異は、存在論的差異が反射的なものにし、それゆえある意味では閉鎖的なものにしていた〈存在〉の存在者とのこの遊戯を——解放を期して——歪めるであろう。存在論的差異は——それが思惟されない場合ですら——存在者を〈存在〉に連れ戻し、〈存在〉を（諸）存在者へと展開するが、これも、目に見えて明らかではないにしても、見えない仕方で対になった〔〈存在〉と存在者の〕一方から他方への反射的なまなざしを完全なものとせんがためなのである。以上の事態から、その決然たる退去においてさえ、いやとりわけその退去においてこそ、〈存在〉は、おのれひとりの反射であるがゆえに控え目な偶像として自らを呈示するのである。それぞれの存在者を通じて〈存在〉が自己自身の上におのれを投射する〈存在〉のスクリーン。[65] 一つの差異を別の差異で歪めることは、（思惟されていないにせよ）明白な反射において存在者を〈存在〉へともはや回付させるのではなく、ある他の審級へと回付させることによって（存在者の）〈存在〉の裏をかくことになるが、この他の審級との関係において、ある別の差異、存在論的差異自身より存在者にとっていっそう本質的な差異が解き放たれるのである。

〈存在〉からの解放について、われわれは予想的な図面を描いたばかりであるが、これは単に図面にすぎない。この図面を具体的に作動させるためには、存在論的差異――それが思惟されていようといなかろうと――にとって無縁であるとともに思惟可能なある審級の介入が必要となるであろう。そしてこの役割を果たすために、われわれは確かに聖書の啓示に直ちに思いを馳せることだろう。なぜならこの啓示は「ギリシャ人の求める知」に（それゆえアリストテレスによって不断に探究されている *on* に[66]）「神の英知」（「コリント前書」一・二二ならびに二四）を対立させているからである。しかしながら、これら二つの英知の対立は存在者の〈存在〉の遊戯の裏をかくのに十分ではない。なぜなら――少なくともその明白さはいたるところで、疑問の余地なく認められているように思われるのだが――聖書の啓示は〈存在〉について一言も言ってはいないのだから。かくして、聖書の言葉を存在者の信仰という変形《ヴァリアント》に限定するために、われわれは直ちにこの沈黙に依拠するのである。しかしまさしく、この沈黙はいっさいの問いを免れるのだろうか。実際、二つの甚だ異なった点の間を区別しなくてはならない。異論の余地なく、聖書の啓示は存在論的差異、つまり〈存在〉／存在者そのものに関する学、したがって〈存在〉の問いを知らない。しかし、聖書の啓示が存在者、非‐存在者ならびに存在者性について一言も言っていないと主張することほど不正確なことはない。われわれはすぐに、少なくともギリシャ哲学者たちの語彙を用いてギリシャ語で語られている、存在者についての三つの語に関わる三つのテキストに出会うだろう。この同音異義が（それ以上ではないにしても）、いかにして存在論的差異に無関心なある差異が、少なくとも存在者の〈存在〉との遊戯の裏をかこうと試みることができるかを具体的に見定めることを可能にするであろう。この突飛な主張に憤慨する前に、唖然としている読者は今しばらく辛抱してとにかく読んでいただきたい。

第一のテキストは「ロマ書」四・一七に読みとられる。最初の信者アブラハムの信仰がそこでは問題になっている。使徒パウロによれば、彼は「〝われ汝を立ててすべての国びとの父とせり〟と録《しる》されているところに従って、彼の信じたる者、すなわち死人を生かし、無きもの〔非‐存在者〕をあるもの〔存在者〕のごとく呼びたもう *Kalountos ta mê onta ôs onta*[67] 神を前にして、われわれすべての者の父」とおのれをなすのである。書かれたものが書かれたものにとどまるならば、このように言われていることを理解せねばならない。この章句は、ただ単にアブラハムが信じたからだけではなく、これを書くものも読むものもこの原初的で父祖的な信仰に由来するゆえに一挙に信仰の内部に置かれる。さらに信仰は、信者たちの信頼する者〔神〕が死者たちさえをも生かすことを認めている。ここから第一の、厳密に福音宣布的な定式が生ずる――われわれは死せる者たちを生かす（蘇らせる）神を信ず。さて、ここからテキストはわれわれを唖然とさせる。この福音宣布的な言明は、明らかにその図式に倣ってはいるが、新しい、さらには奇異な語彙によって構築された第二の定式によって裏打ちされるのである。すなわちパウロはそこで、哲学者たちのように、*ta mê onta* と（*ta*）*onta* との間、非‐存在者と存在者との間の移行について語るのである。われわれはまっ先に、アリストテレスが *métabolè kath'ousian*（実体上の変化）の名のもとに主題化するもの、すなわち non-estance（解体した *ousia*）から estance（完成した *ousia*）へと、もしくはその逆へと導く変化のあの極端な形態のことを考えることができるだろう。周知のようにアリストテレスは、「質料」[68]がつねに基体として残存する以上、現実にこのような変化がいったい起こりうるのだろうかと疑っている。では、これほど根本的な移行はパウロによればいかにして考えられるのか。答えは、われわれがこの問いの定式化そのものをすぐに訂正する場合にのみ可能となる。なぜなら、これは信仰からして、信仰に関して語られた言明なのだから、移行はここでは、あたかもパウロがわずかなりともこれについて学説的《ドクトリナール》認識を持つことができるかのように、彼の理解に依存しているのでは全くないからである。さらに加えて、この移行がパウロによってもアブラハムによっても、どんな人によっても理解されうるものではないのは、別の不可能性の結果なのである。すなわちこの移行は、それが最も親密な作用を及ぼす（*mè*）*onta*（非）存在者の管轄に属するものではない。*onta* はここではいかなる「変化の原理をもそれら自身のうちに(69)」有してはいないし、その完成を要求しあるいは準備するようないかなる本質内在的な潜勢態も有してはいないのである。この移行は（非）存在者に外部から出来《しゅったい》する。非‐存在者から存在者への移行はその手前からやって来てその彼方へと追い立ててゆき、それらを隅々まで貫く。移行は、他の場合に外部からの正当化について言われるような意味で、全く外部からの確立によって *onta* を確立するのである。なぜ非‐存在者から存在者への外的移行なのか。これらの存在者がこの移行において理由も機能ももたないままであるとすれば、テキストは明瞭にその動機を与えている。つまり、この移行は（非‐）存在者にではなくて、それらを呼び出す者〔神〕に依存しているのである。この呼び出し（appel）は何を意味するのか。非‐存在者は存在しない（もしくはもはや存在しない）。この無は、それを正当化し、超出不可能なものとするその理由、すなわち死を持っている。世界はこれらの死んだ人々、それゆえ非‐存在者を打ち棄てておく。世界のなかには彼らにとって救いは全くない。そして世界はもはや彼らに敬意も表さなければ、名づけもせず、呼びかけもしない。存在者と非‐存在者との間の存在的差異は、いかなる呼びかけ（appel 上訴）も許容しない。世界においては、この存在的差異は呼びかけなしに（sans appel 確定したものとして）働くのだ。そこで、世界の外から、ほかならぬ神が呼びかけるのである。神は存在者と非‐存在者の間の差異に逆らって、おのれ自身の無関心に訴える。彼は彼自身の呼びかけに訴えるのである。そして彼の呼びかけは、それがただ単に非‐存在者に向かって存在者となるように（*ôs onta* はここでは、この結果的な、もしくは／

そして目的的な意味をもちうる）呼びかけるだけではなく、非‐存在者たちに、それらがあたかも存在者であるかのように呼びかけるように、この無関心を働かせるのである。呼びかけは非‐存在者と存在者との間の差異を受け入れるのではない。非‐存在者は彼らが存在者でない限りにおいて呼びかけられるのである。非‐存在者は、呼びかけの力によって、あたかもそれらが存在するかのように現われる（そして ὡς は、またウルガタ訳〔聖ヒエロニムスによるラテン語訳聖書〕が言うように、*tanquam ea quae sunt*〔あたかも存在するものの如く〕という副詞的意味をも持つ）。存在するものと存在しないものとの間の基礎的な存在的差異は、関心を惹かない〔どうでもよい〕ものとなる――なぜならすべては、神が世界との間に示す差異の前では、どうでもよい〔無関心な〕ものとなるからである。存在的差異に対する無関心であって――この点は気をつけてほしいのだが――その破壊ではない。なぜなら非‐存在者は神の呼びかけのおかげで初めて存在者として露わになるのだから。あたかも……であるかのようにという言葉は、それが非‐存在者から存在者への移行の力を弱めるものでないならば、この移行がそれらにとって、この移行を引き起こす呼びかけと同じように外的なものにとどまることを決定的に示すのである。存在的差異に対する無関心は他方で、厳密に言うと死者は無ではなく、生命なき身体であり、次いで形相なき屍体であり、最後に新しい諸形相に質料を与えるべき生物学的素材であるのに、呼びかける神が死者を *mè onta* と見なしたということを説明する唯一のものである。しかし信仰と愛《シャリテ》へと呼び招く者〔神〕の観点からすれば、死に内在する存在的諸区別などどうでもよい〔無関心な〕ものとなり、そしてそれゆえ、〔死に内在的な諸区別は〕あたかも死においては絶対的な腐敗が問題であるかのように振る舞うのである。――まとめてみよう。存在者と非‐存在者との間の存在的差異は、福音宣布《ケリグマ》の陰にあって、確かに介入してくる。とはいえ、それはもはや存在者の規範に従って機能するのではなく、かの存在的差異にまぎれ込むどころか、この存在的差異には手を触れずに、しかもこれをどうでもよい〔無関心な〕ものと見えさせる（信仰、呼びかけ、あたかも……のように、といった）作用素に従って働くのである。存在的差異がこのように無関心によって打撃を与えられているということは、それまではよく見えていた光り輝くコントラストがもはや差異なき眩暈のなかに消失するときのように、まだ名づけられていないがすでに作動しているある別の差異へと送り返す。もろもろの（非‐）存在者の間にある〔別の〕差異が介入するのだが、この差異は、それが確かに存在者として呼び出す存在者を活用しつつ、その存在者を、諸々の存在者と非‐存在者とがそこで分たれる存在的差異から逸脱させるのである。この別の可能的な差異のより確かな輪郭を描かねばならないであろう。〔また〕もろもろの存在者間の差異への無関心が存在論的差異そのものに影響するのかどうかも決定しなくてはならないだろう。

　これらの問いが描く道の途上に、第二のテキストが解読を待っている。「コリント前書」一・二八である。直ちに注意したいことだが、このテキストは、それに先立ついくつかの章句（一・一八―二四）において「世（界）の知恵」に「神の英知」を対立させ、それらの間に、両者が他方から見れば「狂気」としてしか現われえない矛盾となるほど根本的な差異を描いているのと同じ章のなかに位置している。このテキストは、ハイデガーが、したがって彼とともに存在の思惟が、神学にその哲学との関係を定めるために引き合いに出している(70)ものであるだけにますます大きな権威を認めなくてはならない。このテキストを前後の文脈において引用してみよう。――「そもそも、兄弟たちよ、諸君がその恩恵に浴している（*tên klêsin umôn*）呼びかけ（召し）を考えて見給え、〔諸君のうちに〕肉に従って賢いものは多くないし、有力者や高貴の生まれの者も多くはいない。しかし神は賢い者たちを狼狽させんがために、世の愚か者を選び、強い者を恐縮させるために世の弱き者を選び、存在するものを無力になさんとて、世の卑しき者（*agenê*, *ignobilia* とウルガタは述べている）と軽んぜられる者を、そしてまた非‐存在者（*kai ta mê onta, ina ta onta katargêsê*)を選び給うた。——これは神の前でいかなる肉的存在者もおのれを誇ることをしないためである」(「コリント前書」一・二六—二九)[71]。——われわれがすでに存在者と非‐存在者との間の差異への無関心として同定したものが直ちに認められる。神は諸存在者を無効にし破棄せんがために、非‐存在者を選ぶのだ。無関心は、神が存在しないものをあたかも存在するかのように選ぶことができるということにまず現われるのだが、明らかに、事実存在しないものなら、何ものも選択に供されるはずはない。しかし神にとっては、何ものでもないものがあたかも存在するかのようにあるのである。無関心は、第二に、存在するものも神にとってはあたかも存在しないかのようにありうる、という形で現われる。存在者であるという事実は——そしてここでは破壊が問題なのではなく無効化が問題なのだから[72]、存在者であり続けるという事実は——無に抗して、いかなる保証を与えるものでもない。すなわち非‐存在者が、ひとたび選ばれるとあたかも存在するかのように現われるのと同様、存在者もひとたび無効化されると、あたかも存在しないかのように現われるのである。あたかも……かのようには、無から存在者(「兄弟たち」)へ、また存在者から無(「世界」)へと戯れる(働く)。このように、「ロマ書」四・一七では(非‐存在者の存在者に対する)存在的差異への無関心のただ一つの形態しか示されていなかったのに対して、このテキストは無関心が同時に二つの方向で、つまり非‐存在者から存在者に向かってと、存在者から非‐存在者に向かってとの両方向で、作動しているのを示している。無関心はかくして存在的差異の二つの可能な逸脱(絶対的生成、絶対的腐敗)に対するその無関心を確立する。こうして無関心はその一貫性と厳格さを証拠立てるのである。——しかしながら、この第一の点が獲得されると、存在者と非‐存在者との間の差異に対する無関心の確認そのものが、懸念される一つの困難をあらわにする。これほどうまく(非‐)存在者で遊戯し、あまりに名実ともにそれらの裏をかくことによって、パウロのこれら二つのテキストは、得

るものよりも失うもののほうがおそらく多いのだ。存在者と非‐存在者の間の差異に対する両テキストの無関心は、ただ単に厳密な思惟の不在、修辞学的過剰を、少なくとも用語の哲学的意味の良心を欠いた歪曲をあらわにしているだけではないだろうか。これは疑いなく歪曲なのだが、それが偶然や熱狂から生じたものではなく、一貫性をもった慎重な志向から生じているということもありえよう。*ta mē onta* と *ta onta* の可逆性は「無効化」（「コリント前書」一・二八 *Katargēsē*）から結果するのであって、混同や認識不足の結果ではない。この無効化は、同じ章の先だつ若干の章句でおこなわれている別の操作を反復するものである。すなわち「神の英知」（同上一・二一）は、次いで「神の傍らからわれわれのために到来した英知」（一・三〇）と命名されているが、「世界の知恵」を論駁し、それを馬鹿げたものにし（われを忘れさせ）、磁石（aimant 愛するもの）が羅針盤から一定の極へのあらゆる照準を奪うことによってこれを狂わせるように、それを「狂わせる」（夢中にさせる）（同上一・二〇）。しかし誰がこの、いまや狂わされた英知を行使するのか。〔この問いに対する〕答えはすべての曖昧さを取り除く。ただ「ギリシャ人」のみが彼らの固有の特性として「英知を探究する *sophian zētousin*」（同上一・二二）。ギリシャ人の狂乱はしたがって、彼らの英知が働かせる物事の上に及ぶ。ところでこの英知は、英知を愛するギリシャ人（したがって哲学者）のなかでも最もギリシャ的な者の言い分によれば、「つねに求められており *aei zētoumenon*、かつつねに欠けている」賭金として「存在者とは一体何かという問い *ti to on*、もしくは同じことだが実体 *ousia* とは一体何かという問い[73]」をおのれに提起するのである。それゆえ、パウロの議論にとって何よりも筋の通った有益なことは、ギリシャ人たちの哲学的「英知」の狂乱のみならず、羅針盤の針がなおも到達不可能な一点をめざしてやまないように哲学的「英知」がめざしてやまない賭金の狂乱をも確認させることである。すなわち（世界の）知恵への愛は狂っている、なぜならそれを導く指標である *on* がまず第一に、原理的に狂っているのだから。狂うこととはすなわち、車輪や滑車が軸との有効なすべての繋がりからはずれて空転する〔馬鹿になる〕ように馬鹿になることである。馬鹿になる、それゆえ軸からはずれる〔狂う〕のである。存在者は狂っている。というのも、意味／方向を示すかわりに、それ自身あらゆる意味／方向から解放されて狂った〔意味／方向なき〕ものとなり、ただ単に知られないばかりでなく、とりわけまなざしえない、思惟しえないある意味／方向に向けて、またそれによって疎外された（発狂した）ものとなるからである。*on* は、（二重の意味で理解さるべき）存在論的差異の折り目（pli 襞）のなかに含まれている（s'implique）がゆえに、定義からしてこの折り目を含んでおり、それゆえ、〈存在〉（それがそのものとして思惟されているか否かはここではどうでもよい）にしたがっておのれを方向づける。*on* は定義からして、また存在論的差異によって〈存在〉に向かっておのれを方向づける。*on* は、〈存在〉／存在者の折り目に従っておのれを展開する（se déplier 折り目を広げる）点において〈存在〉に従っている（se ployer 折れ曲がる）。〔*on* が〕〈存在〉に向かって方向づけられる（s'orienter）のは、〔羅針盤の〕針が北に方向づけられるのと同様である。というのも、東（l'orient）そのものがおのれを見出すのも、それとの関係で東が決定される北をそれが見失わない限りにおいてだからである。かくして存在者が自己展開するのは、〈存在〉を含む（implique）存在論的差異の折り目（pli）におのれを従わせる（se plier 折れ曲がる）ことによってのみなのである。存在者を狂わせることが意味するのは、したがって、存在者を〈存在〉から自由にすることによってそれを馬鹿にすること、〈存在〉という軸からはずす（désaxer 狂わせる）こと、〈存在〉との連帯を断ち切ることにほかならないことになろう。換言すれば、存在者を〈存在〉へと従わせる折り目を無効にすること、存在者を、それによって存在者が存在する所以のもの、すなわち〈存在〉から免れさせ、存在者を、その唯一の普遍的な意味／方向、つまりそれが存在するということの外部において繰り広げることである。存在者を狂わすことは、存在者をそのものとして定義することに存することになろうが、それは、存在者がそれであるところのものによって、すなわちまさしくそれが存在し、これに尽きるということ――他のいかなる特殊化も伴わずに存在するところのものであるということ――によって存在者に接近することは決してしないという仕方でなのである。つまり、存在者を存在者として繰り広げるもの――〈存在〉――を存在者のうちに知ることなしに、存在者としての存在者に接近することである。「神の英知」による「世界の知恵」（哲学）の狂乱は、〈存在〉に頼ることなく存在者を規定する存在者／〈存在〉の折り目の歪曲において実現される。それは、存在的差異と存在論的差異の双方に対する無関心なのである。

では、パウロのこのテキストが、存在者をしてあたかもそれが〈存在〉の折り目に従わされていないかのように振る舞わせることによって、どのようにして〈存在〉の裏をかくのかを見てみよう。なぜなら、パウロが「恐るべき偽作者」の名にふさわしいならば、ニーチェでさえそう理解していた[74]よりもさらに根本的な意味で、存在者の歪曲というまさに道徳を超えた意味でこれを捉えねばならないからである。――非‐存在者 *ta mé onta* とはここでは何を示しているのか。それは、逆説的な、しかし異論の余地のない明白さにおいて、常識が諸存在者もしくは「諸物」と呼ぶであろうものである。すなわち、コリントのキリスト教徒の人びとであり、彼らの無秩序や争いが証明しているように、そこに、まさにそこに現に存在する人びとなのである。しかしながら、パウロは彼らを非‐存在者と呼ぶ。そこでわれわれは次のように結論すべきであろうか、すなわちパウロにとっては非‐存在者たちとは〔いわゆる〕非‐存在者たちを意味するものではない、非‐存在者は存在しないものを指すのではない。そして、非‐存在者は〈存在〉において、〈存在〉に従ってなされる展開から独立に与えられるのだ、と。説明するに先立って確認しておこう。パウロの意図に迫るために、テキストの構成にまず注目したい。出発点に「兄弟たち」（「コリント前書」一・二六）があり、到達点に「非‐存在者たち」（同二八）が見える。それらは初めにはあり、終わりにはもはやない（実際はそれらはつねに存在するのだが）同じものである。これら二つの時点の間に何が起こるのか。それは次のことである。「兄弟たち」に、彼らがそれ自体としてそれであるもの——すなわち何の変哲もない存在者——として近づき、解釈するのではなく、「肉に従って」（二六）、換言すれば「世界」（二七—二八）の眼にとって事実そうであるものとして近づき、解釈するならば、その場合、彼らは崩壊する。この崩壊は二度にわたって深められる。最初には、「兄弟たち」は人間であることには変わりなく、ただしきわめて恵まれていない人間だというにとどまる。つまり賢者でも、有力者でも、よき生まれの者でもない。要するに「取るに足らないもの」である（二六）。二度目には彼らは限りなくいっそう崩壊する。なぜなら「世界」の眼に映る彼らのもろもろの欠陥は、ただ単に彼らを弱きもの、狂った者、軽んぜらるべき者、卑賤なものたらしめるばかりでなく、彼の人間性までをも否定するからである。属詞は複数男性から複数中性に変わるのである。「世界」は彼らを、奴隷と同様、不純なただの「物」と見なすのだ。世界がそこに認めているのは明らかに「兄弟たち」ではなく、人間的なものですらなくて、ただ「取るに足りないもの（無以下のもの）」にすぎない。他性はつねに認知されうる最小限の実在性を示すがゆえに他なるものとして現われるのだが、取るに足りないもの（無以下のもの）ということは、この認知の臨界点以下ということである。この取るに足りないもの（無以下のもの）、ゼロ以下のものに世界は固有の何ものも、（世界と）共通の何ものも見ないがゆえにもはや名すら与えないのだが、パウロはそれを「世界」の名において非‐存在者、*ta mè onta*（中性！）と名づけるのである。このいかなる名より下にある名は、「世界」によって遂行された還元の末に現われる。少なくとも単なる存在者であるものを、「世界」は何の名のもとに非‐存在者と見なすのか。これに答えるために、振り返って、何の名のもとにパウロは、「世界」が取るに足りないもの〔無以下のもの〕と見なすもの〔中性！〕を「兄弟たち」として認知できるのかと問わねばならない。答えはテキストの冒頭にある。すなわち「兄弟たちよ、……諸君がその恩恵に浴している呼びかけを考えて見給え」〔二六〕。パウロは「諸君を考えて見給え」(considérez vous)とは言っていない。なぜならおのれを自己自身の唯一のまなざしのもとに考えて見る〔文字通りには *« blépete, regardez-vous ! »*「諸君自身を注視せよ」〕ことによって、つまり基本的なコギトにおいて、彼らは「世界」が彼らを見るように――「取るに足りないもの〔無以下のもの〕」として――おのれを見るであろうから。パウロは彼らに、逆に彼らがそれではないものを、というよりも、彼らにも彼らの生《なま》のままの存在者性にも属さず、「世界」にも属さぬもの、すなわち「彼らがその恩恵に浴している呼びかけ」、文字通りには彼らへの呼びかけ、彼らの呼びかけではなく彼らに向けられた呼びかけ（*tèn klèsin umôn* 二六）を注視することを要求する。このように彼らに向かって発せられるのはいかなる呼びかけだろうか。この呼びかけに、「ロマ書」四・一七においてわれわれはすでに出会っている。それは〔死人を〕生かし、「非‐存在者を〔あたかも〕存在者として［であるかのように］ *ta mé onta ôs onta* 呼び給う」神の呼びかけである。神の呼びかけによって「取るに足りないものたち〔無以下のものたち〕」が存在者として現われるのは、彼ら自身の目にでもなければ「世界」の目にでもない。〔それらの目には〕逆に、英知には英知を、狂気には狂気を、なのであって、〔取るに足りないものたち〔無以下のものたち〕は〕非‐存在者として現われる。そこから第二の明白なことが帰結する。すなわち存在者性についての決定は、哲学的言説の諸カテゴリーにも、存在論的差異のうちに展開する〈存在〉にも依存するものではなく、「世界」と〔死者を〕蘇らせる神の「吸びかけ」との間の境界が分かつもろもろの審級に依存しているのである。そして奇妙なことに、少なくとも先入観をもった読み方にとっては、存在するものの非‐存在者性が「世界」から結果する一方で、世界外の神が非‐存在者の存在者性を生ぜしめるのである。この場合、それ自体では存在するもろもろの人間的なものに「世界」が存在者性まで認めないということをどう理解したらよいだろうか。なぜなら当然のこととして、「世界」は、哲学にまで至るその英知に従って存在者についての事情を知っており、存在するものがあるいたるところに諸存在者を認知するはずであろうからである。なぜ、少なくともパウロに従えば、彼は彼自身の論理を翻して、*ta onta/ta mé onta* という用語の正《ただ》しく概念的な使用をまっ先に歪めるのだろうか。答えは、「世界」はその根底においては存在論的差異にも〈存在〉／存在者の折り目にも従属していないからである。その根底において、それは自己自身とその「行為」の上に依拠し、かくして「神の前にみずからを誇示する」と主張しているのである（二九）。「世界」は、「取るに足りないもの（無以下のもの）」という名で、絶対的に存在しない無ではなく、神の前で自己自身を誇示するために依拠しえないものを名指すことによって、そしてまた、*ta onta* という名で、神の前に自己自身を誇示するためにふさわしいおのれの根底として世界がそれに依拠しうるほどに存在し、そして「一角《ひとかど》のもの」であるものを名指すことによって、*ta onta/ta mé onta* の使用法を自ら歪曲しているのである。存在者性の歪曲はしたがってパウロによるものではない。パウロは、正確に哲学的な議論においてその根底を隠してしまう「世界」に固有の歪曲を明るみに出すだけである。ところで、「世界」の議論の基礎は、存在者性のおだやかな管理にあるのではなく、神に抗して根底を奪うことにある。諸存在者間の差異、存在者の〈存在〉への接合、存在論的差異の折り目に先立って、「世界」は、この根底の奪取について語る——それが神の前でおのれを誇ることである。さらに、極端な場合にあっては、たとえば取るに足りない人びとの間でとらえられたキリスト教徒を前にして、「世界」はおのずと、自己自身の言葉の歪曲を認めるのである。「世界」の外部からこれを眩惑する見えない光のもとで、「世界」は、自ら存在者を〈存在〉の道の外へと迷わせ、存在者において〈存在〉の裏をかき、存在論的差異の関節をはずすほどまでに狂うのである。「世界」は、神の光のもとで、おのれが自己自身の偽造者であることを暴露する。世界の根底は存在論的差異のうちにあるのではなく、「神の前でおのれを誇らん」とする自負にあるべきなのである。――こういうわけで、「兄弟たち」を非‐存在者と見なすことは、「世界」がその根底においては存在論的差異の管轄には全く属さぬことを証拠だてている。この際、神は何と答えるだろうか。〔次のように答えるであろう〕救済は「行為 *ouk ex ergôn* から」由来するのではない。「これは誰も」自分自身から「おのれを誇ることがないようにするためである」（「エペソ書」二・九）、なぜなら「私の誇るところは、これをキリストにおいて持っている」（「ロマ書」一五・一七）からである。「諸君について誇るところも、兄弟たちよ、私はキリストのうちに持っている」（「コリント前書」一五・三一）。要するに、「おのれを誇るものは主において誇るべし」（「コリント前書」一・三一）、と。存在者と非‐存在者との間の論争が存在的ならびに存在論的差異に対する全くの無関心のうちにおこなわれるのは、ここでは二つの賛美の間の矛盾だけがある差異をなす限りでのことである。全てが――（非‐）存在者／〈存在〉の差異ですら、いやとりわけこれが――「世界」の根底とキリストの呼びかけという二つの栄光の、というよりもむしろ栄光と賛美の二つの源泉の諍いを前にして無関心のなかに沈む。この諍いだけが存在者から非‐存在者へと移り行かしめる。「世界」にとって存在者として現われるのは、存在するものではなく、依拠することができるものであり、非‐存在者として消滅するのは存在しないものではなく、いかなる根底も提供しないものである。キリストにとって存在者として現われるのは存在するものではなく、〔キリストの〕呼びかけを信ずる者であり、非‐存在者として消滅するのは存在しないものではなく、自分自身の根底に依拠することができると信ずるものである。したがって、ここでは〈存在〉からして思惟された存在者性が問題ではないのだから、神による「世界」の逆転は、今やいかなる存在的破壊も含んではいない。神は世界の審判を破壊するのではなく、それを無効と見なす（*katargêsê*）のである。政令や法律を無効にする、なかったものと見なす、法律を、論駁する必要さえなく、無きに等しいものと見なす、ということだ。「世界」が、おのれが依拠しようとするものをそれに沿って存在者と非‐存在者とに配分する一本の線と、呼びかけがそれに沿って存在者と非‐存在者とを彼らの信仰にふさわしく立て直す別の一本の線とが交差する。この二つの線の交差は、存在者を〈存在〉から逃れさせ、〈存在〉の規則から存在者を外れさせることによって、存在者の遊戯を決定的に歪めることとなる。この交差は、存在論的差異の上に十字を描くが、その十字は、存在論的差異を、脱構築することなく廃止し、乗り越えることなく越え、消滅させることなく無効にし、その正当な権利には異議を申し立てずにそれを歪めるものである。窓の枠が測り知れない空間へと視界を開き、しかもその十字形の仕切りによってその空間を測定するように、以上の交差はとりわけ、存在論的差異を超過によってのみどうでもよい（無関心な）ものとなし、ある全く異なるディレンマから保護することにおいてのみこれを残しておくようなある諍いへとこの差異を開くのである。

そこでいまや、存在者と非‐存在者とが、〈存在〉とは別の審級に従っていかに配分されうるかを見よう。しかしこの審級は、さまざまな名（呼びかけ、賛美（誇ること）、「世界」、神）において作動しているにもかかわらず――もしそれが可能ならば――これから発見されるべきものである。われわれの問いは今や次のようなものとなる。存在者を〈存在〉へと書き入れる差異の裏をかく際に、存在者はどのような遊戯をおこなうのか。この問いはわれわれを三番目のテキスト、「ルカ伝」一五・一一―三二のいわゆる放蕩息子の譬え話のテキストへと導く。このテキストが否応なしに注意を惹くのは、それが新約聖書全体のうちで、*ousia*（同一二・一三）というすぐれて哲学的な用語の唯一の使用例を示しているからである。「ある人に二人の息子があった。二人のうち若いほうが父親に向かって言った。《お父さん、私に、私に属する*ousia*（財産）の持分をください》。*to epiballon meros tês ousias, portionem substantiae quae me contingit.* そして父は彼らに財産を（*ton bion, substantia*）分け与えた。息子のうちの若いほうは、長い月日を待たずして、すべての物を集めて大いなる地方をめざして（*eis khôran makran* 遠い国に）旅だち、そこで放縦な生活をおくっておのが財を蕩尽した *dieskorpisen tên ousian autou, dissipavit substantiam suam*」（一一・一三）。この〔*ousia* という言葉の〕用法を前にして、一つの先決問題が生じる。確かに *ousia* は二度にわたって介入する（*ton bion* を言いかえるためにも使われている *substantia* によって訳されている）。しかしだからといって、この明らかに非哲学的な用法と哲学における *ousia* の概念的用法とをほんのわずかでも正当に近づけることができるだろうか。われわれはここで *ousia* に、あたかもそれが *to on* についての問いかけを画定するためにアリストテレスによって選ばれた概念であるかのように近づくことができるだろうか。あたかも新約聖書が *to on* を用いた後に、続唱《シークエンス》間のあの類似性と同じくらいに策略的な〔意味の〕隔たりに従って *on* と *ousia* との間のアリストテレス的関係を反復することによって、*ousia* をもまた用いたかのようにすることができるだろうか。厳密な意味ではもちろん否である。しかし *ousia* はまた、そしてまず最初に、前‐哲学的なある意味を許容するものなのであり、そしてこの意味は本来的に哲学的なその表現とともに、現在自由に使用できる、ということを示している。つまり、*ousia* は、今ここで……に役立つために存しているもの、端的に言えば自由に使える財を示すのである。ハイデガーがマールブルク講義[75]において強調していた *ousia* の二つの意味に共通のこの特徴は、かくして「能力」（*Vermögen*）を保証する「所有物」（*Besitz*）の自由な使用可能性に基づいている。さらに、テキストのルターによる翻訳がこの点を強調している。この翻訳は、*to epiballon meros tês ousias* を「*das Teil der Güter, das mir gehört* 私に属する〔自由に使用できる〕財産の持分」と訳している。確かにこれは、しかじかの存在者をカテゴリーに従って、類と種において、属性への対立によって定義するものとしての *ousia* ではない。しかし、哲学者たちのいうこの *ousia* はやはり自由に使用しうる所有物に従って展開しているのだから——各事物は「*ousia* の何らかの安定性を持っている」とプラトンはいう[76]——まさにこの関係のもとでは、放蕩息子の *ousia* は、少なくともわれわれの耳には正当に哲学者たちの *ousia* のこだまとして響きうるのである。そしてわれわれの読解は、その結論においては、所有と能力とにとって自由に使用されうる財という *ousia* のこの弱い解釈以上のものは何も要求しないであろう。実際ここでは、*ousia* に関して、所有だけしか問題になっていない。譬え話は、*ousia* が所有の論理のなかに、より正確にいえば、ある財を自由に使用するすぐれた仕方としての所有の論理のなかに入ることという一点にしか関わっていない。この財とはすなわち、父と二人の息子に共通の *ousia* としての財である。「財産家である」とか「不動産を所有している」と言われる意味における財（*un bien*）である。例の息子は弟であるけれども相続人として、それをすでに使用し享受していた。すなわち家長の息子として、権利上の相続人として、彼はこの財を自分のものと見なすことができた。というよりも、この享受は厳密には所有と一致してはいなかったし、またこの使用も自由な使用可能性と一致してはいなかった。というのも、両項の間には父という還元不可能な審級が介在していたからである。濫費家でけちな父が息子たちの相続権を奪ったというのではない（その証拠には、分割が要求されると、彼は即座に、異論も唱えずに容認している）。父は与えていたのであり、要求されたもの、*ousia* の持分を直ちに与えるのである。下の息子はしたがって *ousia* の享受が得られないということで苦しんでいるわけではなく、この享受を父親の無言の、取り消しえない贈与に負うていることに苦しんでいるのである。したがって彼は *ousia* の彼の持分を要求するのではなくて——なぜなら、ずっと以前からそれを享受しているのだから——*ousia* のこの持分を贈与に負わないことを要求しているのである。彼が要求するのは *ousia* よりも、完全な所有物として「彼のものである *ousia* の持分」、*ousia* でなく *ousia* の所有である。極端に言えば、彼は、彼がすでに持っているものからあるものが奪われることを要求しているとさえ言わねばならないであろう。つまり、彼は与えられたものとしての *ousia* の享受を持っているのだが、彼が要求するのは譲与なき *ousia*、贈与を差し引いた *ousia*、譲与の伴わぬ *ousia*——情け深い譲与によって彼のもとにとどくのだということを認める必要のない *ousia*——なのである。(77) この息子は *ousia* を要求する必要がもはやないことを、というよりも *ousia* を受け取るにはもはや及ばないことを、要求しているのである。彼が要求するのは、もはや贈物を受け取る必要がないという状態、まさしくもはや *ousia* を贈物として受けとるには及ばないという状態が与えられることである。つまり贈与とその受け入れに従うことなしに *ousia* を所有し、自由に使用し、享受することなのである。息子は父に何も負うことは望まず、とりわけ父に贈与など負いたくないのだ。彼は、もはや父を持たないことを要求するのである。父も贈与もない *ousia*。こうして所有された *ousia* においては、それの由来である贈与をある検閲が排除する。*ousia* が息子の完全な所有物となるのは、それが父から完全に取り上げられる限りにおいてのみである。父からの奪取、贈与の無効化、こうしたことが *ousia* の所有には含意されている。ここから、直接次の結論が帰結する——父から奪い取られることによって、贈与を検閲して禁じる所有はそれと分かち難いものとして贈物の減少をおのれのうちに統合することになる。贈与なくして所有されることによって、所有物は奪われ続けるほかに道はないのである。今後は父による贈与を失って孤児となった *ousia* は——消費をめざした——浪費消尽という仕方で所有されるのである。父による贈与を奪われた限りで息子の所有物となった *ousia* は、もはや彼のもとに「とどまって」はいない。いまや基礎を失った不動産は現金（流動貨幣）となり、これは定義からして流れ、指の間をすり抜ける。息子は放蕩生活(一三、*dieskorpisen*)[78]に彼の財を使い果たすのだが、その動機は、遊蕩に取り憑かれた相続人が突然道徳性を失ったことにあるのではない。*ousia* の具体的な浪費消尽の動機は、*ousia* の現金(流動貨幣)への転換という最初の基本的な浪費消尽のなかに見出されるのだが、この転換はそれ自身、*ousia* の享受の場所、意味ならびに正当性としての父からの贈与の放棄の結果なのである。受け取られた贈物から、*ousia* は――贈与を初めに棄てたのだから、贈与から見捨てられて――贈与なくして我がものとされた所有物となり、四散する現金として失われる結果となる。飢饉(一四)は、四散したこの浪費消尽を象徴的に示している。――それは大いなる「地方」のなかに、もしくはむしろ場所(*Khôra*)、空虚な無規定な空間のなかに四散してゆくが、そこでは食糧にもまして、意味が失われているのである。放棄された *ousia* は、実はそれだけが失われるのではない。かの息子は、*ousia* のためにかつてはおのれの父子関係を演じていたのだが、*ousia* を所有物として獲得するためにその父子関係を断ち切ってしまったのである。彼はもう一人の兄弟〔エサウ、「創世記」二五・三〇―三四〕がその長子たる権利を扁豆と交換したように、彼の父子関係を所有された *ousia* と交換してしまったのだ。いまや彼は *ousia* を蕩尽し、父子関係ももはやない。〔贈与の〕放棄は彼を飢えさせ、とりわけ「豚」(一五)以下の食事を強いられるほどの「賃金労働者」となすのである。〔贈与の〕放棄は彼から *ousia* と、父子関係と、そのうえ人間らしさにいたるまで奪い取るのだ。したがって彼が望むのはもはや父子関係ではなく、ただ豚並みの食物、もしくは最良の場合でも、賃金労働者並みの取り扱いである。彼が父のもとに戻るとき、彼は父子関係〔の復活〕を要求するなどということはもはや思いつくことさえない。おそらく、父子関係という概念自体彼から消え去っているのだろう(だが、彼は以前にはこの概念を垣間見ていたであろうか。おそらく見ていなかったであろう)。「私はあなたの息子の名に値しません」(一九、二〇)。放棄はこのようにおこなわれる。

ついに許しの時がやってくる。父は遠方よりおのが息子を認め、彼を抱き、彼を迎え入れる。父は何を言い、与え、許すのだろうか。確かに（洗ったり、衣類を着せたりして）人間らしさを返してやる。しかしとりわけ、父子関係を返すのである。「なぜならここに、今まで死んでいた、そして新たに生き返ったわが息子がいるのだから」（二四）。父は息子にその父子関係を返す。父は指輪と肥えた犢《こうし》とともに、息子が要求することを思いつきさえしなかったもの、つまり息子との父子関係という父の贈物を彼に与えるのである。この贈物の本質は何であろうか。ここで、長兄――弟と同様に父の贈物を理解していない――の嫉妬ぶかい無理解が、われわれに事柄を明らかにしてくれる。

　弟と同じほどの贈物の恩恵に浴したことのないことに憤りながら、また、「自分の」友人たちと宴を催すため（二九）に「自分の」（二九）ものを何ひとつ持たぬことを歎きながら、長兄は遅ればせにこうして彼の弟の最初の狙いを自分もまた共有していることを告白することになる。つまり父の財産を、完全な所有となるのを待っている譲与としてしか考えていないということである。彼に対する父の答えはしたがって、実は弟にも向けられたものであり、そして、その忘却が譬え話の端緒となったものを、結論として言い渡すものなのである。「息子よ、お前はつねに私といっしょに居るのだ。そして、私のものはすべて、お前のものでもあるのだよ」（三一）。父は彼の息子たちの見るようには *ousia* を見ていない。息子たちは欲望に従って *ousia* に、父からの贈物の痕跡をいっさい棄てさった譲与なき所有の対象を読み取る。父はそこに、（場合によっては赦しにおいて）絶えず新たに与えられる贈物を見ているのである。というよりも、父は *ousia* など見ていないのであり、さらにはこの言葉〔*ousia*〕は息子たちの話のなかにしか出てこないのだ。父は過渡的な項の上におのがまなざしを凝固させてはおかない。この項は、それがその支え、徴表、さらには残留物をなすにすぎない交換過程のなかに完全に消滅してしまわないならば偶像となるものである。父が *ousia* に視線を固定しないのは、与え、受け取られ、与えられる贈物の厳格さのうちに記入されていないすべてのものを父がまなざしによって貫くからである。財——定義からして、また流通によって——共通な財は、流通が交換する当のものよりいっそう本質的な流通過程において、それを通じて互いにおのれを与えあう人びとの、〔内容は〕どうでもよい賭金となる。*ousia* は、父にとっては、交換の橋渡しをする貨幣としての価値しかない。貨幣はせいぜい交換の一契機〔瞬間〕しか表わすことができず、たいていの場合は、無限の寛大さを具えた交換の真剣さを所有権という資格によって隠蔽するのである。息子たちによって偶像崇拝的に埋められたまなざしのもとでは、貨幣は交換を覆い隠す。父のイコン的な奥行に向かうまなざしにとっては、*ousia* は交換の狙いも、贈物の流通も決して止めるものではない。私に属するすべてのものは、またお前のものでもある。換言すれば、もろもろの狙いが、失うものもなく、終わりもなく、疲れも知らずに互いに繰り返し交わし合うもろもろのまなざしにおいて、それら自身お互いに交換される狙いの見えざる網が織りなす「もの」の間にあっては、何ものも（贈与なき所有を要請する）*ousia* とはならない。贈物の徴表たる〔互いに交換しあう狙いの見えざる網が織りなす〕「もの」には、自己を所有物にする、つまり唯一者——孤独なる者——の所有へと切り離され、限定され、授けられた *ousia* にする機会も誘惑もありはしない。*ousia* は、（お前のもの、私のものという）所有詞の無限の交換のなかで、みずからを自己自身から剝奪してゆくのだが、これらの所有詞はここでは所有の完全な剝奪しか示していないのだから、〔所有詞という〕文法による命名はきわめて不適切なものである。*ousia* がこのようなものとしてまなざしに現われるのは、まなざしが一点に凝結し、かくしてこの点が固定されて、一箇の偶像へと鋳造されるのに十分なほど〔まなざしの〕もろもろの狙いの感嘆すべき交換を放棄する場合のみである。*ousia* は逆に、そこにおいて互いに交差するもろもろの狙いの交わり（communion）が *ousia* の位置を変えて移動させるや否や、それにおける偶像的なもろもろの威光を四散消滅させるのだが、この移動はきわめて捉え難いものであって、*ousia* はまなざしを停止させるかわりに、もろもろの狙いの交わりのうちでこれを見据える限りなく多くの他のまなざしへとこれを回付するのである。こうして *ousia* は、贈与（*don*）、放棄（*abandon*）、赦免（*pardon*）の遊戯のうちに組み込まれ、この遊戯は *ousia* を、諸存在者の交換とは全く別の交換のための貨幣となすのである。しかしながら、まさしくこれらの諸存在者そのものが〈存在〉／存在者の論理とは別の厳格さに従って捉え直され、置き換えられ、歪められるのをわれわれは見たばかりではないか。〔そうだとすると〕*ousia* は、*ta*（*mé-*）*onta*〔存在者（非‐）存在者〕と全く同様に、〈存在〉とは根本的に無縁な遊戯のなかで捉え直されてあらわになるのだと結論しなくてはならないだろうか。おそらくそうなのである。そしてわれわれは、存在論的差異に無関心で、かくして〈存在〉に属する存在者の裏をかく遊戯を、今からすでにより詳しく限定することすらできる。つまり、この遊戯は贈与という名を持っているのだ。先のもろもろの読解の操作概念——呼びかけ、生かしめる、あたかも……のように、父など——を喚起していた贈与が、〈存在〉／存在者を与えるのである。さらには、使徒パウロがすぐれてギリシャ人であるアテナイの人びとに向かって神について語りかける際に、しまいに彼は「われわれが神のうちに生き、動き、存在する」（「使徒行伝」一七・二八）と告げるだけではなく、とりわけまず第一に、これは神がわれわれに「与え給う」（同、二五）のだとはっきり述べていたのである。パウロはわれわれが、それもまた一箇の存在者であるような神によって、それを原因として、それの結果として存在するなどと主張はしない。彼は、存在者としての、*phusis*（自然）の様態に従って生きるもの（「われわれは動く」という語が示していること）としてのわれわれを、神の内部に組み入れる。神はわれわれの存在者の〈存在〉を、外部が内部を超えており、また同様に知るものと知られるものとが同一視されず、要するに含むものが含まれるものから隔たるという意味において、内に含むのである。この隔たりは、何らかの劣性を定めるものではなく、贈与がそこで繰り拡げられる空間を――まさしく距離を――解放するという機能を持つ。〈存在〉／存在者はわれわれに一箇の贈与として出来《しゅったい》するのだろうか。そうではない。〈存在〉／存在者がある贈与に従ってわれわれに働きかけるのであり、この贈与は拒絶され、その原初的な贈与の外に四散してそれ自身に委ねられた贈物しか交付しないこともありうる。[79] 距離が〈存在〉／存在者を、本質内在的にはそれに影響を与えることなしに規定するのはいかにしてかを明らかにするには、ある全く別の研究を要求することとなろうが、その困難はわれわれの進行を停止させてしまうだろう。ここで重要なのは、唯一の獲得物、すなわち聖書の啓示が、いくつかの稀なテキストにおいて、〈存在〉に対する存在者のある無関心の露呈を示している、ということを指摘することなのである。存在者がこのように〈存在〉を無視するのは存在論的差異の裏をかくことによってのみである。存在者が存在論的差異の裏をかくのは、まず最初に贈与というもう一つ別の審級によって歪められる限りにおいてのみである。贈与は〈存在〉／存在者と交差する。すなわちこれと出合い、これをある印によって抹消し、結局これを、十字枠の窓が開くように、〈存在〉の言葉では語りえないままにとどまるある審級へと開くのである――もっとも、別の審級の言葉が考えられうると想定した場合の話であるが。〈存在〉／存在者を贈与の審級へと開くことは、したがって、贈与が〈存在〉／存在者〔について〕の決定を下しうることを少なくとも含意している。換言すれば、贈与が〈存在〉／存在者に従って現われるのではなく、かえって〈存在〉／存在者こそ贈与に従って与えられるのだ。贈与が〈存在〉／存在者を交付する（*délivre* 解放する）。贈与が〈存在〉／存在者を与え、これを働かせ、その命運に投じるためのように送り出すという意味においてまず、贈与は〈存在〉／存在者を交付するのである。また、存在者を〈存在〉から自由ならしめ、〈存在〉へのそして〈存在〉に従う従属の外へと存在者を歪曲させることによって、一言でいえば、〈存在〉／存在者の接合を解くことによって存在者を〈存在〉から解き放つ、もしくは〈存在〉／存在者を存在論的差異から解き放つということにおいても、贈与は〈存在〉／存在者を交付するのである。〈存在〉／存在者の接合を解くとはつまり、折り目（pli）がそこから繰り拡げられたもの（dépli）を解き放ち、ちょうど軸との結合を解かれて自由となった車輪がその軸の周囲を空転するように、存在者が〈存在〉という軸からはずれて自由に活動することである。〈存在〉／存在者は、それに先行し、〈存在〉／存在者に存在論的差異を、これをまず無効にすることにおいてのみ委ねる贈与によって狂う。贈与は〈存在〉／存在者を、前者が後者に及ぼす無関心そのものによって自由にする。贈与は、〈存在〉／存在者を自由にすることによって、存在者を〈存在〉から解き放つことによって、結局おのれ自身を存在論的差異から自由にする。それは、ただ単に回付、歪曲であるのみならず、愛《シャリテ》という第一の審級の解放なのである。なぜなら、贈与がおのれ自身も解き放つのは、贈与よりもっと大いなるもの、その背後に来るもの——贈物として語られ、与えるもの、つまり愛《シャリテ》そのものからして、その名において遂行されることによってのみだからである。愛《シャリテ》が〈存在〉／存在者を交付する（délivre 解放する）のである。

5　非本質的な、それゆえ最初の名

もしそれでもある反論、それも甚だ適切な反論が出てこないとすれば、その場合課題として残っているのはわれわれの最初の問いを取り上げ直すことのみであろう。われわれは実際、あたかも必然的に贈与が〈存在〉／存在者を越えて、これを交付し（解放し）そしてこれを歪曲するかのように、贈与の卓越性を指摘したばかりである。しかし逆に、贈与がまさしく〈存在〉／存在者そのものを展開するのだという仮説こそ検討さるべきではないのか。さらには、夢幻的な「他所」から〈存在〉と存在者との間の遊戯を捉え直すどころか、かえって贈与はこの遊戯そのものを交付するのではないのか。要するに贈与は、まさに〈存在〉／存在者の開花そのものを解放するという点において、つねに〈存在〉／存在者に属している、ということになろう。贈与が〈存在〉／存在者と一致するということをハイデガー以上に考えさせた者はいないが、それはドイツ語の *es gibt*、われわれはこの言い回しのうちにフランス語の *il y a*（……がある）を認めるのだが、これを文字通り受け取ることによる。〔独仏〕二つの言い回しを重ね合わせることによって、われわれは、（もちろん、存在者）がある（il y ait）をそれが与える（*ça donne*）事実として理解することになろう。〈存在〉そのものが贈与という仕方で交付される（解放される）ということ、この等価性をハイデガーは彼の思惟の道の一方の端から他方の端まで、『存在と時間』から『時間と存在』に至るまで、一九二七年から一九六二年まで絶えず省察し続けてやまなかった[80]。したがってわれわれは、〈存在〉／存在者に先立ってその存在論的差異を歪める審級を贈与のうちに発見したなどと主張することで、思い違いをしているのではないか。「存在とは別の仕方で」としてわれわれが理解しているもの、それはまさしく、存在の最も十全的な、最も秘められた思惟ではないだろうか。明らかにそうである——「贈物（*don*）[四]」と「与えること（*donner*）」とがさまざまな異なった仕方で理解されることができ、またかく理解さるべきであるというのでない限り。「贈物」と「与えること」とが、見かけに反して、依然として〈存在〉／存在者から規定されてはいないのでない限り。実際は、贈物は、ここでは粗描するだけでこと足りるであろうほどに根本的に異なった二つの意味において理解されうるのである。第一の意味では、*il y a* において、*ça donne* が、与えることそれ自体からして、したがって、おのれを与えてやまない限りでの贈与（*donation*）

からして際立つようにする贈与。この場合は、与えるとされる *ça*（それ）は、*il y a* の冒頭の非人称の *il* と同様、特権的な支えを提供するわけではない。なぜなら、仮に思惟がそれから始まるとしたら、それは存在者の一つの仕方としてしか現われえないだろうからである。「謎めいた *ça/il*」については、それがどのような「無規定な力」を覆い隠しているかが探求されるようになるだろうし、しかも、存在的で因果論的でさえある粗雑な遡行によって、まさしく贈物の賭金はすべて失われることになるだろう。したがって贈与者を、さらには *ça donne* に贈与者が必要であるという考えそのものを保留し、「*ça* に特有の贈与の種類からして」のみこの *ça* に問いかけねばならない。それはすなわち、「命運の取りまとめとしての贈与（*Geben*）、明るく照らし出す授与(五)としての贈与、*das Geben als Geschick, das Geben als lichtendes Reichen*」(81)である。贈物（*don*）は贈与（*donation*）として理解されるのであって、何らかの贈与者からしてまず理解されるのではない。贈与は贈与で命運的な送付として理解される。いかなる命運的な送付なのか。「授与」による、*Reichen* による照明である。いかなる権威による授与なのか。〔森林の間伐によって開けた〕明るみ（éclaircie 空け開け）によって可能とされる照明による。いかなる明るみ（空け開け）か。「«il y a» [*ça donne*] における *donner*（与える）は四次元的領域 *des vierdimensionalen Bereichs* の照明する授与として現われたのである(82)」。この明るみ（空け開け）を繰り拡げる権威（*Reichen* 与えること）は、それを四次元的なものとして、四方域として繰り広げる。四方域は神的なものたちと死すべきものたち、天と地を結びつける。（贈与者 *es/ça* を奪取する）与えることは、四方域が〈存在〉／存在者の外への逸脱を許さないのと同様、贈与者なくして与えるのである。与えるということは、ある意味では、配分（*donne, Geschick*）を定めるという機能ですら、それに先行する外的ないっさいの「原理」からこの配分を免れさせることによってしか持つことはない。授与においては、与えることは、四方域に従って「それが与える〔……がある〕」« *ça* donne »ことを許容する——画家がおのれのカンヴァスを見つめて「何がそこにあるか／何が与えられているか」(ce que ça donne) をそこに見ようとする際に、明らかにそこにいかなる贈与者も、モチーフも、自分自身も、探し求めているのではないという意味において。彼は、カンヴァスそのものが何を「与える」かを見ようとしているのだ。もっとも、カンヴァスはおのれ自身さえ与えるのではない。なぜなら現れているあらゆるカンヴァスはいずれも、何かあるものを、すなわち自己自身をも、「与え」はしないからである。もし、一箇のカンヴァスからして「それがあるものを与える」(ça donne quelque chose) のであれば、これは贈与を誘発するどころか、贈与から結果するカンヴァスしか与えはしない。カンヴァスそのものが与えるという仕方であらわになるのである。すなわちカンヴァスは一つの音や声や色が与えるという意味において「与える」——つまりそれは現われる。いや、むしろカンヴァスはカンヴァスとしては姿を消し、その代わりその場所に「それ」(« ça ») が一箇の(最初の)見えるものとして現われるのだ、と言ったほうがいい。四方域においては、与えることは——与える者も、与えられるものもなしに、純粋な与えることにおいて、「それが与える」(« ça donne ») のである。贈与はここでは、四方域と *Ereignis*(生起・固有化)と一体をなしている。贈与は〈時間〉の〈存在〉への適合(固有化)、したがってまた存在者の〈存在〉への適合(固有化)に属する。いかなる距離もなき、適合(固有化)としての贈与。

第二の意味では、贈物は贈与から——少なくとも贈与者が遂行する贈与から——理解される。贈物は贈与に従って理解されるべきであるが、しかし贈与は単なる与えることとして理解さるべきではない。贈与は贈与者への送り返しを通じて理解さるべきである。与えられた贈物と与える贈与者との間に、贈与が固有化(生起)の(四-)次元を開くのではなくて、かえって距離を保つのである。距離とは、統合する限りでのみ決定的に分離する隔たりのことであり、それというのも距離が与えるものは隔たりそのもののうちに存するからである。(83) 贈与は与えられたものを絶えず贈与者に送り返すことによって距離を踏破するのであるが、贈与者がまず最初に、与えられたものを――返送さるべく定められた送品として――惜しみなく頒《わか》ち与えるのである。距離は、贈与者と贈物との親密な隔たりをしつらえて、贈与者の贈物のなかへの辞退そのものが、贈物が絶対に贈与者へと立ち戻るということまさにそのことによって、贈物の上に読み取られるようにする。距離はこれら二つの項が往来する触知できない隔たりを開き、これらの項は逆の方向に向かって贈与を成就するのだ。贈与者は、贈物が最初の送付による贈与を最後の返送による贈与によって反復する限りにおいて、贈物の上に読み取られる。贈物は、贈与を逆向きに反復することによって、贈与者を見えさせる。返送される送付、送付する返送――両項が決して混同されなければされないほど、それだけますます統合されるという、贈与の休むことなき戯れ。それというのも、そのなかで両項が交換されあう距離がまた、それらが交換しあう当のものをも構成するからである。距離は踏破されることによってのみ交換されうる。この贈与の第二のモデルは、区別する限りにおいてしか統合しないのだから、〈存在〉／存在者を、生起（*Ereignis*）が固有化させるものをそこで脱固有化させることによってまさしく歪めることができる。存在者は〈存在〉への固有化のうちにとどまるが――いかにして存在者が自ら存在から脱却するだろうか――距離はそれに加えて別の体制、別の流通、別の贈与のうちに存在者を包み込むのである。存在者、したがって〈存在〉／存在者、したがってまた *ousia* は、生起（*Ereignis*）の単なる与える働きがこれらに与えるものに加えて、いわば自分の知らぬ間に、そして別の狙いの観点から、おのれが捉え直されているのを見出すのである。ここで次のような反論もありうるだろう、つまり〈存在〉／存在者の距離のなかへのこの包み込みは、それが何らかの正当性をもっていると仮定しても（しかしこれが無理強いであることをわれわれは認める）、わずかなりとも可能性を呈示しているであろうか、と。われわれは、距離の他の項が、原因ではなくとも、少なくとも「創造者」という資格で〈存在〉／存在者を与えるような一箇の存在者として現われる地点まで遡らざるをえなくなるのではなかろうか。〔実は〕非－思惟に陥っているのにおのれを護教論的と信ずるこのような粗雑さにおいて、何か得るものがあるだろうか。しかし以上の反論は、それはそれで、距離を思惟する努力をしない限りでしか提起されないものである。距離は還元不可能な隔たりを、まさに脱固有化を含んでいる。定義からして、距離は両項を完全に分離するのであり、まさにそれゆえにこそ両項はそこでそれらの送付と返送とを演ずることができるのである。したがってもし放蕩息子の *ousia* とともに、ほかならぬ〈存在〉／存在者が距離と贈与（*donation*）のなかに入るならば、他の項、「謎めいた」他の項は――ハイデガーの言葉にも増して――永遠に謎めいたものであり続けるであろう。確かにこれは〈存在〉とは呼ばれないだろう。なぜなら〈存在〉は生起（*Ereignis*）によってそれ自身に固有化させられた存在論的差異のおかげで存在者と一体化しているからである。確かに、存在者は距離のこちら側に属するのだから、かの他の項はいかなる存在者においても（とりわけ「すぐれた意味での」〔存在者において〕）、認められることはなかろう。確かにわれわれはそれを神と名づけるだろうが、それは、その死と復活とからなる消滅においてのみそれを啓示する十字（架）によって神を抹消することによってなのである。なぜなら、距離の他の項として、神はまさしく存在する必要もなければ、したがって何であれ存在者の名を受け取る必要もないからである。神は与えるのである。贈与は、いかにして「それ」が贈与を「与える」（*ça donne*）のかを見抜かせることによって、与える「主」の唯一接近しうる痕跡を呈示する。〈存在〉／存在者はあらゆる物と同様、一つの贈与として見られたならば、そこに別の贈物の痕跡を見抜くべく与えることができる。ここで唯一重要なことは、贈与（*don*）のどちらのモデルを認めるか――固有化か距離か――ということである。前者の場合は、当然ながら、与えるということが四方域のなかに包み込まれているのだから、~~神~~の審級は介入することはできないだろう。後者の場合には――だが、何がいったいそれを存在的な背進に一挙に還元することを許すだろうか――周知の審級、ここでは〈存在〉／存在者（それがいかなる様態で知られているにせよ）は、まさに贈与を遂行するために思惟されないものにとどまらねばならないある審級との距離の内に正当な権利をもって入ってくることができる。この審級とは、「あらゆる知を超えた」（「エペソ書」三・一九）途方もない *agapè*（聖なる愛）がおのれを印しづける十字（架）に、まず最初にみずから服することによって初めて〈存在〉／存在者を十字（架）で抹消する~~神~~である、とわれわれは言おう。距離においてはただアガペーのみが、地上の、冥土の、天上のあらゆる事物を贈与のうちに置くことができる。なぜならただアガペーのみが、定義からして、知られることなく、存在することなく――しかも（おのれを）与えるからである。アガペーのさなかにあって、その流れを遡るにはあまりに激しすぎ、そして下方の水源や渓谷を知るにはあまりにも深すぎる水流に従うように、アガペーの流出につき従いながら、すべてのものは贈与に沿って連なり、〔いわば〕水のなかに残された軌跡によって〔察知されるように〕、しかしそこから何ものも捉えることなく、すべてのものは距離の方向（*sens* 意味）を指し示しているのである。場合によっては――それ以外のものと同様に――〈存在〉／存在者さえも。

以上からして、~~神~~は、存在者としても、〈存在〉としても、本質によっても、言い表わされないということが帰結する。われわれは、形而上学がデカルト以来、~~神~~を原因性（しかも作用因）からして思惟し得、そしてそれに第一の名として *causa sui*（自己原因）を賦与しえたことに驚くことを学び直したのである。われわれは神秘家ディオニシオスやニーチェによって、ある *ousia* やある概念が、どのようなものとしてであれ~~神~~を規定しうるなどということが自明ではないことを再発見しつつある。残された課題は、ハイデガーとともにではなくとも少なくとも彼のテキストを読むことによって、さらに真に必要ならば彼に逆らって、神が〈存在〉／存在者に属しているのではないということ、そして〈存在〉／存在者こそ距離に従属しているのだということさえをも垣間見ることである。従属している（〔弁証法の〕止揚 *relève*）とは、廃棄でも継続でもなく、超出しかつ維持する捉え直しということである。換言すれば、諸々の神名のうちで、いかなるものも神を表わし尽くすものはないし、了解によるその把握もしくは捕捉を提供するものはない。諸々の神名の機能とはまさにこの不可能性を表わすことである。より積極的に言えば、神のすべての名を分かち（したがって統合する）距離をあらわにすることである。すべての名、というのは、距離においてはすべてが神的なものの性質を表わすにふさわしいものとなりうるからである。ここでは、述定は称賛に——称賛もまた、言説を述べる——席を譲らねばならない。われわれは、神についてのわれわれの沈黙に問いかけていたのである。われわれはわれわれの沈黙に向かって、冒瀆も愚かしさも伴わずに神のようなあるものに関わると自負しうるに十分なほど大いなる尊厳にそれが近づいているかどうか問うていたのである。われわれを導いて距離が贈与するものの豊かさを垣間見るに至らせたこの長く、しかも大ざっぱな行程が、一箇の答えを粗描させてくれる。月並みなものや形而上学のなかに、いや〈存在〉／存在者のなかにすら、さらには諸々の神名を忘れがちな神学のなかにも刻み込まれているあらゆる沈黙は、物言わぬもろもろの偶像しか呈示しない。偶像はとりわけ沈黙するという性質を持っているのだから、偶像崇拝から逃れるためには沈黙を守るだけでは十分ではない。したがって、人びとがもはや何も——冒瀆でさえ——言うべきことを持たないとき、彼らを沈黙するがままにしておくだけでは十分ではない。キリストにおいてアガペーとして啓示される神にふさわしい沈黙とは、アガペーによって、アガペーのために沈黙することに存する。それは、もし神が与えるならば、神を語るためには贈物を受け取らなければならないということを理解することであり、そして——贈物は距離においてしか出来《しゅったい》しないのだから——これを返すことなのである。贈物を返すこと、思惟しえない贈与という遊戯を長々とおこなうこと、これは語られるのではなく〔ひたすら〕おこなわれる。愛は最終的には語られるのではなく、おこなわれるのである。そのとき初めて言説が生まれ変わることができるが、それは享楽としての、歓喜としての、称賛としての言説なのである。もっと慎ましく言えば、神にふさわしい沈黙は、不可知論（不可能な無神論の上品な別名）によるのでもなく、屈従によるのでもなくして、単純に尊敬によって、神について沈黙しうることを課すのである。もしもわれわれがアガペーを称賛するに十分なほどこれを愛していない場合でも、少なくともわれわれはこの無能力をある可能事の痕跡として保持せねばならないことを、おのれの意に反してでも認めねばならない。そして、われわれの沈黙を秘宝として——その壮麗さを隠してはいるが、それでもその未来の輝きを保護している脈石のなかにまだとどまっている秘宝として——守らなくてはならないのだ。ほかならぬこの沈黙のみが、おのれの所在と、誰について沈黙しているのか、そしてなぜまだ一時《いっとき》の間、物言わぬ慎しみを守らねばならないのかを知っているのである——おのれを偶像崇拝から解放するために。仮にわれわれが、アガペーが全てを（そして〈存在〉／存在者をも）超過する所以の何たるかを、その粗描にすぎなくとも垣間見ることができるならば、その場合にはわれわれの沈黙はわれわれを、わずかに「神的な沈黙を告げるべく送られた……使者」となすことができることであろう。(84)

第四章　空しさの裏面

1　留保（宙吊り）

〈存在〉の十字（抹消）――目下のところまでは、われわれはそれを遂行する神を垣間見ているにすぎない。したがって、神のみがこれを遂行しうるのであろうし、まさしくわれわれが神を垣間見ることができるのはせいぜい、もろもろの偶像崇拝の間歇的な合間に、われわれの鏡像の戯れが休止している間に、われわれのまなざしがそこに極まる太陽光の眩惑の周辺においてでしかないのだから、この十字にわれわれはただ時たま気づくだけなのである。なぜなら、〈存在〉を十字で抹消するものは、場合によってはアガペーという名を持っているからである。アガペーは、それを定義し、そして確固としてそれへの接近を禁ずる誇張法（hyperbole）によって、いっさいの知を越えている。〈存在〉の抹消はわれわれの地平でおこなわれるが、その第一の理由は、〈存在〉のみが諸存在者の現われる空間を開くからである。第二の理由は、アガペーはおのずからわれわれに属することはないからである。われわれは――存在者として――〈存在〉の支配下に属する。われわれはまた――「罪人」として――アガペーに近づくのでもない。〈存在〉の十字はそれゆえ二重の資格でわれわれを超えており、われわれから逃れる。哲学の観点からすると、われわれは諸存在者として妥当しているのであり、これらの諸存在者をその展開において支配するのは〈存在〉の開示性である。ましてや存在論的差異が隅々まで、最も内密な部分に至るまで規定している現存在の場のなかでわれわれが自己を認める場合には、〈存在〉がわれわれに向ける特権的な要求のうちで、この要求によって、われわれは汲み尽くされる。神学の観点からしても同様、有限でかつ「罪深い」条件がわれわれをアガペーから無限の距離に置くということを、われわれは認めなければならない。〔アガペーからの無限の距離とは〕つまり、罪が、創造主を構成する距離のなかに、それ自身はあらゆる意味で理解されている被造物にとっては理解できない距離のなかにまず初めに組み込まれている限りでのみこの罪が際だたせる隔たりのことである。そうだとすると、ある単純な状況が創設されうることになろう。大きな、したがってまた大ざっぱな特徴において見れば、この状況は次のように記述されるであろう。すなわち、存在的な、そしてとりわけ存在論的に規定された有限性は、〈存在〉の開けを（のなかに）、（おのれを）発見する。そしてこの〈存在〉は存在者にその可能性を絶えず用意し続け、ついには忘却されるに至るまでおのれ自身を存在者に与えるのである。人間的なもののうちで、〈存在〉の開けにおけるのとは別の仕方で現われるものは何一つない。この譲渡できない場が、ありうるすべての世界を支配している。神学ならば次のように付言するだろう。この場は創造された限りの世界全体を支配するのであり、要するに、存在者が本質的にそれに従って〈存在〉において、〈存在〉に対して展開する有限性は、被造物の領野と合致する。〈存在〉の遊戯は有限性の尺度に合わせてしかおこなわれないのだから、創造は存在者のみならず〈存在〉をも指し示すのだ、と。有限性（この場合は被造物 création として理解されている）においては、存在の十字は何の意味も持ちはしないだろうし、また現実に思惟され、それゆえ遂行されるほんのわずかの可能性も持ちはしないであろう。これに反して、神という根本的に別の――奇異なほどにまで別の――観点からすれば、アガペーには〈存在〉――これはそれ自体 *ens creatum*（創造された存在者）として重ねて解釈された現存在のうちに、有限性において働いている〈存在〉／存在者のことだが――を十字によって抹消する力が認められるであろう。この十字による抹消についてわれわれは何も――この「何も」がいかなる意味で言われようとも――知ることはないであろう。何しろ罪人という条件が含んでいる有限性、被造物たる身分、アガペーについての無知が、われわれのそれ〔十字による抹消〕への接近を禁ずるであろうからである。〈存在〉の十字は、哲学の観点からしても被造物の（罪深い）「経綸《エコノミー》」の観点からしても同様に、全く空虚で無意味なものにとどまるという条件において容認されるであろう。存在の十字は、根本的に思惟しえないものに属するであろう。そしてこの根本的に思惟不可能なものは、諸々の神名さえも越える彼方にあって、その空虚さそのものがわれわれにとって恐るべきものにとどまる沈黙のなかで密かに繰り広げられるのである。――この単純な状況において、ある暴力が、ハイデガー的な地勢図をたしかに逆転させている。すなわち、被造物と創造主との間の隔たりはもはや唯一の存在的領域のなかに書き込まれてはいない。逆に存在論的差異の全体が創造の領野に改めて書き入れ直されることになろう。*creatum*（被造物）は中立的なものにとどまりながら、*ens*（存在者）[1]（*creatum* 被造物）の厳格な領域を越え、〔被造物とは〕異なった資格においてではあるが « *neutrale tantum* »（端的に中立的なもの）として捉えられた〈存在〉をも包み込むことになる。しかしこの逆転も、われわれの見るところでは決定的なハイデガー的地勢図の選択をなおも保っている。というのも、今ここで実際に思惟する思惟の観点からすれば、〈存在〉がしつらえる開けに従って存在者として展開しないような何ものも、自己をあらわにすることはないだろうからである。そしてこの〈存在〉なるものは、そこで狙いがそのまなざしを停止させ――まさにこの停止においてそこに一箇の存在者を発見する、唯一の見えないスクリーンなのである。こうして「神」でさえ、もし存在すべきであるなら——一箇の存在者であることになる。かくして、無限のまなざしでわれわれの狙いそのものを見据えるイコンへの接近が、つねに別の仕方でではあるが、閉ざされる。アガペーのイコンは、たとえそれへの接近の可能性が〈存在〉／存在者の外部でなら考えられうるということがもはや自明ではないとしても、われわれにとって接近不可能なものにとどまるであろう。しかし、権利上、決定的に不可能なものだとわれわれに思われる可能性など、どうでもよいことなのだ。換言すれば、もし〈存在〉の十字と存在論的差異の狂乱がアガペーとしての神の観点からしか理解されえないのであれば、現存在としての人間の分析論はわれわれにとっては越えがたいものであり、存在論的差異はわれわれにとっては避けえないものであり——したがって〈存在〉のスクリーンは乗り越えられないものにとどまることであろう。

したがって——これは実際、その成功については予断を許さない試みなのであるが——有限性によって定義されたわれわれの状況の観点そのものからして存在の十字に接近することを試みなければならない。仮定として、この試みは、ある中間状態、偶像には属さないが、かといってイコンに属するわけでもないがゆえに無規定な空間を認めることになろう。さらに、ここでは空間についてよりも態度（語のフッサール的意味において）について——つまり偶像崇拝的なまなざしによってもイコン的な顔によっても特徴づけられない一つの態度について語らねばならない。明確に言おう。この態度においては、〈存在〉のスクリーンが偶像（存在者）について、自己自身の（スクリーンとしての）偶像崇拝をそれら（偶像（存在者））に貸与することによって保証しうることを退けること、したがって存在論的差異を狂わせることが問題なのである。しかしこの態度は、それだからといって、イコンに到達しないこともありえようし、それどころか到達しないはずであろう。なぜなら、われわれがすでに確認したことだが、アガペーがわれわれのまなざしを見据えるときに初めてイコンは作動し始めるからである。それゆえ、今なお幻覚にとりつかれているのでなければ、われわれのまなざしだけでイコンを求めることはできないだろう。顔がまなざしを見据えるということ――アガペーが分かち与え、踏破する距離が見据えるということ――は、いかなる点でもまなざしに依存することはないのだから。われわれの現実的な観点からすると、見据えるアガペーは見据えられえないままにとどまる（というのも、まさしくイコンが介入するのは、それが率先してわれわれを見据えるときに限られるからであり、このようなまなざしの逆転のうちにのみイコンは存するからである）。われわれが求めているのは、まなざしが最初の（そして最後の）見えるもののうちにもはや凝固することがなく、しかもその主導権がつねにまなざしから逃れる見えないものによってまなざしが見据えられることもまだないような態度なのである。一言でいうと、まなざしがもはやいかなる偶像も見ることはなく、しかも不可能なアガペーを求めることもない態度である。したがって、それがすぐさま見透すことのない何ものも見ないような、そして何ものもそれを見据えにやって来ないであろうようなまなざし、結局何ものも見ないだろうし、おのれが見られているとも感じないであろうようなまなざし――何ものも見ないが、何ものにも愛されない、偶像もアガペーもないまなざしなのである。

このような態度の分析は、先決すべき困難を示している。つまり、このような態度はそもそも、事実上実現可能なものであろうか。仮に文学的仮構が、事実性がそれについて提供する以上の真理性をもってこの類型をわれわれに描いて見せなかったとしたならば、この事実についてわれわれは疑念を抱くこともできるだろう。そのような例として使えるものは数多くあるが、そのなかでもP・ヴァレリーによって描かれたテスト氏を採り上げよう。自分自身の証人であるテスト氏は、実際いかなる偶像の証言もできないし、いかなるアガペーによって証言されることもできない。彼のまなざしのもとではいかなる偶像も「存在する限りの見えるもの以上に大いなるものをわずかなりとも」(2) 持ってはいない。このまなざしは、より根本的におのれ自身に先んじているがゆえに見えるものに先んじているものとして、つねにおのれのまなざすものよりも遠くを見、つねにその光景を越えてゆく。その狙いの「ぞっとするような純粋さ」(3)は、目に見える光景と、つねに開かれていて決して閉ざされることのない地平との間の自由な光の暈《かさ》にいつも気づいている。地平はつねに吸引通風装置のような趣きを感じさせ、これは他所からやってきて見えるものの強迫的な偶像崇拝を呼び出し、ひと吹きで限りなく新たな見えるものへの狙いを生ぜしめるのである。このまなざしは、他のもろもろのまなざしがこのまなざしの視点に立ったとして、それに目を奪われるほどに見るだろうようなものは決して見ない。それは、見えるものを見るかわりに、狙いうる地平のなかで光景によって充たされることのない残部を直接見定める。それは、見えるものとして呈示されないもの、つまり狙われるものと見えるものとの間の空虚を見るのである。このまなざしは、自分の前と見えるものの周囲に厳密に空虚を作りだす。それは見えるものを空虚にし〔空《から》にし〕、これを貫き、もしくはそれを迂回して、見えないものを作りだすのである。このまなざしは、ひとが空虚を作る〔空《から》にする〕ように、見えないものを作るのだ。このまなざしは、その見えるものよりつねに遠くを目ざすことによって、「自分の鼻先より遠く」を目ざすことによって、一日の終わりに旅をなしとげるのである。何ものも——いかなる見えるものも——このまなざしを止めるものはない。「突破口を切り開く」装甲縦隊をくい止める何ものもないように、〔フットボールで〕「オープン攻撃をする」中衛を何も止められないように、あるいは、平坦な景観や、それと同じように平坦な社交サロンのなかで、まなざしを停止させるものが何もないように。しかし、何ものもこのまなざしを止めないとしても、そこからまなざしが何にも出会わないし何も見ないと結論してはならない。かえって何もまなざしを止めるものがないからこそ、まさにそのことによってまなざしは、所有者の眼ですべてを見て廻ることができるのである。その視線にさらされる全てのものをこのまなざしは無に帰せしめるまさにそのゆえに、何ものもこのまなざしを止めることはない。これらのまなざし、「それらが見つめる対象そのものはおそらく、彼の精神が無に帰せしめようとしている対象そのものなのであろう(4)」。テスト氏のまなざしは、それが注視するものを試練にかける――それは、ひとが彼の敵をその場で殺してしまおうとして地面に押さえつけるように、対象を固定するのである。まなざしは諸対象をハンマーで打つのだが、それは、その正しい形姿を明るみに出す彫刻家のようにではなく、像を崇めねばならないようなはめに陥ることを恐れて像の形を歪める怒り狂った人のように――あるいは諸々の最も古い偶像を破壊せんがために「ハンマーで打ちつつ」哲学する思想家(一)のようにですらある。なぜなら、「諸事物にそそがれるこの奇異なまなざし、認知するのではなく、この世界の外部に、存在と非存在の間にいる人間のこのまなざしは――思想家に属するものだからである(5)」。思い深げに、テスト氏は単なるまなざしによっていっさいの光景を破壊する。あるいはむしろ、まなざしによっていっさいの見える存在者を貫通することによって、それを無効化するというよりも、まさしくこのまなざしの目を奪うような偶像を呈示するという見えるものの自負を失効させるのである。〔この際〕いかなる暴力も、いかなる反駁も、いかなる言葉さえもなく、あたかも何ものも存在しないかのように、まなざしの前進のみが働いている。そして事実、すぐに何ものももはや存在しなくなる――少なくとも偶像という意味においては何ものも、それというのもすべてのものは正確に以前の通り残存しているのだから。テスト氏は嫌悪する――逆向きの誓言（*detestari* 呪う、拒む）の意味で嫌悪し、誓言によって拒絶する。彼は世界を棄てることを誓い、世界に反対する責務を負った証人（*testis*）となり、さらに正確には世界を偶像崇拝のあらゆる尊厳から解放する証人となる。世界からいっさいの尊厳、可視性、壮麗さを取り除く証人、世界からいわば自己自身のために証言する権利を奪い、禁止と失格の打撃を世界に与える証人となるのだ。テスト氏が向ける嫌悪は世界からいっさいの信頼を剝奪し――世界はもはや信頼に値しないものとなり、それに応じて世界の方でも自己自身へのあらゆる信頼を失うのである。この偶像破壊的なまなざしの光のもとで、世界はおのれ自身の不分明で半透明の影となるのだ。

ここから次の問いが生ずる――いったい、今後このまなざしは何を証言しうるのか、と。このような疑問を提起せねばならないということの一つの徴候は、テスト氏が今後、すでに見たように、「この世界の外部に、存在と非存在との間に」身を置くことになる、ということに由来する。テスト氏は、存在者がそこで極まる形姿を、つまり視線を捕らえる偶像を貫通するのだから、実際世界内部の存在者とこれを越えるものとの境界線上に居るわけだ。偶像の体制の外部で、テスト氏が向けるまなざしはどこに位置づけられるだろうか。確かに、このまなざしを何であれある偶像のなかに繫ぎ止めることはできない。自己‐偶像崇拝――「私は私の精神を偶像となす」(6)――さえも、この問いを解消するどころか強めることになるのだから。なぜなら、私の精神が反駁の余地のない中心となるに値するのは、それが、世界を嫌悪する抑えがたいその激しさからこの特権を受け継いでいるからである。しかし、このような目を眩ませるような破滅の原理がどうしてそれ自身、それが不可能たらしめるもの(7)――偶像となることができるだろうか。自己‐偶像崇拝が偶像崇拝的まなざしの規則に見えれば見えるほど、それだけそれは、すべての偶像を貫通するその能力によって定義されるまなざしにとっては今後支持しがたいものと思われるのである。したがって、選択はもはや外的な偶像と自己‐偶像崇拝との間ではなくて、すぐれた意味でのイコンと自己憎悪との間のいずれかを決することにある。「彼がその注意深いもろもろの意志の末端に見出すのは生だろうか、それとも死だろうか。それは神であろうか、それとも、思惟の最奥の深みに、おのれ自身のみじめな実質の色あせた光にしか出会わないという、ある恐ろしい感覚であろうか」。換言すればテスト氏は、見られるがゆえに破壊される偶像への憎しみが――「私は私の知っていること――私のできることを、何によらず軽蔑する」――まなざし自身に逆流するのを避けることができるだろうか。まなざしが衰えないためには、この逆流によって、自らを尊ぶ唯一の手段である憎悪によって自己を破壊しなくてはならないであろう。「……私は、自分を憎むために必要なすべてのものを、私自身のうちに容易に見出していた」「私は愚かものではない。なぜなら私が自分を愚かものと感ずる度ごとに、私は自分を否定し――自分を殺すからである」[8]。テスト氏のまなざしに、偶像におけるようにそこで決して立ち留まることなくあらゆる見えるものに背いてゆくことを可能にするもの――嫌悪――は、彼が世界のなかで彼のまなざしとは別のまなざしにいつか出会ってそれに見据えられることもまた禁ずる。何ものもテスト氏のまなざしのもとでは存続しないように、何ものもこのまなざしを支えることはない。まなざしを支えることはなるほどこれに抵抗することではあるが、しかしまたこれに抵抗することによって、第一のまなざしの圧力に対して別のこれと等しい圧力によって釣り合いをとり、共通の緊張がいずれのまなざしをも崩壊から救うようにすることなのである。いかなる顔もテスト氏を見据えに、したがって彼のまなざしを支えにやって来ることはない。いささか大きく開かれすぎた眼を持っているために、テスト氏は、彼のまなざしを停止させることが決してできないという不可能性を除いてはもはや何ものも見ないのだ。ヘルダーリンが一眼余分に持っていたと断ずるオイディプスのように、テスト氏は（光のなかに置かれた）明晰性のおかげで、見えるものからやって来る、もしくは見えるもののうちに生じる何ものも彼をひき止めないほどに、自分がいっさいの見えるものを破壊することを見てとる。偶像に対する嫌悪の徹底性はイコンの可能性を疑問視するが、その〔イコンの〕まなざしはテスト氏をして、自己自身の明証性のうちに溺れることを免れさせることもできるであろう。崩壊する偶像はみなイコンの必然性を示しているが、しかしまた――少なくともこのまなざしによって――いつかイコンを見ることの不可能性をも示している。見据えられるにはあまりにも見すぎるこのまなざしは、常に迫りくる最後のもろもろの偶像の黄昏と、イコンの永遠に延期された曙光との間で宙吊りになった不安定なまなざしであり、その死を疑わせないにはあまりにも確固としたまなざしなのである。

この緊張は矛盾にまで到るとも思われるのだが、いかなる実存的な不可能性をも示すものではない。テスト氏は、可能的で日々現実的な状況、つまりわれわれの状況を、想像によって表わしているのである。なぜならわれわれは、もろもろの偶像を越えてゆきながら、しかもわれわれを見据えるイコンを受け入れないことができるからである。テスト氏はこの耐えがたい宙吊りの状況を、その完璧な現寸図に写し取る。こうして彼がわれわれに示すのは、われわれ自身の状況の厳しさだけである。そしてそのうえ、本書は、文字通りにとられるならば、この耐え難い、しかし足踏みしてなかなか前に進むことができないようなかの中間状態のなかに書き入れられている。われわれ、いやむしろ私は、特定の偶像に捉われないために絶えず跳躍し続けており、そしてこの跳躍が、私の望むところへ私を連れてゆけばゆくほど、私を見据えるまなざし――イコン――の見えざる出現は私にとってますます謎めいたものとなるのである。本書の始めから私はテスト氏の立場におのれを置いているのであり、そして私の読者諸氏（ここで今読んでおられるあなた方）も同様である。テスト氏によりもむしろわれわれ自身に対して、見ることも見られることもないまなざし、偶像崇拝的でもイコン的でもないまなざしをわれわれがこうして持つにいたるのはいかにしてかを問わねばならない。要するに、このまなざしには究極的にいかなる使用法があるのかを問わねばならない。換言すれば、われわれがテスト氏のように余分の一眼によって見るとき、確かに（偶像としては）

何も見ないし（イコンとしての）何ものによっても注視されはしない。しかしこの何ものも（rien）は、今度は何も（rien）意味しないのではない。それでは、その明晰性そのものによって盲目となったこのまなざしにおいて、いったい何が成就されるのだろうか。このまなざしは退屈を成就することによって機能する。退屈は、まずまなざしの他の諸様態との対置によって、次いでそのものとして、完全に定義されうるまなざしの一つの態度、一つの様態を定義するのである。

2　退屈

退屈のまなざしは、偶像から資格を剝奪するからといって、無化、ニヒリズムもしくは不安などと混同されるものではない。この三つの区別を明示しておこう。(a)退屈のまなざしは無化もせず、破壊もせず、否定するものではない。逆に破壊の運動はまさしく運動なのだから無関心で-ないこと（*non-indifference*）を予想するが、これを括弧に入れることこそが退屈の特色である。退屈は、何にであろうとも、いかなる関心も持たず、それゆえ、肯定的関心も否定的関心も持たない。それは決して破壊などせずに、つねに目をそむけるのである。さらに正確に言えば、退屈の唯一の準-破壊は、そのまなざしが向きを変えるという単なる事実のうちに含まれた〔対象の〕解任（destitution）をもって完了するのだ。いやそれどころか、退屈はすべての（場合によっては偶像崇拝的な）尊厳から物を解任（destitution）するために、そのまなざしをそらせる必要さえない。逆にこのまなざしが据えられると、それは見えるものの周囲に現われる見えないものの暈《かさ》（後光および反転した栄光）をすぐさま見つけることによって、その光景から尊厳をはるか遠くにそらせるのである。まなざしは、それが見えるものに据えられる瞬間にその注意を払わないことによって、見えるものを廃棄し、最初の見えるもの（偶像）たろうとするいっさいの要求からそれを解任し、無化する必要もなくして無効化するのだ。(b)退屈のまなざしはまた、ニヒリズム的態度とも混同されえないであろう。ニヒリズムは、最高諸価値の無価値化をもって始まる。この無価値化はそれ自身、肯定的価値も含めていっさいの価値が、それが外的評価から、つまり（力への）意志による評価からその尊厳を受け取るというだけでその尊厳を失うという発見に由来する。以上の事情によってニヒリズムは、能動的なものも受動的なものも、すべての存在者に新しい存在の仕方――力への意志（*Wille zur Macht*）による評価――を指定する。他方、存在者の存在者性のこのニヒリズム的基礎づけのみが、いかにしてニヒリズムそれ自身が形而上学を完成するか（そしてそれゆえ死に至らしめるほどにまで追求するのか）を理解せしめる。ニヒリズムは力への意志という公正な審級を基本的に含んでいる。そうでなければ、受動的ニヒリズムが能動的ニヒリズムに通ずることは、「真なる世界」という寓話が「真なる」世界と「見かけの」世界との間の最終的な（最初の！）無区別において廃棄されることと同様、明らかに不可能となるであろう。ニヒリズムは存在者の（根拠なくして根拠づける）本質として、力への意志を解き放つ。ところが、退屈はいかなる意味においても、退屈自身のために存在者の根拠に異議を申し立てることによってすら、存在者を根拠づけることはない。というのも退屈のまなざしは、見えるものの諸々の偶像を失格させることによって、おのれ自身を究極の偶像として樹立するのではないからである。それはずっと以前から――場合によってはおのれを殺すほどにまで自己自身を憎むことによって――このような素朴性を喪失しているのである。退屈は、いかなる悲劇的なものも、「功績」も「勇気」も伴なうことなく、何であれ偶像崇拝の意図そのものを断念するのである。見えるものによるまなざしのいかなる充実も、まなざしに嫌悪の念を起こさせる。たまたまこうした好機が――否、危機、誘惑が――出来《しゅったい》したとしても、まなざしの「ぞっとするような純粋さ」は、それに嫌悪を感ずるであろう。退屈のまなざしはニヒリズムに関わらないし、ニヒリズムにおいて力を発揮するのでもないということは、テスト氏と反動的思惟との間の隔たりがこれを確証するであろう。反動的思惟がおのれ自身を憎み、おのれを憎まないものをも憎むのは、自己を統御して立ちあがり、結局はおのれを立ち直らせるためでしかない——要するに、逆説的に、しかし仮借なく、（自己）肯定するためでしかない。そしてそれはまさしく、反動的思惟がその根底においては依然として力への意志であり、肯定を求めているからにほかならない。これに反してテスト氏は、作用もしなければ反作用もせず、肯定もしなければ否定もしない。彼はすべての物を偶像の尊厳から解き放ち、おのれ自身を自己自身の肯定から、あたかも最後に残った不純物からのように、禁欲も努力もせずに解き放つ。まなざしの不純物とは、それが取り除かれることによって初めて真に貴いものとなる、宝石における不純物のようなものである。退屈のまなざしは否定も肯定もせず、〔ただ〕放棄する（abandonne）——愛も憎しみもなく、純粋な無関心によって自己自身さえ放棄するほどにまで放棄するのである。(c)最後に退屈は不安と混同されてはならない。不安をハイデガーが主題化した(9)「根本気分」として理解するならば、われわれはそこに、存在者全体の還元を遂行する現象学的操作を読みとらねばならない。この還元の果てに、現存在の面前やその周囲に強迫観念のように残るのは、もはや〈無〉(Néant/Rien)のみなのである。諸存在者の送り返しは無をもまた指し示し暴き出すが、無は諸存在者の個別的本質よりもいっそう内密に諸存在者を現前性において保証するのであり、したがって、まさにそれゆえにこそ存在者としては与えられることのない存在者の存在者性において保証するのである。返送（*Abweisung* 却下、拒絶）と指示（*Verweisung*）とは現存在に、〈存在〉がそれに差し向ける次のような要求を沈黙のうちに聴取させる。すなわち現存在は「〈存在〉の牧人」ではなくとも、少なくとも「無の見張り番」であるべきだという要求を。不安は、根本気分というその地位を、それがこうして〈存在〉としての無からこうむる要求からしか受けとることはないのである。不安は、〈存在〉の要求（*Anspruch des Seins*）がその頂点であり、またその唯一の賭金であるような一つの複雑な過程の端緒となる。諸存在者の退去が重要なのは、それが無の形のもとに〈存在〉が現われ地平を解き放つ、厳密にその限りにおいてでしかない。ここで不安を退屈に対立させるものが明瞭に現われる。確かに両者は、諸存在者のおびえた、しかしそれらの存在的な消滅を伴なうことはない退去を共有している。しかし、この荒涼たる状況にあって、なおもある声が不安に対する呼びかけを叫び立てる――〈存在〉が沈黙のうちに発する要求を。退屈は逆に、ここでは何も、無さえも聞くことはできない。なぜなら退屈は、少なくともその本質的意味において理解されるなら、それが聞くものに対してすら耳を貸さないからである。聞こうとしない者ほど聞こえない者はないのなら、どんな耳の不自由な人でも退屈より聞こえないということはない。退屈は、聞こえていることに対して注意も志向も過去把持も与えない。その固有の機能は実際、いっさいの挑発に対して、なかでも繊細で強い挑発に対して、殊に本質的な祈願に対して無関心をもって応じることにある。退屈は要求を、とりわけ〈存在〉からの要求を留保する。それというのも退屈はこの留保そのもの以外の役割も定義ももってはいないのだから。さらにもう一歩踏み越えねばならない。以上の点において厳密に哲学的な不安は、存在者の〈存在〉の（形而上学的であるか否かはここでは問題ではない）思惟に道を開く驚き（*thaumazein*）をそれなりの仕方で反復する。その証拠に、〈存在〉の要求（*Anspruch des Seins*）、すなわち〈存在〉がその「声」によって聴取させる要求が、不安をして「驚異中の驚異、つまり存在者が存在するということ」[10]に出会わせるのである。驚き、唖然、めまい、これらのみが〈存在〉の沈黙の「声」を聞こえさせるのだが、これらはいずれも存在者がある（与えられている）という事実に関わる。つまり、存在者があるという純然たる事実（*daß/que*）が現存在を駆り立て、それを通じて思惟を動かすに至るのだ。ところで退屈は何も聞かず、何も聞こうとしないが、それは退屈のまなざしが、乗り越え不可能な偶像の尊厳に輝く最初の見えるものによって充たされることを欲しないし、またできないのと同様である。存在者があるという事実の前で、退屈は動くことも、見ることも、答えることもしない。退屈は、そのたそがれゆくまなざしにいかなる例外も許さず、ただ単にそこにあるだけの存在者も例外ではない。退屈の面前のいかなる偶像も、与えられた存在者（与えられてあること）[二]という超出不可能な光景さえも例外ではないのだ。しかし、与えられた存在者（*daß* すなわち無、〈存在〉）より本質的な何ものも決して現われえないのだから、与えられた存在者に対する無関心におけるよりも絶対的に退屈が現われることもまた決してないであろう。与えられた存在者にいかなる関心も抱かない退屈は、絶対的に遂行される――絶対的にとは、いかなる絆、いかなる限界からも放免されて、という意味である。退屈はついに、与えられた存在者そのものを解消し、与えられた存在者を与えるもの、つまりここであからさまに存在論的差異を作動させている〈存在〉から自己を解き放つ。

　したがってわれわれは、退屈を不安と対峙せしめることによって、単に最初の二つの規定に第三の否定的規定を付加しただけではない。われわれは退屈の最も決定的な挙措を獲得した――存在論的差異を、今度は否定的に狂わすことである。そのようなものとして、退屈は全てに無関心である。それは何にも関心を持たない。何であれ存在するものを前にして、したがって少なくともそれが存在する限り全てのものの前で、退屈は関心を示さない。*mihi non interest*、これは私に関わりがないし、私にとって存在もしない、ここに存在するものは私には関係がない。退屈は、諸存在者の間（*inter*）にそれを入り込ませるようなあらゆる興味（*interest*）から身を引く。それは諸存在者からおのれを解き放ち、諸存在者の只中におのれの場所を空け、何ぴとに対してもいかなる存在者に対してもそこには存在しない。退屈は存在者とその賭金から身を引くが、それはちょうど、ある事柄から身を引いたり、銀行から自分の資金を引き揚げたり、巧く難事から手を引くようなものである。今後はあらゆるものから自由になり、与えられた存在者からさえ、いやまず第一にそれから自由になって、絶対的な退屈はその無関心を展開するのだ。まさにこれ以後は、存在論的差異を含めて差異を形成するものは何もない。存在者はそれが存在することの驚異に即して見られた場合でも、差異を形成するものではない。なぜなら、そこで語っている〈存在〉は、もはや「興味を惹く」には至らないからである。存在論的差異を申し立てる〈存在〉の要求がその関心を惹くがゆえに不安が差異を引き起こすのに対して、退屈はそこにいかなる差異も見ることはない。ある目に見える存在者におけるある可能的偶像への無関心は、世界という次元へと拡大する。無関心は、存在者が与えられているという事実にまで、それゆえまさに、このようにして働いている存在論的差異にまで及ぶのだ。――退屈のまなざしはしたがって、通常の実存分析には属さない。それは不安と全く同様に、しかし全く逆の意味において、「根本情態性」を構成するのである。すなわち、その情態性は人間を存在論的差異からして現存在として資格づけるのではなく、存在論的差異を〔無知からではなく超過によって〕失格させ、したがって人間を――少なくとも部分的には――現存在の身分の外に移動させるのだ。人間は、退屈の絶対的まなざしで見さえするなら、存在論的差異について無関心となるように現存在をはみ出すのである。〔存在論的差異に〕接していながら〔それを超えて〕絶対的な無関心は存在論的差異を狂わせる。これは確かにアガペーを展開することによってではなく――テスト氏は、最も完璧にアガペーを模倣したときでさえこれには近づきえないことを誰よりもよく知っている(11)――、まなざしの前進とその過剰な明晰さが逆説的な仕方で保証する一種の退去と欠如によってなのである。偶像の〈〈存在〉/存在者が与える究極の偶像すらの〉彼方に、そしてそこでアガペーがわれわれを見据えてくるであろうあらゆるイコンの手前に――決然と、しかも宙吊り状態で、このように退屈のまなざしが漂っている。

3　空しさの中の空しさ

このまなざしは何を見ているのか。それは何も見ていない、なぜならそれは、あらゆる見えるものの偶像とならんとする要求を失格させるからである。それはすべてを見る、なぜならそれによる失格化は、何であれ存在するすべてのものに向かうからである。それはすべてと無とを見る。すべてを無として見、存在するすべてのものをあたかも存在しないかのように見るのである。退屈のまなざしの無関心のもとでは、存在者と非‐存在者の間の存在的差異はどうでもよいものとなる、それというのもまず第一に、存在論的差異――存在者があるということ――がどうでもよいものになるからである。退屈は、それが見るものに無化をではなく、存在者と非‐存在者との身分の間の無差別化を課するのである。退屈のまなざしの留保（suspens 宙吊り）は、その光景を〈存在〉から引き離す。この引き離しは、空しさという名のもとに言い表わされうる。退屈のまなざしは、存在者一般を空しさで襲う。不安が存在者一般を送り返すことによって無を〈存在〉として示すのと同じように、退屈は存在者一般の上に、それを存在論的差異に対して無関心にさせる空しさを生じさせる。退屈は、存在論的差異からおのれを解放することによって存在者をその存在者性そのものから解放し、存在者という名そのものを破棄する。――ところで、退屈が偶像とイコンの間に据えるまなざしのもとで存在者を解体するこのような空しさは、旧約聖書の諸書の一つ「コヘレトの言葉」（あるいは「伝導の書」）の冒頭の文において、テキストとしてわれわれの省察に与えられている。直ちに注意しておくと、このテキストは「ヨブ記」、「箴言」、「知恵の書」と同じく知恵文学に属しているのだが、とはいえそれには次のような注目すべき特権が伴っている。つまりそれはまたユダヤ教の五大祭典のために公的に宣布されていた五つの「巻物」(*megilloth*) にも数えられるということである。それは、この高い尊厳を「ルツ記」、「雅歌」、「エレミヤ哀歌」、「エステル書」と頒け合っているが、以上の書はいずれも、歴史的であるとともにそれと分かちがたく霊的でもあるその道程でイスラエルが体験した大いなる歓喜もしくは大いなる苦痛をしるすものである。したがってわれわれは、その奇妙さにもかかわらず、このテキストを周辺的なものとか権威の劣るものと見なすことはできないだろう。ところでこのテキストは、われわれの省察が到達した瞬間をおそらく最もよく主張する格言をわれわれに与えてくれる。「空しさの中の空しさ(最大の空しさ)」、とコヘレトはいう。「空しさの中の空しさ、そしてすべては空しい! 人間が日の下でなすすべての労働《はたらき》に、人間にとって益となるいかなる差異があるというのか」(「コヘレトの言葉」一・二―三)[12]。

なお読解すべきことが残されている。われわれは空しさの理解を求めているのだが、この空しさについて、それが退屈のまなざしから結果するであろうということ以外にまだ何も知らない。「空しさ」という未だ無規定な名のもとにここに介入してきたものが、退屈のまなざしが引き起こすこと――「存在者があるということ」という驚異を現われさせる存在論的差異を狂わすこと――に正確に対応すると、われわれはいかなる意味で推定することができるのか。「空しさ」そのものにはさしあたり外的な若干の注意から着手しよう。(a)問題の空しさが関わるものには限界がなく、空しさは「すべて」を襲う。換言すれば空しさを免れるものは何もない。他の章句がやがていうように「日の下には新しきものは何もない」(「コヘレトの言葉」一・九)[13]。ここで、釈義家たちによれば稀な、奇妙な構文に注意しなくてはならない。文字通りにはこの構文は、「日の下における新しきすべてのものは――何ものものもない」と、あるいは相反するものの奇妙な並置を顧慮するならば「新しきもののすべてにおいて新しき何ものもない」と訳されるべきであろう。それゆえ、新しきすべてのもの——それは日々年々、絶えず介入してくるのだが——は実は何ら新しさを与えるものではないのである。諸事物の全体性はこうして、空間においてのみならず、とりわけ時間において理解さるべきである。それは、経験的には不可能だが、ある意識の眼には——言わば退屈の眼には、厳格にいうと退屈のまなざしにとっては現実的な総和における全体である。このように明瞭で通常の意識の諸能力の彼方で「全体」を取り集めることは、まさに「全体」（「すべて（全体）は空［である］」）を導入する「空しさの中の空しさ」という定式そのものにおいて確認される。語の並置はここでは最上級を示す。たとえばギリシャ語やラテン語は接尾辞によってこれを言い表わすのだが、ヘブライ語にはそれがなく、その代わりに同じ語を反復するのである。たとえば「讃歌中の讃歌」（雅歌 *Cantique des Cantiques*）だが、これはもちろん「とりわけすぐれた讃歌」と理解しなくてはならない。文献学的には甚だ月並みなこの注意は、しかしながら、少なからず思惟すべき材料を提供する。全体性が空しさによって襲われているなら、空しさそのものは最大限の強度に達しているはずである。というよりもむしろ、「すべて（全体）」が空しさの力のもとに陥るには、空しさは限界も留保もない絶対的なもの、最上級のものとならねばならない。ここからしてある比較が避けがたいものとなる。つまり不安が「存在者をその全体性において[14]」出現させたのと全く同様に、退屈は、全体性にわたって空しさを引き起こすことができる。しかしながらこの比較は、直ちに新たな問いを生じさせる。つまり、退屈が空しさによって襲う全体性は、全体性における存在者、要するに存在者の全体性と同一視されるのか。——(b)ここから第二の注意が生ずる。さまざまな翻訳が「である」という繫辞を使わざるをえないにもかかわらず、「コヘレトの言葉」は、「すべて－空（tout-vanité）」のようにそれを用いていない。複雑で曖昧、かつ過剰な論争に立ち入ることなく、われわれは、ヘブライ語にはもともと厳密に「ある（être）」にあたる語はないということに注目し、そこから謙虚な一つの結論だけを引き出すことにしよう。すなわち、退屈が空しさで襲うものは、存在者としては語られない。確かにそれは存在しないわけではない、というのも「コヘレトの言葉」はまさしく、生、死、知、愛、力、善きもの、悪しきものなど、要するに存在するすべてのものを何の例外もなく検討するのだから。しかしこの書がこれらに言及するのは、存在者としてでは全くない。それに、仮に実証的な存在者としてのそれらの経験的な総和を企てたとしても、この書はそれらの全体性を考察することはできないだろう。それが無際限な枚挙から逃れうるのは、今ここの普遍的で実証的な現前とは別の観点から考察する場合のみでしかない。全体性は事実、まず第一に創造〔されたもの création〕として現われるからこそ、全体性としても空しいものとしても現われるのである。「創造〔されたもの〕は空しさ（mataiotēti）に服せしめられた」とパウロは言う（「ロマ書」八・二〇）。創造されたものとして、全体は絶対的な全体として浮かび上がる。存在者としてではなく被造物として、世界は一箇の全体として現われる。事実、二つの全体性（もしくは全体化）が競合関係に入る。一方は世界を〈存在〉とのその差異における存在者として解釈し、他方はその創造〔されたもの〕という身分において空しいものとして世界に接近する。おそらく創造〔されたもの〕は、空しさと完全に合致するものではない。しかしおそらくまた、全体性は、それを創造〔されたもの〕として示す——未だ謎めいた——観点が出現しなければ、空しいものとして現われることはありえないであろう。では、いったいいかなる共通の場が両者を、少なくとも部分的に統合しているのだろうか。空しさは世界を無関心によって印しづける。しかし、世界においては、生きていることともはや生きていないこと、楽しむことと苦しむこと、所有することとしないこと、知ることと誤つこと、ましてや（この語彙はヘブライ語には欠けているが）存在することと存在しないこととの間の差異はやはり大きいように思われる。この差異は何ら見かけ上のものではなく、全く現実的なものである。世界における何ものも分別をもっては無関心でいることのできないこの差異を空しさが宙吊りにすることができるのは、狂った、もしくは世界の外部のある視点からでしかない。世界の観点からすると、この外部性はまさしく狂気に見える。このような外部性は創造の概念によって示される。この概念が「コヘレトの言葉」には現われず、われわれがそれを新約聖書のテキストから借用しなくてはならないとしても、われわれはそれに驚くことはできないだろう。極限的な概念、極限の概念として創造が理解可能となりうるのは、思惟がこれに近づき、近くからそれを捉え、とりわけある行為がそれから逸脱することによってそれを明るみに出す、厳格にその限りにおいてのみである。創造は受肉とともに初めて、厳密な意味で思惟可能となるのであり、それほど、第一のアダムは第二のアダムが彼の上に投げかける光輝によって初めて見えるようになるのである。この到来〔受肉〕が欠けていると、思惟は極限に向かって歩むにとどまり、まさにそのために創造を名指すことができないのである。この道の途上で「コヘレトの言葉」は決定的な一歩を記す――世界の外に燈《とも》されたまだおぼろげな光源からして世界を引き立たせる空しさを考察することによって、創造〔されたもの〕に近づくのである。空しさの黒い光はすでに、別の太陽が全体性を照明しうることを証しており、この別の太陽がこの世界におけるいかなる新しきものをも思考不可能たらしめるということはすでに、この世界がある外部を容認していることを証拠だてているのだ。――(c)別の太陽は、存在者としてではなく創造〔されたもの〕として見られた全体性を、無関心によって襲う。そこで第三の注意が確証をもたらすことができる。われわれが研究している警句は第二の章句に引き継がれる――「人間が日の下でなすすべての労働《はたらき》に、人間にとって益となるいかなる差異があるというのか」。問いはある差異に向けられている。確かにここで用いられている語（語根 *ytr*）は、投下資本もしくは労働と成果との間の増加、利益を示しており、問いは「何の得るところがあろうか[15]」と理解されもしよう。しかし、はっきり言って利害のからんだ（intéressé）この表現の陳腐さによってわれわれは、空しさの賭金と思われていたものに直接近づくのである。すなわち、利害関係を問いに付すことはもともと退屈を定義しており、したがって空しさを実際に適用するさいに必要な一契機なのである。空しさの黒い太陽のもとでは何も重要なものはなく、したがって人間の労働はもはやいかなる差異も作り出さない。というよりもむしろ、人間の労働が利益（intérêt 利害、関心）をめざして諸事物の間で獲得する差異は、これらの同じ諸事物を空しい被造物として照らし出す観点からすると、もはや成立しない。利害関係そのもの（l'intérêt même）が少しも人間の関心を惹かない（n'intéresse en rien）。人間は利害関係（関心）にもはや興味（関心）を感じない、それというのも空しさは、世界に固有でその内にあるあらゆる差異をどうでもよいもの（関心を惹かないもの、差異のないもの）となすからである。――いまや、われわれが読んでいるテキストはより明瞭な文章構造を示す。とはいえこの構造は、思惟の働きをその現実の諸契機とは逆の順序に従って陳述しているために、意外な印象を与えるものである。われわれはまず第一に、無関心によって利害関係（関心）に対する関心を留保する退屈（根本気分）を指摘する（三節）。次にわれわれは、退屈が全体性に、非‐存在的な、創造〔されたもの〕の状態における全体性に向けて行使されることを確認する（二節末尾）。最後にわれわれは空しさに近づくのだが、その最高度の激化はその支配を世界の諸次元へと拡げるのである（二節冒頭）。終わりから始めたために、われわれは最後になってようやく始まりにけりをつける手段を得たのである。したがってわれわれは次のように問うことができる。空しさが襲うとき、それは実際は何を成し遂げるのか。

かくしてようやく空しさ〔そのもの〕が問題となる。空しさとは何を意味するのか。それはどのような打撃を与えるのか。先に述べたように、退屈はそれが空しさで襲うものを、だからといって無化するわけでも無に還元するわけでもない。だが「コヘレトの言葉」は、まさしく諸事物が消滅するがゆえにそれらを空しいものと見なしているように見えないだろうか。しかし正しく「コヘレトの言葉」は諸事物を、それらが消滅する以前に空しいものと見なしているのだ。ここで「コヘレトの言葉」を「ヨブ記」から分かつものを強調することさえ必要となる。ヨブは彼の財産を失った後に初めて、しかもそれを（不当に）失ったために神に訴える。彼はそれを財産として失ったことを歎いており、この世における完全な幸福を失ったことに苦しんでいる。彼はこの幸福の善性に異議を唱えているのではなく、彼からそれを奪った不正に抗議しているのである。不正に苦しむ前に、彼は失われた財に苦しんでいる。逆にコヘレトは、彼が失い、もしくは空しく欲したであろうものの空しさではなく、彼が所有しているものの空しさを確認するのである。ところで彼は、物質的にも（「私はわが眼に映るあらゆる欲望を満足させた、私はわが心にとってのいかなる快楽も拒まなかった」――「コヘレトの言葉」二・一〇）精神的にも（「私は莫大な量の知恵をもっている」――「コヘレトの言葉」一・一六）賢実な財としてすべてを所有している。彼が空しさの打撃を加えるものは、まさに彼が所有しているものそのもののうちにあり、したがって彼が享受した、そして享受し続けるであろう財のうちにあるのである。彼は財がないことを歎いているのではなく、財が現にあるということそのことにおいて、それに空しさという打撃を加えるのである。空しさは、諸々の財が現前し、全き享受において所有されているまさにその限りにおいて、これらを狙うのだ。まさしく空しさは諸物の現前に向かうのだから、何にせよ存在するものを無に帰せしめることができると確かに言わなくてはならないだろう。空しさは諸物に、それらの現前において、面と向かって、きっぱりと打撃を加えるのであって、不在の、もしくは無に帰せしめられた財に対して働きかけることはできないだろう。退屈のまなざしは空しさによって、永続的に目の前に広がる静かな力における現前そのものに打撃を加える。ヨブが（存在するものと存在しないものの間の、正当なことと不正なこととの間の）差異のうちで動き、苦しみ、語るのに対して、コヘレトは、完全で平穏な所有の、ある意味では限りなくより不気味な陳腐さのなかで思推するのである。そしてこの所有は、沈黙の、見ることも感じることもできない打撃を受けて完全な空しさのうちに崩壊する――あたかも何も存在しないかのように、この所有をその場に残したままにする崩壊によって。なぜなら何も変わらなかったし何も生じなかったのであり、不安の後に「これは何でもなかった」と言われる際の「何もないこと（無）」ですら生じなかったのだから。無ですら、厳密にいって全く何も生じなかった。空しさで襲う打撃は全く何もしないのだから、これについてあまりに心配してはならない（打撃を受けてはならない）。そしてもちろんこの打撃は無を導入してはいない、なぜならそれは存在者と無との間の差異を留保し、あるいは同じことだが、現前する存在者（存在者の現前）と無との等価性をあらわにしているからである。空しさは存在論的差異をどうでもいいものにする。したがってそれは、存在者と等しく無をも乗り越える。それは無に帰せしめはしないし、現前する存在者と関わりをもたないように、無とも関わらない。いまやわれわれは次のことに注意することができる。伝統的に《vanité》（空しさ、空）と訳されている、ヘブライ語の *hèbhèl* という語は、実際は無《néant》と訳すことはできず[16]、むしろ煙や水蒸気、息といったイメージを生じさせる。霧は大気のなかで不動のままでいる限りは、まなざしにとって真の光景となる。建物や動物や樹木と同じように霧は地平を占領し、場合によってはこれを閉ざすほど包み込むまでに至るのである。それは――それが〔それで〕あるところの――実在性として、まなざしに呈示される。しかしこの実在性は、破壊されることも無に帰せしめられることもなくして、しかも風のひと吹きによって消滅することもありうる。消滅する？ 実はこの語は適切ではない、というのも霧を成り立たせているものはいかなる破壊も蒙らないからである。小さな水滴は宙に浮かんで空気のなかに溜まり続けるだろうし、もしくはそれ以外の状態で存続しつづけるであろう。それゆえいかなる実在性も消滅することはなく、ただ実在性のある相のみが、たとえば凝集力、濃度、濃い密度といった、極微の水滴と微細な粒子で空間の閉域をつくりあげていた相だけが消滅するにすぎない。水蒸気、霧、煙は、より強力な激しい別の風が起こればたちどころに――破壊されることなく――消滅する。ある気息は、別の気息に席を譲る。気息とはルアハ（*ruah*）であり、したがって精神である(三)。精神が息吹くとき、ある気息が消散する。精神はすべての実在性を解体して宙吊り状態にし、精神に先立っては正しい資格で一つの実在性として現われていたあらゆる宙吊り状態（留保）を一掃する。「空しさ」はそれゆえ、存在するすべてのものが強いひと吹きの気息のもとに霧のように四散することが可能である限りにおいてのみ、何であれ存在するものを定義することができるのである。しかしいっさいがまさにこのように消散しうるのだろうか、そしていかなる精神がこのように気息を吹きかけることができるのだろうか。「人は気息（*hèbhèl*）のようなもので、その日々は消滅する影のようなものだ」（「詩篇」一四四・四）と「詩篇」の作者はすでに述べていた。あまりにも激しい精神のもとでは、人の生きる日々も草木の若芽が飛び散るように、あるいは風が嵐になったならば樹木や家屋でさえ飛び散るように、四散する。したがって、精神の気息がより激しく吹けば吹くほど、存在者はますますそれ自身の影となって飛び散り、その永続的な存続を四散させるのだということを認めねばならない。人間は、したがってまた人間の業のすべてでも、息吹く精神の激しさの前では、死することも無に帰することもなくして、単にもはや立ちゆかなくなる――精神の気息を吹きかけられて、人間は、あたかもいかなる重み（*kabhod*「栄光」）もないかのように運び去られるのである。人間は重みを持たない。精神の息吹きのもとでは、彼はこなごなに飛び散り、四散し、解体する。「詩篇」の作者は次のように宣言する。「ひと吹きの息（*hèbhèl*）にほかならず、立てるいかなる人間も。影にほかならず、歩く人間は。ひと吹きの息（*hébhèl*）にほかならず、彼が蓄積するもろもろの富は。そして彼は誰が将来それらを集めておのれのものとなすかを知らず。（……）。ひと吹きの息（*hébhèl*）にほかならず、すべての人間は」（「詩篇」三九・六―七と一二）。ここでもまた、いっさいはいかなる重みもない、吹きかけられたひと吹きの息となるか、もしくはそうなりうる。人間の所産（その労働）も人間自身と同様、「軽い空気、蒸気」（聖ヒエロニムス）(17)のように消散する。人間は強風のもとでは立ち続けられず、人間は精神に耐えきれない。人間の現存は外から彼のもとにやってくる流れのなかで宙吊りにされてただよう。「あなた方は実は暫しの間現われて、やがて消え去る息吹きにすぎない」（「ヤコブ書」四・一四）(18)。人間は彼を起き上がらせたり横たわらせたり、留まらせたり運び去ったりするある気息のリズムに合わせて、現われては消え去り、現前のうちに入ったりそこから出ていったりするのである。人間の「空しさ」はこのような交替によるものではない（この場合には有限者の単なる偶然性しか問題にならない）。人間の「空しさ」はまた、こうした交替を引き起こす気息の根本的な外部性によるものでもない（この場合には支配しか問題になりえないであろう）。かの「空しさ」は、絶対的に外的な交替が、破壊するのでも無に帰せしめるのでもなく、ただ消散させ、解きほぐし、解体するということ、このことによるのである。精神は造り、解体し、人間はそれを解体する気息に運び去られる。あるいは彼が〔運び去られずに〕留まる場合には、彼はこれを、やはり他所からやってくる、したがって同様に見知らぬある静かな来訪者のおかげだと知るのである。

4　あたかも……かのように

空しさの打撃を加えることは、したがって、未決定状態に置く（宙吊りにする）こと、（いかなることに関しても）問題を未決のままに留保することに帰着する。精神がすべてのものを崩壊するにまかせるということではない。なぜなら、逆に精神はすべてのものを引き上げ、休息させるのだから。しかし未決定そのものがすべてのものに失効の刻印を押す——いっさいが失効するのである。[19]すべてが消滅ないし崩壊するというのではなくて、すべてが崩壊し消滅しうるということである。この大いなる傾向は、最後の決定的瞬間に要約されるものではない。それは、現前する永続性の各瞬間と〔それを織りなす〕一本一本の繊維とを充たすのである。崩壊する可能性は失効したものそのものを貫き、とりわけそれが崩壊しないときにこれを貫く。失効したものが失効したものとして現われるのは、それが崩壊することも場合によっては可能であり、またいつかは崩壊するはずであるのに、今はまだ崩壊していないという、まさにそのゆえなのである。その現前する永続性は、その廃棄によって充たされている。すなわち、崩壊しないでいるということは実際、崩壊することが可能である（そしてそうなるはずである）限りで、未決定（留保）状態をあらわにするべく申し出るのである。つまり、物がその消滅に抵抗するのは、消滅する可能性そのものが物を定義するということをよりはっきりと示すためでしかない。存続しているという事実は消滅の可能性に反するものではなく、ただ消滅の現実性に反するにすぎない。失効していることもまた——さしあたり——存在するものの相貌の上に示されており——一時《いっとき》の間——存続するものに未決定（留保）の刻印を押す。存続するものは直ちに存続しないものとなり、存立するものは同時に解体するものでもあって、全てか無か、その間に差異はない。この無関心（差異のなさ）は、「あたかも……であるかのように ὡς[20]」という標識によって、未決定状態（留保）の二つの面を厳格に等価なものとする。「兄弟たちよ、私は諸君に言おう。時（*kairos*）は迫っている。それでもやはり（*to loipon*）妻を持てる者はあたかも持たないかのように、泣く者はあたかも泣かないかのように、楽しむ者はあたかも楽しまないかのように、購う者はあたかも持たざるかのように、そして世界を用いる者はあたかも用いないかのように、振る舞うべきであることに変りはない。なぜならこの世界の有様は過ぎ去るものだからである」（「コリント前書」七・二九―三一）。空しさに打たれたがゆえに失効したものとなった存在するものは、あたかも存在しないかのようにある。それが存在しなかったりもはや存在しないのではなく、存在するかしないかがどうでもよいように思われるからである。存在するかしないか、それが問題なのではない。存在するかしないかのいずれかを選ぶ必要はない。まさしく両項の間の差異を空しさが解体してしまうからである。「世界の有様」が過ぎ去るのは、ただ単に、また第一に世界の終末の破局が近づきつつあるという理由によるばかりではない。それというのも、この終局が無に帰することとしてより、むしろ根本的な変容（「コリント前書」一五・五二）として成就するということに加えて、まず第一に「世界」がある成就を認めて受け入れることができるような新たな有様をとる限りにおいてのみ、終局は出来《しゅったい》しうるからである。それはどのような有様だろうか。われわれはすでにこれに出会っている。それは世界を「創造〔されたもの〕」たらしめ、世界を（自己によって）充たされた（自己への）現前で保証された自存性としてではなく、時間と空間の外に世界を越えてゆくものに宙吊りにされた未決定（宙吊り）状態として見るのである。

なぜなら、空しさが「世界の有様」に打撃を加えるのは、それをその外へと連れ去り、それを当惑させ、途方に暮れさせるある極との比較によってのことでしかないからである。「われわれもまた実際は、天も地も海も、この小さな圏域に属するすべての事物は、それ自体では非常によいものだと言うことができる。しかしひとたび神と比較されるや、それらは無のようなもの（*sed ad Deum comparata esse pro nihilo*）……空しさの中の空しさであり、いっさいは空である」（聖ヒエロニムス）[21]。なぜならば、とヒエロニムスは続ける、夜なかに輝く小さな光は、そこに確かに可能的かつ現実的な可視性の全体を解き放つからである。誰も、それがわれわれに光というものを与えることを疑いはしまい。しかしその光が照明するのは断じて日の出までにしかないのであり、太陽の輝きが最初の光源をまさに見えないものにしてしまう。太陽はランプを消しはせず、それを隠すわけでものみ込んでしまうわけでもない。太陽はただ単にこの光を無効にするだけである。しかも、日の出によって太陽は最初の光をその職から解任するのだが、それは闇と光との闘争ではなく、光が光をゆっくりと転覆することによっておこなわれるのである。最初の光は、破壊されることなく、夜が勝利することもなく、消えることさえなしに姿を消すのである。それは姿を消すのですらない――それは空しさを蒙るのである。このように世界が空しさを蒙るのも、別の太陽との比較によってでしかない。その別の太陽とは、世界の絶対的な外部の東方から世界を照らして占拠する、そして世界の上に昇るまさにその時に、それでも容認できず、また思惟しえない特権によって世界の外に留まる「メランコリーの黒い太陽」である。世界の外部を現われさせるがゆえに他所から世界に到来するあるまなざしが世界の上に昇る。世界は、それ自身の眼でもってしては、おのれのいかなる外部も、限界も、失効も知ることはない。世界の外部が現われるのは、表が裏返されて裏面を生じさせる場合、世界が外部に向かって裏返される場合に限られる。いったい何が世界をこのように裏返しうるのだろうか。それは空しさの打撃を世界に加えるまなざしだけである。なぜならこのまなざしは、外部の者として世界に向けられるからである。それは、世界を奇妙なもの、攪乱されたもの、世界自身に対して異他的なものたらしめる外部のまなざしである。この退屈のまなざし、世界はこれをもはや超えてはゆかない（もはや乗り越えず、激化させない）、逆に、今後はこのまなざしが世界を超えてゆくことができるのであり――世界をその断絶の限界にまで連れてゆき、これを超えることができるのである。退屈のまなざしがこのように世界を超えるのは、世界を別の極――神からして見て取ることによってでしかない。世界がそのまなざしとは別のまなざしによって、人間には実行不可能な神のまなざしのもとに見て取られる——見据えられる——や否や、空しさが世界を襲うのである。このまなざしと世界との間には距離が、分離するとともに統合する隔たりが、その第一の項が理解できるのは第二の項の理解不可能性のみであるような隔たり、したがって、理解されたり還元されたりするよりも、むしろ踏破され、住まわれるべく呈示される隔たりが創られる。それゆえ、コヘレトが「あらゆるもの」に退屈のまなざしを向けてそこに空しさの打撃を受けた世界を発見するとき、彼は世界の観点からではなく、世界の外部の——世界と神との間の視点から見ているのである。彼はもちろん、神が見るように世界を見るのではないが、神によって見られるように——すなわち他の光に浸され、外部によって麻痺させられ、他の気息に宙吊りにされたものとして世界を見るのである。それは要するに距離における世界である。——空しさは世界を、世界が距離のうちに入ることによってのみ襲うというこの確認から、三つの派生的命題を構想することができる。(a)もし空しさが世界の身分を、他所から来るまなざしに服せしめることによって危険にさらすならば、宙吊り(未決定)状態に置くことは、ただ単にいくつかの存在者に(それらを破壊することとして、もしくは偶然として)関わりうるだけではない。それは定義からして、全世界、全体としての世界、世界の全体に打撃を加えるのである。われわれは明確に次のように言うことすらできる。世界をはみ出す別のまなざしの外在性を拒むものはすべて、(たとえ否定するためにすぎないにせよ、距離を認めることによって)このまなざしを認めると同時に(このまなざしの前で消えゆくのを拒むことによって)これを認めないのである。距離から逃れることもできずにこの距離に対して目をふさぐことが偶像崇拝の特徴をなすのだが、この偶像崇拝が完全に認められるようになるのは、別のまなざしが、単にそれを貫くというだけですでに偶像崇拝を当惑させる時だけである。空しさはまず第一に偶像の、そして諸々の偶像のうちの最初のもの——讃美することを拒む思惟の空しさとなる。すなわち、世界はいくつかの条件のもとではその外部（見えない、踏破さるべき距離）を垣間見ることができようが、世界がおのれ自身を超えるこの超過を成就しないならば、世界の諸思惟はたちまち空しさに襲われて消えうせる。これは聖パウロがきわめて正確に次のように表現していることである。「神のもろもろの見えない物ごとは、世界創造以来［そして創造ゆえに］、高みから見るなら［なされた業としての］もろもろの業のなかに精神の様態で見られるし、神の永遠の力やその神性も同様である。したがって人間たちは自らを弁護することはできない。それというのも、神を知りながら、彼らは神を神として讃美せず、神に感謝もせず、逆に［その結果］彼らは彼らの思惟のうちに雲散霧消し、彼らの愚かな心はいよいよ暗くなるからである。賢者であると自称しつつ彼らは愚者となった――半狂乱になったのだ」（「ロマ書」一・二〇―二二）。われわれが「雲散霧消し」と訳すもの、聖ヒエロニムスによって選ばれたラテン語の *evanuerunt* は、正確に *hèbhel* の翻訳である。つまり、あまりにも強い精神の息吹きのもとで、煙のように飛び散り消えうせるということである。聖書原文のギリシャ語 *èmataiòthèsan* は、*hèbhel* に相当する（七十人訳における）聖書ギリシャ語の別の語 *mataios* に直接対応する。したがってわれわれはまた、「空しさと無効になった取るに足らなさの打撃を蒙った」と矛盾なく訳すこともできよう。人びとの狂乱はしたがって、日常的でありかつ耐えがたい次のような状況に由来する。つまり彼らの諸々の思惟が、彼らを被造物と見、そして、おのれを創造者として認めさせ――神として讃美させるべく現われる神の見えないまなざしによって見て取られているという状況からである。この無言の命令に「世界を用いないかのようにして用いることによって」答えるかわりに、人びとは、自分と同じ数だけの見えない鏡に映されて自己自身へと撓《たわ》められた偶像崇拝的な諸思惟によって、そこで世界が創造〔されたもの〕として働く距離を、否認するのである。創造〔されたもの〕はそれ自体としては認められず、直ちに空しさに襲われ、諸思惟は半狂乱に襲われる。この身分——知られてはいるが認知されない距離、未決定（留保）——は、何であれすべてに無効の、したがって偶像崇拝の刻印を押す。たとえば、「諸々の考え」（「エペソ書」四・一七—一八）、「諸々の探究 *zētēseis*」（「テトス書」三・九）、「賢者たちの諸思想」（「コリント前書」三・二〇）、そして *pietas*（敬虔）（「ヤコブ書」一・二六）として理解された「宗教」さえもが〔その対象となる〕。諸々の思惟が距離を距離として認めないがために狂わされるや否や、空しさがすべて——世界——を襲う。狂乱は、ある意味では狂気（疎外）のうちにではなく、他者を拒否することにある。世界はその外部から疎外され、距離から疎外される。それはおのれの孤立を要求するがゆえに空しさを蒙るのである。——(b)空しさは世界が距離のうちに入ることによって初めて世界を襲うということは、世界がそれだけでは——距離を距離として認める（神を神として賛美する）ことはあるかもしれないが——おのれ自身の空しさを垣間見ることはできないということを意味している。「栄華を求めることが愚かしいと言うことが奇異にして意外なことであるほどにまで、世界の空しさというかくも明白なことが知られていないということ、これこそ驚嘆すべきことである」（パスカル）[22]。いや、そうではない！ もしも空しさが距離においてのみ世界に打撃を与えるのだとしたら、空しさが世界を襲うのは、定義上、世界が世界としては生み出すことも、気づくことさえもできないような唯一の観点からでしかないのだ。定義からして、世界の自己自身への尊大な閉鎖は、距離への接近だけでなく、自己自身の空しさへの予感そのものへの接近をもおのれに禁ずる。その結果、きわめて漠然とした予感によってであれ、世界の光を眩ませる「メランコリーの黒い太陽」を感知することはすでに、世界を逸脱し、超過を粗描し、距離の輪郭を描くことになる。ここから一つの問いが生ずる——われわれは「コヘレトの言葉」を読んで、空しさ——世界が全体として別のまなざしのもとで無効になるということ——を単に理解することの困難にぶつかっていると思っていた。ところが、「コヘレトの言葉」の、そしてそれが示している理論的契機の賭金は、それを越えていることもありうる。すなわち空しさには、その極の一つを通じて距離を垣間見ることがすでに含まれているので、距離への接近を可能にするのである。一つの指標が直ちにこれを確証する。世界を無効性によって印しづける「空しさの中の空しさ（空の空）。すべて - 空しい」という最も重要な警句は、「……そして神はこれをよい［ものである］と見給うた」[23]という、時の初めにあたって被造物について表明された創造者の言葉を逆転させ、裏返しにするものである。同じ距離が同じ世界を、まなざしが距離に一方の極から気づくか、他方の極から気づくかに従って、空しいものとして示したり、「よいもの」として示したりするのである。世界から出発して、世界を距離の超過へと開く暈《かさ》において見るならば、すべては空しさに襲われたものとして現われる。距離の極限における神の近づきがたい観点からするならば、同じ世界が、それにふさわしい尊厳を与える恵みを受けることができるのである。――(c) このような両義性によって、コヘレトがそこから語り、われわれをそこへと導く状況を明らかにすることができる。つまり、コヘレトが世界を空しさの息吹に宙吊りにされた未決定状態において見るのは、彼自身が耐えがたい宙吊り（未決定）状態のなかに身を置く限りでしかない。世界は、それが存在していて退屈のまなざしに捉えられるならば空しさを蒙ることになるが、それも退屈のまなざしが真に距離を踏破することなくしてこれに近づくからである。しかしコヘレト――したがってわれわれ――だけが退屈を体験する。というのも彼は自らの力不足に応じてのみ距離を体験するからである。距離を踏破することができるようなもう一つのまなざし――神のまなざし――にとっては、退屈はもはや介入しない。愛することのできるまなざしはもはや空しさの打撃を加えるのではなく、「善意」を引き起こす。空しさが世界を失格させるのは、愛《シャリテ》を遂行することなく退屈によって距離に近づくまなざしにとってだけでしかない。空しさは、〈存在〉／存在者を越えてゆきながらも、まだ愛《シャリテ》に近づくことのないまなざしから生ずる。このまなざしは、〈存在〉／存在者の彼方にある世界を発見するが、この世界が――神によって――愛されているのを見ないのだ。コヘレトのまなざし――われわれのまなざし――は距離を踏破することなく距離のなかに入り、愛《シャリテ》で世界を掩うことをせずに空しさで世界に打撃を加えるのである。空しさは人間の退屈から由来するのであって、神の退屈からではない。なぜなら神は愛するからであり、そして愛《シャリテ》のまなざしからはまなざされたものの「善意」が帰結するからである。退屈が示しているのは、〈存在〉／存在者の彼方にはあるが愛《シャリテ》の手前にある人間のまなざしの未決定（宙吊り）のみであり、それはちょうど、空しさが世界を愛《シャリテ》において回復させることなくその存在において失格させるのと同様である。コヘレトは、世界に向けられた人間以上のまなざしには達しているが、まだ神のまなざしには達していない。コヘレトは、愛《シャリテ》が存在するものの請願となり、存在するものがおのれを超え出るような場に入るが、それでもそこで愛《シャリテ》に向かっているわけではない。不在の愛《アムール》の空しき褥として、世界は退屈のまなざしに悲嘆にくれたものと映るが、このまなざしの愛《シャリテ》に対する無力は世界に空しさ――愛《シャリテ》のこの裏側――をしか注ぐことができない。〈存在〉と愛《シャリテ》との間のこの場は、メランコリーと名づけられる。

5　メランコリア

メランコリー、あるいはデューラー(24)の著名な版画の題名にこだわるならば、むしろメランコリア。これを見てみよう（まなざそう）。これをまなざそう、というのもこの版画はまなざすのであり、まなざしのうちにこそその本質があるとすらいえるのだから。重々しい、腰かけたひとりの男が、頭部を左手で支えて見つめている。その翼が示しているように、人間ではなく天使だ。それでもやはり人間であることを次のような他の諸特徴が要求している。人間の有限性が、彼の帯についた財布をふくらます貨幣に、詩人のように彼の額をとりまく葉叢の冠に、そして思わしげでくぎづけになった彼の頭の真上に位置する砂時計の示す時間に、窺われる。天使でも人間でもない――われわれは彼を理解しうるだろうか。テスト氏の姿に想いを馳せ、偶像とイコンとの間にあって何も見ることなくしてすべてをまなざし、すべてを知っていながら何ものにおいても自己を認めず、自己自身の不在以外のいかなるものも認めない、ここに例証されているまなざしの可能性をわれわれが考えるならば、おそらく彼を理解することができよう。というのも、メランコリーのまなざしのもとでは、いったいいかなる光景が見えるのだろうか。見えるもの全体である。デューラーは、水や山や都市や森からなる壮麗な景観を地平のうちに見せている。ある生きた存在者が、これらの生きていない諸存在者と対称をなしている。見事な犬が前景にまどろんでいるのだ。これらの光景はしかし、メランコリーのまなざしを捉えはしない。このまなざしは明らかに、その最初の見えるものとしてこれらの光景で止まることはない。しかしデューラーは、なおそれ以上見るようにまなざしに示唆している。人間のあらゆる工《たくみ》が、指物師や石工や農民（挽臼）などのさまざまな道具とともにまなざしに提供されているのだ。そしてさらに、正義、時間、数字、幾何学図形、さらには――右手が持っているコンパスによって――知的な尺度や秩序にいたるまでも。メランコリーのまなざしはそこに止まりもしないし、それらをめざしてもいない。最後に、感性的なもの、技術、学問、要するに有限的領域の彼方にあって、有限者を逸脱するように誘《いざな》うものがある。それは、まさしくコンパスの頂点と天に向かって勢いよく伸びる梯子の間に置かれた（これは正真正銘の）天使の小さな、しかし中心的な形姿である。梯子、天使――おそらく聖なる梯子を登り降りする天使は、諸事物と世界の諸段階を秩序づけて、それからの逸脱を（可能にするのではないにしても）約束するにいたる梯子の下に位置している。メランコリーのまなざしは天使の梯子、その梯子を登る天使に向けられるのであろうか。これすら、このまなざしを引き止めておくのに十分ではない。しかしながらこのまなざし、その執拗な重みがまるで有無をいわさぬ圧倒的な重心から発するようにして版画を穿つこのまなざしは、何をまなざしているのだろうか。というのもこのまなざしは——諸物も諸動物も諸々の学芸技術もまなざすことなく——まなざしているからである。それはまた、目に見える合理的な光景を天空の方向に向かって逸脱しているのでもない。その狙いはいったいどこに据えられているのか。それが版画の彼方を、たとえばこの版画を見る観客そのものを見つめていると想像することはできるだろうか。明らかに否である。しかしこの新しい問いによって、われわれは正しい答えに近づく。メランコリーのまなざしは、版画の枠内にあるいかなる存在者にも向かっていないのだから、その外に出ることになる。いかなる方向に向かってか。上方（諸天、諸天使、神的なもの）でもなく、画面の手前（われわれ、版画をまなざす者）でもなく、版画の左側に向かってである。ところでこの左側に開かれる方向では、そのうえ、さまざまな形態の消失線が版画の外に向かって収束する。これを〔版画に描かれた〕虹が確証している。すなわち版画の枠によって切り取られた虹の部分が、厳密に枠の外への延長を呼び求めている。版画はその構成そのものによってそれ自身の外へと——それが含んでいない消失点のほうへと送り返すのだ。そしてメランコリーが見つめているのはまさにこの不在の消失点——逃亡（消失）の不在、逃亡の逃亡（消失の消失）にほかならない。メランコリーは、それをふさぎ、充たす諸存在者を、単に消失点を見つめることによって、空しさで襲うのだ——この消失点は、それ自身は決して現われることなくして諸存在者の可視性を構成する奇妙な審級であり、この審級は、デューラーが意図的にしっかりとその枠を定める版画の外に位置することによって再び見えるものを逃れるのである。ここに現前する諸存在者——実際はそれらの全体性とそれらのあらゆる段階——の配置も実体も諸本質も、メランコリーが乱すことはない。メランコリーはそこでは何にも触れはしない。というよりも、メランコリーは現前する諸存在者には止《とど》まらないのだから、それらには何ら関心をもっていない。そのまなざしは諸存在者を貫いて、それらの完全に外部にあるあの点にひたすら向かうのだが、この点は諸存在者の外部にありながらもそれらの眼に見える表象を支配しており、それらに二重の意味で欠如している——それは存在者ではない消失点であり、しかもここでは版画の枠を逃れているのだ。メランコリーのまなざしは諸存在者を、それによってそれらが存在しないものにおいて見る。それらの消失点の消失によって、それらは存在しないものとしてメランコリーのまなざしに現われるのである。諸存在者はこのまなざしには、版画を作りあげている重い静けさにもかかわらず、空しさにつかまえられたものとして現われる。この空しさとは、版画上部の左隅のすき間（éclaircie）が空虚としてはまさしく示しておらず、この空虚そのものを越えてゆくもの、消失の消失（逃亡の逃亡）なのである。版画は、そこに描かれた諸存在者がそれらの消失点に向かってゆく感知されぬような逃亡（消失）から逃亡（消失）する。世界は、そのあらゆる存在者を通じて、空しさから逃れる（漏れる）。存在者が退屈を滲み出させるように、世界は空しさから漏れ出す（逃れる）のである。メランコリー、黒い太陽——しかしデューラーは、昼間のようにまだ明るい太陽を昇らせたとしても、「メランコリア」と書かれた布を蝙蝠《こうもり》によって高く掲げさせてはいないだろうか。黒い、半ば天使的なまなざしを表すものとしての、夜の、半ば鳥のような蝙蝠によって。

メランコリーは空しさによって打撃を加え、まなざしが見るものを軌道から逸脱させるにつれて進展する。いったい何がメランコリーの進行を制限することができようか。メランコリーが愛《アガペー》（*agapè*）による存在（*ousia*）の狂乱を引き継ぐならば、それが分かち与える空しさもまた、この同じ愛と特権的な関係を持つとわれわれは推定することができる。——その最初の確証は、新約聖書のいくつかのテキストから得られるであろう。空しさはそこでは、愛《アガペー》をそれに対立するものとしてしばしば認めている。「この命令の目標は純なる心、善き良心、率直な信仰から生ずる愛《アガペー》である。——この目標への道からそれたために、ある人びとは空しい言葉 *eis mataiologian*——愚かな（狂った）ロゴスに迷い込んだ」（「テモテ前書」一・五—六）。ロゴスは、ただ愛《アガペー》だけに導かれるのでない場合には、空しさの打撃を受けて狂う。空しさが神そのものとも（「使徒行伝」一四・一五）、あるいは復活せるキリストとも対立するときには（「コリント前書」一五・一七）、それらが共に愛《アガペー》として同定されていることの確認をそこに見て取らねばならない（「ヨハネ第一書」四・八・一六に従って）。これによって、空しさが偶像崇拝とも合致しうることが理解される。実際、いずれも愛《アガペー》としての神という同じ一つの対立物を認めているのである。——このことを、もう一つの証拠が裏づけにやってくる。悪しきことを前にしてではなくまさしく善きことを前にして悲しみ、その遂行を妨げる結果となる精神的悲哀（*taedium operandi* 遂行への憎悪、不快感）を研究するに際して、聖トマスは、砂漠の教父たちの *akédia*（無感覚、無頓着、怠惰）に呼応して *accidia*（怠惰、物ぐさ）について語っている。ところで彼は、結局は愛《シャリテ》にこれを対立させるために、空しさのいくつかの特徴をそれに与えている。つまり「それぞれの美徳の行為のなかに見られる精神的善についてわれわれが悲しむ所以となるこの悲哀は、とりわけ特殊な悪徳に関するものではなくて、すべての悪徳に関わる。しかし神的な善について悲しむこと——愛《シャリテ》は［逆に］これを歓んで享受する（*de quo charitas gaudet* 愛《カリタス》はそれを歓ぶ）のだが——これは *accidia*（怠惰、物ぐさ）という名をもつ特別の悪徳に関わるのである」(25)。単に精神的な善のみならず、まさに神的な善をも拒む悲哀は、それに反対するためにほかならぬ愛《シャリテ》そのものを襲うのである。精神的な者を善からそれさせる超自然的な退屈は、したがって彼を愛《シャリテ》から奪い去るのだが、逆に愛《シャリテ》のみが彼をその善——愛《シャリテ》自身へと戻らせることができるのだ。——空しさと愛《アガペー》との関係の、よりありふれた究極の確証を導入することがついに可能となる。われわれは実際、時として、空しさが愛《アムール》と正比例して増大することを体験することができる。極端な、かつ相互的な愛――見かけほど非現実的なものではない――を仮定しよう。私は愛し、またそのお返しに愛されていると感じており、いずれの場合もそれにふさわしい過剰をすべて伴っている。二つの極は、互いの相手方だけでなく彼らの環境全体をも極化させる関係において定義される。極限の場合には、極化が一つの世界を、すなわちそこにおいては各項が自己自身に対して、自己自身によっておのれを規定するのではなく、二つの極へのその関係によって、そしてそれらが相互に引きつけあう力が世界に及ぼす引力へのその関係によっておのれを規定するといった一つの世界を定義することになるであろう。このような状況は少なくとも二つのヴァリエーションを許容する。――第一のヴァリエーションは次のようなものである。愛する私に私の愛するものが欠けた場合、それゆえ相互的な極化が、たとえ一瞬の間でも、取るに足りない動機のためでも中断（宙吊りに）された場合、すぐさま全体的に、ほかならぬ世界全体が空しさに襲われたものとしてあらわになる。極化する関係の分断は、その二つの項のみならず、とりわけその他のあらゆる諸項をも中断（宙吊りに）する。少なくとも愛する者にとっては、愛の中断（宙吊り）は、愛そのものが影響を及ぼしていないものにも作用する。愛する者は、彼の愛する者の不在を通してしか世界を見ないのであり、そして彼にとって際限のないこの不在は世界全体へと逆流する。ただひとりが欠けるだけで、全体が空しさのうちに沈むのである。それというのも世界は、愛される者とは反対に、消滅しなかったからである。それは今、ここに現前し続けている。愛される者の消失は少しも世界を消滅させはしない。しかしこの消失は世界の現われを空しさで襲うのである。愛される者がもはや存在せず、この者が存在者の名で語られえないのなら――存在者一般（世界）が存在することになおいかなる驚異が見出されようか。愛される者の消失は二重の明証性を生じさせる。世界が存在することはそれ自体ではいかなる驚異も示してはいないことと、愛される者は存在する限りで愛されるのではないということである。その証拠には、存在する世界は、存在するからといっていっそう愛すべきものとなるわけではなく、むしろその逆であり、もはや存在していない愛される者は、だからといって愛されるべきものでなくなるわけではなく――その逆である。存在するものは、もしそれが愛を受けなければ存在しないものとしてであり、他方存在しないものは、愛がそれを極化すればあたかも存在するがごとくにある。すなわち存在論的差異に従う規定に対する無関心が再び現われるわけだが、かつては神的な愛《アガペー》の言い分として現われたように、ここでは愛《アムール》の言い分として現われるのである。極化の両極のうちの一つが欠如するがゆえに空しさが世界そのものを襲うというこの状況において、存在するすべてのもの（その全体性における存在者）を、存在しないもの（不在の愛される者）のために犠牲にするという不条理以上に理にかなったものはない。この不条理は実は、愛する者にとっては愛する者と愛される者を愛《アムール》について何も知らぬものと交換することとしか問題になっていないのに、存在者を非‐存在者のために犠牲にすることが問題であるかのように考える存在論的錯覚に由来しているのである。存在するが愛を全く欠いた世界を、存在しないが愛に属しているものの代わりに与えること、これ以上に理にかなった、有利でさえあることはない。そしておそらくパスカルの言う賭けも――最初の二つの秩序に対する第三の秩序の異質性からして――以上のように理解されねばならないだろう。この第一のヴァリエーションは、しかしながら次のような反論にさらされる。つまり、空しさが存在するものに打撃を加えるのは、愛されるものという他の極が存在しない限りにおいてでしかない。存在するいっさいのものが空しさから解き放たれるためには、愛されるものが存在するだけで十分であろう。したがって空しさが注ぎ込まれるのは、愛される者の愛の欠如によるというよりむしろ、より単純に、愛される者の今ここでの現前の欠如によるのである。空しさは実際、存在者の存在者性に従属するのであって、愛に従属するのではない。

さて、この反論を吟味するために、第二のヴァリエーションに訴えることにしよう。（互いに）愛する者たちの間の極化がその完全で恒常的な相互性にいたる場合、世界に関しては何が生じるのか。反論によれば、空しさが世界を襲うのは愛される者の不在の結果でしかなかった。つまり空しさは存在的不在の結果なのであった。ここにはいかなる存在的不在もない。愛《アムール》の二つの極は今ここにある。世界の残余の部分に関しては何が生じるのか。実際、それもまた同じように空しさの打撃を蒙っている。それ自身において、それが存在するという単なる事実によって、世界の残余の部分は空しさを蒙っているのである。なるほど、ある美しい光景はその固有の魅力によって愛のある瞬間を維持するだろう。ある絵画のある輝きや、ある音楽のある瞬間や、衣服や住まいのある典雅さにしても同様である。しかし、それらの魅力は〔愛の瞬間を〕縁取っているだけである。仮にいかなる愛もそれらをその場限りの宝石箱としなかったとすれば、それらの壮麗さが取り集められても、愛《アムール》のわずかの運動も生じさせることは決してできなかったであろう。外見上は、それらの本質内在的な美がそれらを空しさから免れさせているように見える。〔しかし〕実際にはそれらは、それらが着飾らせている愛《アムール》が——一時《いっとき》の間、純粋の好意から——それらを身にまとうことに同意する、厳密にその限りでしか空しさを免れることはないのである。ヴェニスが美しくなるのはそこで人びとが愛しあうからでしかないのであって、見かけに反してその逆ではない。さらに、クリシーはミラー以来、ヴェニスに匹敵するものとなっている。石や風景の美しさはまだ真理の、したがって存在者性の管轄に属している——愛《アムール》を前にしては、この美しさも空しさの重い打撃を受けるか、あるいは連想の純粋な恵みによってのみそれを免れるかである。愛《アムール》は世界を、その様々な美点には全く無頓着に、空しさ——世界にとっては外的な空しさ——で襲う。全く同様に、愛は、その測り知れない戯れに存在者のうちの最も取るに足らないものを〔連想によって〕結びつけるのに応じて、いくつかの存在者に、これもまた同様に外的な恵みによって触れる。たとえば歩みにつれて過ぎ去りゆく舗石、幼児の橇、思いついた固有名など、どんな存在者でも構わないが、ただそれが、いかなる場合でもそれにとって異他的であり続けるある愛に結びついていさえすればよいのである。空しさは、愛がわれわれには与り知ることのできないその論理に〔連想によって〕結びつけるものも、この同じ愛が排除するものも同様に覆い尽くす。差異は存在者と非‐存在者の間に引かれるのではないし、また愛の極化が互いに結びつけようとする者たちとそれ以外の者たちとの間に引かれるのでもない。差異は愛そのものと世界――存在者――、それのみとの間に引かれるのである。愛につき従い、その影のようにこれを裏打ちする空しさは、すべてが愛《アガペー》のもとにまとめられてしまわない限りは、このどうでもよい（無関心な、差異のない）差異を示すこと以外の役割を持つものではない。

ひとり愛《アムール》だけが存在する必要がない。そして神は存在なしに（神であることなしに）愛するのである。

第五章　神学の聖体拝領的な場から／について

神学が真に神学的なその身分に近づくことができるのは、それがあらゆる神学から絶えずおのれを解き放つ場合のみである。あるいはまた、神学が神について、というよりも、感性的なものであれ概念的なものであれいっさいの神の偶像を抹消し削除するかの神について語ると主張する場合のみ、したがって神学が神について語ると主張し、「神」のみ「が神について正しく語る」[1]という公理に従って、このについて（*de*）が議論《ディスクール》の目標（objectif）（私は対象 *objet* とはいわない、神は、とりわけ神学にとって、品のよい瀆神でもなければ対象としては決して役立ちえないからである）としてと同様その起源として理解される場合のみ、そして最後に、同時に語りかつ語られる、厳密に理解不可能なこの神が〈御言〉として、放棄された（abandonnée）肉の沈黙の直接性にいたるまで与えられた〈御言〉としておのれを与える場合のみである。——その場合、この神学よりも慎ましい何ものも、この神学のなかでの神（*theos*）の反響におのれの論理をさらすことはないのである。

1 ［おのれをして］語るにまかせる

実のところ、神学――キリスト教神学は、何を語るのか。なぜなら、キリスト教神学を他のあらゆる神学から区別するものは結局、（いかに決定的なものと思われようと）意味の特異性にもとづくのではなく、まさしく、この卓越した特異性を権威づけるもの、すなわち意味とその表明、およびその指示対象にしつらえられた状況そのものにもとづくからである。キリスト教神学はキリストについて語る。ところでキリストは自らを〈御言〉として語る。彼は神について神によって吹き込まれた言葉を語るのではなく、自らにおいて、表明する語り手（預言者もしくは書記）と記号（言葉もしくはテキスト）との間の隔たりを廃棄するのである。彼はこの最初の隔たりを、われわれ人間においてはより根本的な第二の隔たり、すなわち記号と指示対象との間の隔たりを廃棄することによってのみ廃棄するのである。要するにキリストは言葉を語るのではなく、おのれを〈御言〉として語るのである。彼はおのれを――〈御言〉！・として語る。〈御言〉であるのは、彼は完全におのれを語りつくすからである。言語の人間的経験が決定的に分離させている記号、語り手、指示対象が、彼においては合致している――というよりも一体になっている（communient）――ために、あるいは示唆に富んでいたり、あるいは信用を落としたりするわれわれの分裂した言葉（verbes）とは反対に、彼はおのれを大文字で〈御言〉(le Verbe）と語るに値するのである。彼がおのれを〈御言〉として語る、と言うことが、われわれがどもっているということをすでに暴露している。なぜならこの「彼はおのれを語る」ということはすでに――〈御言〉を――意味している（言わん、語らんとしている）からである。彼はおのれを語るのであり、それ以外の何ごとも語らない。なぜなら、この、言われたことを言うこと、言う‐言われたこと(le dit-disant)によって言われているがゆえにすぐれて言われたこのことを言うことのほかに、言われるべき他の何ものも残っていないからである。それは要するに le dict du Dit(〔神の〕〈言〉が言われること)である。彼がおのれを言い、そしてすべては言われる。すなわち、「〈御言〉はわれらの間にお宿をお打ち建てになった」(「ヨハネ伝」一・一四)という言表を語ることによって遂行するこの言葉のうちで、すべては成就する。なぜなら、彼はここでは[おのれを]言うよりほかになすべきことは何もないからである。彼がただ[おのれを]言いさえすれば、すべては成就する。彼が[おのれを]言うならば、すべてが言われるのである。彼は為すためには[おのれを]言いさえすればよいのだ。というよりも、すべてを言うために彼は何も言う必要さえないのだ。それというのも彼は le dict(言われること)を言うことによってこれを体現(受肉)するからである。つまり、言われるや否や、たちまち為されるのだ。そしてそれゆえ、〈御言〉、〈言われたこと〉(le Dit)は結局、何も言ってはいないのだ。彼は、語るにまかせ、言うにまかせる。「イエスは彼にいかなる答えも与えなかった」(「ヨハネ伝」一九・九＝「ルカ伝」二三・九)。このようにして、彼は言うにまかせることによって為し、為すにまかせることによって言うのだ。かくして「彼は言った、すべてはなし遂げられた、と」(「ヨハネ伝」一九・三〇)。〈御言〉が[おのれを]〈御言〉として言う、というよりも[おのれを]――〈御言〉!――と言うのは、言うにまかせることによってのみである。これは二重の意味で理解されるであろう。〈御言〉は、神の〈言《ことば》〉(Dit)として、いかなる人も十全にはそれを理解しえないので、神の〈言〉が人間に固有の語(mots)で語るのを人間たちが聞けば聞くほど、彼らの悟性は、言われたもろもろの言葉(paroles dites)が白日のように明瞭に語っていることをますます把握しなくなる。その逆に人びとは、〈御言〉に、それにふさわしい名称で呼ぶという敬意を払うことができない。彼らが――例外的な恵みのおかげで――〈御言〉を「神の子」としばしば告白することができるにしても、〈御言〉が言われるようにそれを言うことはできない（し、今後も決してできることはないだろう）。〈御言〉はいかなる言語《ラング》においても言われることはないが、それは〈御言〉が言語活動《ランガージュ》そのものを逸脱しているからであって、それは受肉して骨肉を備えた〈御言〉が、分かち難く、語り手と記号と指示対象として与えられるからなのである。ここで語り手となる指示対象は、たとえわれわれの語を語るにしても、そこでわれわれの語り方に従って語られるのではない。それはわれわれの語において語られているのだが、しかしこれはそれがわれわれの語を語るからではない。それがわれわれの語において語られるのは、それがそこでおのれの身をさらすからである。そしてそこでおのれの身をさらす（s'expose）というのも、われわれがある見解を述べる（expose）ようにというより、むしろわれわれが危険に身をさらす（s'expose）ように、ということである。すなわち、〈御言〉は受肉することによっておのれの身をさらすのである。こうしてわれわれの言葉（*verba*）を語ることによって、〈御言〉（le Verbe）はその受肉を二重化する、というよりもむしろ絶対的にこれを完遂するのだ。というのも言語活動《ランガージュ》はわれわれの肉よりもいっそう肉的に、われわれを構成するからである。われわれの言葉（*verba*）におけるこのような受肉を企てることができるのは、われわれの語《モ》に先だってわれわれにまでやって来る〈御言〉だけである。反対に言葉（*verba*）においてのみ出来《しゅったい》するわれわれは、自由にこの受肉をおこなうことができない。われわれの言葉（*verba*）のうちに受肉して、〈御言〉はそこで新たな語り難さを獲得する。なぜなら、〈御言〉がわれわれの言葉においておのれを言うにまかせるのは、いわばわれわれの言葉（*verba*）に先立つ受肉の運動によってのみだからである。この運動を〈御言〉は言い、また言うにまかせるのである。言語活動《ランガージュ》のこちら側からしか語らないいっさいの言葉《パロール》は、したがって指示対象に到達しえないが、指示対象のみが主にふさわしい仕方で、言語活動《ランガージュ》においてわれわれに出会いにやって来るのである。われわれの言葉《パロール》を前にして〈御言〉は語るにまかせるのだが、こうして〈御言〉はわれわれの言葉のうちでは語られえないこと、しかしかの二重化された受肉の主にふさわしい自由によって、語られるべく与えられることを明らかにするのである。〈御言〉の前代未聞の性格は、それが語りえないもの（〈御言〉Verbe／言葉 *verba* 間の隔たり）としてのみ［おのれを］語ること、しかしこの語りえないものそのものにおいて、それにもかかわらず完全におのれを語るということ（二重化された受肉によって踏破された隔たり）に基づくのである。〈御言〉は、語り難さから、それを完全な受肉において踏破することによって初めて免れるのでなければ、たとえ語り難い仕方であっても、絶対的に［おのれを］語っているのだ。語り難いというのは、あまりにも高すぎて、言葉が足りずにいかなる喉も歌うことができない音のようなものだけではない。言葉だけではなく、とりわけ記号と意味が問題だからである。語り難いというのはまた、ツァラトゥストラが陥る深淵の耐えがたい思惟――というのもこの思惟は神性が砕け散る恐怖に臨ませるからであるが――のようなものであるが、それだけではない。なぜなら、ここでまず第一に問題なのは思惟ではなく、その受肉が言葉《パロール》と意味の秩序を占めると同時にそれから逸脱する〈御言〉の骨肉を具えた指示対象だからである。いかなる人間的言語も神の〈言〉(le Dit)を言い表わすことはできない。なぜなら、それを語るためには神のみが語るように、すなわち権威をもって（avec *exousia*）（「マルコ伝」一・二二など）、その（超‐）自然的な力が、おのれを認めさせるためにはただ語りさえすればよいというほど高度の全‐能のように、すべての者に尊敬の念を起こさせるあの至高の自由をもって、語らねばならないからである。〈御言〉はおのれを語る。したがってそれはわれわれには語りがたいものとなる。われわれのおしゃべりの不安定な住人でありながら、それはそこに指示対象として住み着いている。〈御言〉は〈子〉として、〈父〉から語ることの任務と命令（*entolê*）を受ける。しかし彼がその語り手となるときには、この伝言《メッセージ》はその上（(par ailleurs) 正しくは「その上」ではないのだが）すでに、父の発語内行為が（一）〈御言〉として彼において永遠に遂行しているかの伝言《メッセージ》と一致するのである。その結果〈御言〉は、その発話行為そのもの——受肉——において、〈御言〉によって言われている伝言のみならず、伝言とともに、そして伝言以前にそれを言う語り手、語り難い〈言〉(le Dit) そのもの——*Verbum Dei*（神の御言）をも正当に移転させることができるのである。語り手が〈父〉の言葉（*verba*）を語っている時、彼はおのれを、〈父〉によってその〈御言〉(Verba) として語るにまかせる。こうして〈御言〉は与えられるがままに語られ、〈父〉から出発して〈父〉へと帰るのである。この移転そのものが〈聖霊〉を示している。というよりもむしろ、〈聖霊〉は語り手（イエス）の記号（神の意志のテキスト）へのこの移転を示すために語るのだが、この記号は、その指示対象を〈聖霊〉が三位一体的に呈示するものである——「天より一つの声がやって来た、曰く、われすでに汝に栄光を与えた、今後も汝に栄光を与えるであろう」（「ヨハネ伝」一二・二八）、〈聖霊〉が（洗礼に際して、「マタイ伝」三・一六）、〈子〉を〈子〉として語る〈父〉の名のもとに（キリストの変容、「マルコ伝」九・七）語る声。換言すれば、〔次の通りである〕——われ〔父〕はこの者〔イエス〕を、そこにおいてわれがわれ自身を言明するわが選好せる者と見なす。われがこの言明をあらゆる言明のうちで最も好ましく思うのは、彼が彼自身よりもむしろまさにわれを言明することを好むがゆえである。選好され（préféré）、言明されたもの（proféré）、それは〈御言〉、最愛の息子である。〈御言〉は〈父〉を通して——ある意味ではこのことのみがその本質である〈聖霊〉において——まさしく〈聖霊〉がおのれの意志をして〈父〉の意志を果たさせるように、おのれを語るにまかせる。父の〈言〉(le Dit) はこうして現われる。〈御言〉は、それが〈父〉の〈子〉として現われるとき、〈言〉(le Dit) のように見える。〈父〉の〈言〉とはすなわち、〈父〉の声の息吹き、気息、〈聖霊〉によって言明される〈御言〉である。十字架上で、〈父〉も〈御言〉と同じく息を引き取る――両者は同じ〈聖霊〉（息）を吐き出すのだから。三位一体は、われわれの間で息をすることができるということによって息を吹き返すのである。

このような〈御言〉、このようなロゴスについての言説が正当で、したがって可能となるのは、この言説が、それが到達すると主張するものの反響を受けとり、維持する場合に限られる。ある神学がそのキリスト教性を正当化するためには、おのれを〈ロゴス〉（*Logos*）のロゴス（*logos*）、〈御言〉（Verbe）の言葉（verbe）、〈言〉（Dit）の言（dit）と考えるべきである――そこではもちろん、言語についてのあらゆる教説、言説についてのあらゆる理論、知に関するあらゆる認識論が、それらに先立つ内密の、大文字で書かれるある審級において裏づけられる出来事によって規制されねばならない。それは単に譲歩すること、たとえばキリストの出来事にかんがみて言語学や解釈学、人間諸科学の方法のいくつかの条件が変容を蒙り、さらには例外とされねばならないであろう、ということを認めることではない。なぜなら、ここでは〈御言〉は、既存の諸方法にとって可能な諸対象の領野の手前に介入してくるからである。われわれは、労働、非暴力、進歩、中産階級、若者たち等々の「諸神学」を作ろうと試みることはできる（実際はできないけれども）。これらの場合はただ名詞の補語が変化するだけである。しかしわれわれは「〈御言〉の神学」を作ることはできないだろう。なぜならあるロゴス（*logos*）が〈ロゴス〉（*Logos*）に先行すると言いはるなら、このロゴスは神（の）〈御言〉を冒瀆することになるからである。〈父〉によって自らを語らしめる〈言〉のみが、〈父〉に関するわれわれのロゴスの有効性を保証しうるのだが、それは、われわれのロゴスに、それ自身もまた語られること――肉となった、語りえない沈黙の〈御言〉によって語られることを教えることによってなのである。神学とは、もちろん、そこにおいては人間が言語活動を支配するのではなく、人間のほうが言語活動によって支配されるがままになるべき人間的ロゴス（ハイデガー）なのだが、しかしとりわけ、〈ロゴス〉(*Logos*) によって――かつてないほど人間的なロゴスにとどまりつつ――言われるがままになる人間の唯一のロゴスなのである。それは神々や「神」の言語《ランガージュ》を語るのではなく、〈御言〉が、神について、神に向かって語る仕方で、われわれに向かって語る（もしくはわれわれに語らせる）にまかせることなのである。たとえば、「それにおいてわれわれが、アバ、父よ！と叫ぶ、父子の霊を受けよ」（「ロマ書」八・一五）、「それゆえ汝らは次のように祈れ、天にましますわれらの父よ……」（「マタイ伝」六・九）[2]。神学とは、それにおいて〈ロゴス〉(*Logos*) におのれを語るにまかせる、まさにその限りで神についてのその適切さを保証するあるロゴスなのであり、かの〈ロゴス〉自身はそれのみが、〈父〉によって完全におのれが語られていると知っているものとして理解され（厳密には聴取され *entendu*）ているのである。なぜならば、神を語るためには、まず第一に神によって語られるがままにならなければならないのであり、それもこのように従順に身を委ねること（abandon）によって、〈御言〉(Verbe) を構成する言葉(*verba*) のなかでその〈父〉の言い表わし難い〈御言〉が鳴り響いていたように、われわれの語り《パロール》のうちで神が語るというほどでなくてはならないからである。「神学者」にとって重要なのは、彼の言説が神について語ること（それが正しいか間違っているかはどうでもよい、なぜならこの世界でいかなる規範がそれを決めるだろうか）に到達することではなく、おのれの言説といっさいの言語上の主導権をこの〈御言〉に委ね、〈御言〉が〈父〉によって言われるがままになるように――そしてそれと共にわれわれも――〈御言〉によって言われるがままになることなのである。要するに、われわれの言語《ランガージュ》が神について語ることができるようになるのは、神が〈御言〉においてわれわれの言語を語り、そしてついにはわれわれに、神がそれを語るような仕方で――神的に、すなわち全くの自己放棄（abandon）において――語ることを教えるようになる限りにおいてでしかないのである。つまり――われわれの言語を語る〈御言〉の語調《アクセント》をともなった——語調でわれわれの言語を語ることを学ぶことである。なぜならば、〈御言〉は、それが逐語的に一点一画も変えずに（*pas un iôta*——「マタイ伝」五・一八）言うわれわれの言葉（*verba*）を語ることによってわれわれの言葉を文字通りに受けとるからである。〈御言〉はわれわれの語ることを語るのだが、しかし全く別の語調で語るのだから、われわれに挑戦を予告し、われわれにこの挑戦に応える手段を与える——つまりわれわれの文字通りの言葉を〈御言〉の語調で、神の語調で語る手段を与えるのである。神学者は〈御言〉を［によって］語る［られるがままになる］、というよりもむしろ、神がその〈御言〉において人間的言語を語る仕方で、〈御言〉が神学者をして人間的言語を語るに委ねるのだ。

2　時効によって失効した出来事

以上のような立場が獲得されるや、神学とはいわないまでも、少なくとも神学者の役割を定義する論争に介入することが可能になる。キリスト教神学は何を対象としているか。救世主イエスの死と復活という出来事である。時の流れと史料上の疎遠さによってわれわれから隔てられたこの出来事は、いかにしてわれわれに出来《しゅったい》するのか。それは、ある人間によって言われた言葉によってわれわれのもとに出来する——*fides ex auditu*[3]（伝聞によって信ずること）。この言葉は何を意味するのか。この言葉は必然的にあるテキストを、すなわち本源的宣布《ケリグマ》のテキストを伝えるが、それは、それを表明したり、ほのめかしたり、あるいはまたその諸次元を新約聖書の全体に従って展開することによってなされるのである。いずれにせよ告知は、ある出来事を語るためにあるテキストを使用していることになる。語り《パロール》はテキストを伝えるのではなく、テキストを通じて出来事を伝えるのである。テキストは出来事と一致しはしない。せいぜい、ヴェロニカのヴェール(二)がキリストの顔だちの特徴をとどめているように、テキストは出来事の痕跡を記録しているだけである。過ぎ去りゆく出来事の素速い刻印によって。福音書のもろもろのテキストは、想像不可能な、前代未聞の、予見不可能な、ある意味で不可視の到来が目撃者たちの感覚と記憶に及ぼす効果を、文字のうえに定着させる。キリストの出来事は、ちょうど核爆発が数々の焼痕や影を壁の上に残しているように、テキストの上にその痕跡を残したのだ。つまりそれは耐えがたい光輝（放射光）(4)なのである。したがってテキストは出来事と一致するものではないし、出来事に遡ることを可能にするものでもない。なぜならテキストはそれに由来するのだから。光輝が定着させる影は、否定的《ネガティフ》にでなければ、この光輝を再現するものではない。テキストがわれわれに保証するものは、それのみが原画をなしている当の出来事の陰画《ネガティフ》なのである。この隔たりはまた、記号から指示対象への隔たりとしても理解されうる。この隔たりは、解釈学の対立しあう二つの袋小路のなかに、反対推論による（*a contorario*）確証を見出す。——まず、〔第一の袋小路として〕「科学的」釈義学においては、あたかもテキストはそれが明白に言明していること（歴史的意味）以上のことは何も意味していないかのように、テキストをそれ自身からして解読しようと試みる。しばしば結果の平凡さが、テキスト以外のあらゆる他の出来事の喪失から生ずる。テキストはそれ自身のみを対象としているので、みずからおのれを支えねばならないのだ。こうした場合、なお可能な唯一の出来事といえば、テキストと読者との単純な出会いであろう。ここからして、出来事、〈言〉(le Dit) についてのいっさいの声高な言明を禁ずるために、テキストを科学的に制御するという誘惑が生ずる。——あるいはまた〔第二の袋小路として〕、テキストは、そこにいかなる救いも生じえないほど根本的に出来事的ではないものなので、われわれはそれに別の出来事を、もはや彼方として、それゆえ近づきえないものとしてテキストに先立つのではなく、〔テキストの〕後から、こちら側に、読者自身の将来にこれから来たるべきものとして、割り当てたくもなるであろう。記号はその指示対象を忘れているのではなく、それを期待し、それに向かい、それを告知する。テキストのこの（通俗的意味での）「預言者的な」取り扱いは、テキストは出来事をなすものではないという意識が最初からないとしたら、来たるべき出来事のユートピア（「解放」「希望」「〈聖霊〉の国」など）によるその解釈学を企てることはないであろう。虚偽の出来事といえども、少なくとも真正な出来事の不在を、したがってその機能を証している。――したがって、こうしてテキストから出来事への、記号から指示対象への隔たりを掘り下げることによって、真に神学的なすべての言説の可能性一般が破壊されるのではなかろうか。文学は、指示対象に関しては、それなしですますか（エマ・ボヴァリー、ヴェルテル、スワンは「現実には存在しない」）、あるいは、その読者のそれぞれのうちにそれを再発見するか（エマ・ボヴァリー「彼女は私である」、ヴェルテル「彼は私ではない」など）、いずれでも同じことである。いずれにせよ文学は、その指示対象を見出すために出来事に頼ることをしないですむのである。歴史は、指示対象に関しては、廃棄されたテキストを公表する、より正確には、指示対象が永遠に廃棄され、解消したままである場合においてすら、目ざされている廃棄された指示対象に関するテキストを公表する。詩に関しては、詩のみが、その指示対象を単なるテキストによって産出しないまでも、喚起する。すなわちそれは文字がわれわれのうちに惹き起こす情緒そのものであるが、この指示対象は内在的なものであるため、ある意味では指示対象ではない[5]。

残るは神学のみである。それは唯一の生けるものを語ると主張している。したがってそれは指示対象に接近する道を開かねばならない。しかしこの指示対象は救世主イエスの過去となった死と復活からなっている。歴史上の出来事として実際に起こった――と伝えられる――復活祭（の出来事）は、この破棄された事実というまさにそのことによって、そこで完了し、そこに埋め隠され、時効によって失効する。時効により失効した出来事について、テキストはその痕跡をとどめているが、そこに至るいかなる接近の道ももはや開くことはない。そのテキストという委託場所に守られている終わってしまった出来事、接近不可能な指示対象。〔仮にそうだとすると〕出来事を指示する記号そのものによって、われわれはこの出来事を奪われることになるのだろうか。神学的な言説は、反駁不可能なことの反復において頂点に達することになるのだろうか。神学的言説を閉ざし、また意味をそれ自身に向かって閉ざすこの囲いを、巧妙に、あまりにも容易に溶解させるようなことはしないでほしい。というのも、あらゆる他の言説は、指示対象がそこから退く意味の囲いに甘んじることができるのに反して、ある出来事から発してその限りない反復のみを告知する神学的言説だけは、それができないからである。[6] しかし、期限が切れてしまった出来事へのこのような接近、指示対象へのこのような狙いと眺め——そこに敬虔な誓願以上のものをいかにして認めることができようか。しかし、「敬虔」なものにとどまる誓願は、まさしく敬虔ではまったくない——神的なものへのおのれの義務を遂行するもののみが敬虔となるであろう——、それは不毛なることによって瀆神の地位に落ちるのである。

　しかしここで神学的なものとみなされた言説が巻き込まれる袋小路は、この言説がわれわれの言葉《モ》のうちに到来した大文字のロゴスに関してある言語的体制を再生産しようとすることの結果であるが、この言語的体制はまさしく〈ロゴス〉が、唯一神学的なものである他の言語的体制のために転覆させるものであり、またエマオの使徒たちについて語られている挿話（「ルカ伝」二四・一三—四九）のなかで顕在的に働いているものである。復活祭の出来事は起こってしまったのであり、その生起が出来《しゅったい》したのだ（「ルカ伝」二四・一八、*ta genomena*〔起こったこと〕＝「ヨハネ伝」一九・二八、*oti hêdê panta tetelestai*〔そしてすべてのことの終わったこと〕）。使徒たちにとってもわれわれにとっても、この出来事はもはや現在に属してはいない。

ひとたび物ごとが死んでしまえば、言葉しか残らない。使徒たちにとって、〔イエスの〕死刑については噂か、もしくはすでに年代記（「ルカ伝」二四・一七、*oi logoi ous antiballete pros allēlous*〔互いに語りあっているその話〕）しか残っていなかったのと全く同様に、われわれに残されているのは新約聖書のテキストである。われわれは聖書のテキストをそれが目ざしている当のものにまで連れ戻すことはできないが、それはまさしく、われわれが求めているのがその指示対象となる出来事は、いずれの場合においても欠落している。われわれは聖書のテキストをそれが目到来そのものにおける指示対象であるのに、いかなる解釈学も、意味以外のものを明るみに出すことは決してできないだろうからである。使徒たちがかの出来事についての伝聞を解釈するとき、彼らの正しい解釈も一つの意味にしか到達することができない――それは過ぎ去ったある出来事の意味なのであって、その眼に見える同時代性は、彼らにとって考えうるものでさえなくなっているのである。「……彼らの眼は彼〔イエス〕を認めることを妨げられていた」（「ルカ伝」二四・一六）。われわれがテキストのこちら側で繰り拡げうる解釈学を指示対象そのものが裏打ちし、いわばそのテキストを迂回して、彼方からこなたへと越えてくるもう一つの別の解釈学によって完成するとともに失格させるということ――復活祭の出来事を現金化する新しい出来事――が出来《しゅったい》する。そこでは、指示対象がみずから自己自身を、自己自身のみを指示するものとして解釈する。「……そしてイエスみずから（*autos*）近づいて、彼らと道を共にした（……）そして彼らみずから（*autos*）言った、なお愚かにして、預言者たちの語ったことのすべてを信ずるに心鈍き者たちよ！　救世主はその栄光に入るために、これらすべてのことを耐え忍ばねばならなかったのではないか。そして、モーゼとすべての預言者から始めて、聖書のすべての文書のなかで、彼〔イエス〕について録《しる》されたことすべてを、彼らに解釈した（*diermēneusen…ta peri eautou*〔彼は自身についてのことを……解決した〕）」（「ルカ伝」二四・一五、二五―二七）。決定的な契機は、復活祭の出来事が、テキストがそれ自身適切な解釈を受ける場合にしかテキスト（旧約聖書、使徒たちの最初の年代記）のなかに読みとられない、ということである。しかしいかなる人間的思惟が、思考不可能なある出来事に（人間的な）テキストを適切に照合させることができようか。誰が、この出来事に関して「愚かな」者とならないことがあろうか。「ただ一人」（「ルカ伝」二四・一八）、すべての人びとが知っていることを「知らぬ」者だけである――そして事実、彼は見物人たちが知っていることを、彼らのような仕方では知らないのだ。彼はこれを、「苦しみを耐え忍ぶことから学んだ」のである（「ヘブル書」五・七〔八の誤り？〕）。彼はこれを、見たり聞いたりしたことからではなく、行為と身体とから知るのである。彼は、みずから指示対象を保証するがゆえにこれを目ざすことができる。それがテキストの外に留まっているがゆえにいかなるテキストも言明することができないもの、指示対象（言い表わすことのできない〈御言〉）は、その完全な権威（*exousia*）によって権威づけられた解釈者としてわれわれにそれを解き明かすために、テキストから逸脱する（transgresser）のである。テキストを説明するというよりむしろテキストによって、テキストを通じておのれを説き明かし、あるときは語り手として、あるときは指示対象として、つまり言うものとして、かつ言われるものとして、彼はテキストを端から端まで横断するのである。一言でいえば、彼はそこで厳格におのれを語るのだ。

　以上から、神学者にとって第一の原理が生じる。それは、神学者はたしかにテキストを目ざすのではなく、テキストを貫いて指示対象たる出来事を目ざす聖書テキストの解釈学に取りかかるのだということである。テキストが信仰の起源《オリジーヌ》をなすわけではないのだから、テキストは信仰の原本《オリジナル》を提供するものではない。〈御言〉のみが、「これに関わる」（書かれ、あるいは言われた）諸々の言葉（*verba*）の権威ある解釈を与えることができる。それゆえ、人間である神学者がその名に初めて値しはじめるのは、彼が「彼より優れた神学者、われわれの救い主」[7]を、テキストによってテキストを逸脱し（transgresser）、〈御言〉にまで至ることによって模倣する場合に限られる。そうでない場合には、テキストは〈御言〉の了解にとって障害物となる。こうして、使徒たちにとっては旧約聖書が、われわれにとっては新約聖書が、障害物となるのだ。それ自身によって限りなく注釈される一つの文書を繰り広げることによって、テキストは〈御言〉を黙らせ——それを殺す。あらゆる時代にわたって——〈御言〉を禁じるのは、言葉に埋もれる（*ès-verba*）師たち、自己充足したテキストの書記たちである。「ある人びとは、あたかもわれわれが、文書の不正（*paregrapton* 不正登録）によって付加された外来のある神を導入しているかのように、いろいろと異議を申し立て、そして文字について過度に激論をたたかわす。願わくは、〝怖がる理由のない場合に〟彼らが〝怖がっている〟（「詩篇」一三・五）ことを知ってもらいたいものだ。というのも、彼らの文字に対する愛は、彼らの不信心を隠す仮面でしかないのだから」[8]。〈御言〉の神性を宣言し、テキストからの逸脱を保証する唯一のものである〈聖霊〉の神性を彼らは拒絶するのだ。エマオにおいて〈御言〉がみずからおこなうこのような逸脱はしかしながら、聖書の、霊的な誤解ではなく端的な読解の、さらには原初的な言葉《パロール》への唯一の接近の、ただ一つの可能性を提供するのである。「君が主のいます所まで越えてゆくならば、蔽い〔すなわち、もろもろの預言〕は立ちどころに取り除かれる。同様に、君が主のいます所まで越えゆき、水であったものがぶどう酒となるときには、無知（*insapientia*）が取り除かれる。君がキリストを了解せず〔キリストの言葉に耳を傾けず〕に預言者たちの書を読むということ、これ以上に無味乾燥な、これ以上に途方もない何があろうか。しかしもし君がそこにキリストの言葉を聞くならば、君は君の読むものを味得するだけでなく、それに酔いしれ、君の魂を君の身体《からだ》から引き上げ、〝君の背後にあるものを忘れて、もはや前方にあるものに向かってしか努めない〟（「ピリピ書」三・一九）ことになろう」[9]。聖書のテキストの解釈学においてすら、いやとりわけそこにおいてこそ、「文字の字義的な意味よりも主の諸力と、主のみに属するその正義に[10]」基礎を求めなくてはならない。われわれの主張を正しく理解してもらいたい。すなわちここでまさに問題なのは、（聖書の文字に拘泥する）原理主義の賛美でも、誤って「霊的」とされている幻想の賛美でもなく、テキストはわれわれの間における〈御言〉の原初の出来事から、この出来事をテキストのなかに書きとめるわれわれの諸々の言葉（*verba*）を介して結果するものである、というこの原理なのである。テキストの端的な理解――神学者の役割――は、どれほど知識に富んだテキスト読解よりも限りなく多くのものを要求する。それは、テキストを通じて〈御言〉に近づくことを要求するのだ。つまり、テキストをそれが書かれた観点から、すなわち〈御言〉の観点から読むことである。この要求は、どれほど困難に見えようとも（そして実際困難なのだが）、避けられえないものである。その証拠には、〈御言〉がみずから使徒たちに、預言者たちのテキストとエルサレムで見られた出来事の消息（*logoi* 話――「ルカ伝」二四・二五）までも釈《と》き明かしにやって来ない限りは、この二重のテキストは理解不可能なものにとどまる――厳密に言えば、彼らはそこに何も理解せず（*anoētoi* 愚かなものども――「ルカ伝」二四・二五）、明々白々たるものさえ見ない（「ルカ伝」二四・一七〔一六？〕）のである。神学者は、テキストを越えて〈御言〉に向かい、〈御言〉の観点からテキストを解釈せねばならない。

3　聖体の秘蹟による解釈学

しかし、この原理は、人間に〈御言〉自身になり代わってその場を占めることを要求する妄想的な思い上がりに、厳密にいうとある解釈の妄想に導くことにはならないのか、という反論がなされるであろう。

それ自身がわれわれの合理性へと矮小化された〈御言〉の名においてなされる、聖書のあらゆる合理主義的解釈に場を開くことにすらならないか。それだけではない。仮に〈御言〉がみずから、今ここでわれわれに向かって〔聖書の〕諸々の言葉（*verba*）の解釈学をおこなってみせるとしても、われわれは、正確にエマオの使徒たちと同様に振る舞うであろう。つまり、〈御言〉によるテキストの自己‐指示的解釈学の後ですら、われわれも同様に盲目的で、愚かなるものであり続けるであろう。この絶対的な解釈学が現実に生起するか否か、われわれはエマオへの途上にあるのか、それとも二千年祭の終末への途上にあるのか、これは結局、大した問題ではない。いかなる解釈学も、〈父〉〔神〕の釈義家〔イエス・キリスト〕（「ヨハネ伝」一・一八）を見るべく〔われわれの〕眼を開かせることはできないであろう。以上の反論はある注意に手掛かりを与えている。すなわちキリストがテキストの「解釈をおこなった」ことを明らかに告げている「ルカ伝」二四の物語は、それにもかかわらず奇妙なことにその論拠を、況んやその展開をわれわれに報告していない。忘却したのだろうか。物語の全体が今や〈御言〉を聖書のテキストのなかで目に見えるものたらしめる解釈学を目指しているのだから、このかなり通俗的な仮説は通用しない。どう理解すべきだろうか。一つの絶対的な解釈学が告げられているのだが、それは何も明かさないばかりでなく、その不在によって輝くのである。名ざされるや否や、それは聖体の秘蹟の瞬間のために姿を消す（「ルカ伝」二四・二八―三二）。解釈学から聖体の秘蹟へのこのような突然の移行は、前者の不可能性を認めることにはならないか。おそらくそうだろう。しかしただ、読解の重大な予断に従って、われわれがここで、キリストの二つの行為の間を区別するように、解釈学と聖体の秘蹟とを区別する場合にのみそうなのである。さもなければ〔忘却でないとするなら〕別の一つの仮説が呈示されよう。つまり解釈学の講釈が一部欠落したものとして、さらには不在として現われるのは、われわれがそれを、〔イエス・キリストの〕認知がそこで行なわれる聖体の秘蹟の挙行と異なるものと見なす場合に限られる。なぜならパンを裂いた途端に、ただ単に使徒たちが「彼を認知し」、結局「彼らの目が開かれる」（「ルカ伝」二四・三一）だけでなく、とりわけ解釈学がテキストを貫いて指示対象にまで至るからである。「そして彼らは互いに言いかわした。〝彼が道すがらわれわれに語っていたとき、彼が聖書のテキストを説き明かしていた［われわれを聖書の意と通い合わせていた］とき、われわれのうちで心がわれわれを燃えたたせてはいなかったろうか〟」（「ルカ伝」二四・三二）。聖体の秘蹟は、解釈学の中心をなす契機として、これを成就する（聖体の秘蹟は三〇節に、つまり聖書についての二つの言及二七節と三二節の中ほどで生じる）。聖体の秘蹟のみがテキストを貫いて、諸々の言葉（*verba*）の非テキスト的な〈御言〉として認められたその指示対象へと至らしめる。なぜだろうか。われわれはそれを知っている。〈御言〉がみずから釈《と》き明かすがゆえにである。そう、だがそれはどこでだろうか。まず第一に、〈御言〉が聖書について、テキストに関して語るとき（二七―二八節）にではなく、絶対的に〈父〉に対する子としての、言表不可能な言葉《パロール》――「パンをさきながらそれを祝福した……」（三〇節）を発するときにである。〈御言〉は聖体の秘蹟においてみずから介入する（みずから、というのは、そのときにのみ〈御言〉はその父に対する親子関係を明らかにし、遂行するのだから）が、それはまさにこうして解釈学を成就するためなのである。聖体の秘蹟のみが解釈学を完成させるのだ。解釈学は聖体の秘蹟において頂点に達する。一方が他方に対して、その可能性の条件を保証するのだ。すなわち、テキストの意味の中心としての、テキストの指示対象、つまり〈御言〉が、諸々の言葉（*verba*）の外にみずから介入し、これらの言葉を〈御言〉に関するもの *ta peri eauteru*（ご自身について書かれていること）」（二七節）として再びおのれのものとするのである。〈御言〉が聖体の秘蹟の瞬間にしかみずから介入することがないならば、解釈学（したがって基礎的神学）は、聖体の秘蹟においてのみ起こるだろうし、そこにのみその場をもつ、ということになろう。第一の原理（神学者は、テキストを〈御言〉の観点から解釈することによって、テキストを越えて〈御言〉に向かわねばならない）は、ここにその基礎と、神学者に妄想を免がれさせる規範とを見出す。神学者は、その解釈学——解釈者としての〈御言〉から指示対象としての〈御言〉へとテキストを越えてゆく解釈学——の場所を、〈御言〉がみずから沈黙のうちに語りかつ祝福し、祝福する限りでのみ語る、聖体の秘蹟のうちにのみ獲得するのである。

聖体の秘蹟そのものが解釈学のための場所としておのれを提供するがゆえに神学者は聖体の秘蹟のなかにその場所を見出す、ということを明確に言っておかなくてはならない。場所としておのれを提供するとは、使徒たちによる認知のまさにその瞬間に、受肉せる〈御言〉が見えなくなることである。「なぜなら、私が去ることが、君らにとって有益だからだ」（「ヨハネ伝」一六・七）。何のためにか。霊において認知され、〈聖霊〉によって、〈聖霊〉に従って認知された〈御言〉が、〈父〉より受けた〈御言〉のものたるこの〈聖霊〉に従って生きる人びとの居住しうる場とならんがためである。実は、聖体の秘蹟の瞬間に姿を消すのは、〈御言〉よりもむしろ、〈御言〉の肉を食らいその血を飲んで、彼らが同化し内的に認知している者へと同化されていることに気づく使徒たちのほうなのである。〈御言〉が彼らの眼に見えなくなるよりも、むしろ、どこにも導くことのない道を経験だけに頼ってさまよう盲目的な個人としての使徒たちのほうこそ姿を消すのである。彼らは〈御言〉の場所に入り、いまや彼と同様、エルサレムへと上るのである（「ルカ伝」二四・三三＝「マタイ伝」一六・四）。この場所——〈御言〉の内なるキリストにおける——は、絶対的な解釈学たる神学のために開かれる。なぜなら、二人の使徒たちがエルサレムに再び上るのは、彼らが体験したばかりの聖体の秘蹟による解釈学を語り、それに賛同させるためでしかないからである。「……彼ら自身も途上にて起こったことを物語り［釈義した *exegounto*］、そしていかにして彼［御言＝イエス・キリスト」がパンを裂くことによっておのれを彼らに認知させたかを話した」（「ルカ伝」二四・三四〔三五の誤り?〕）。聖体の秘蹟による解釈学を語り、新しい芸術や新しい思想、現実の新しい様態を試すように初めてこれを反復すること、それゆえそれを遂行すること、これはいわば直接的な（そしてある意味では必要以上の）確認を引き寄せる。〈聖霊〉を与え、そしておのれを絶対的な〈御言〉として「私である」、また「私は私自身である *ego eimi autos*」（「ルカ伝」二四・三八—三九）と繰り返し宣《の》べるために、「彼らがこれらのことどもを語っていたときに、彼自身〔イエス〕彼らのなかに立った」（「ルカ伝」二四・二七〔三六の誤り?〕）。円環は閉じる。解釈学は、使徒たちが〈御言〉の聖体の秘蹟の場を占めることを予想するが、しかし彼らの解釈学は、逆に、いっさいのテキスト、いっさいの語り《パロール》を越えて、改めて絶対的な指示対象（「われあり」三九節＝「ヨハネ伝」八・二四ならびに五八＝「出エジプト記」三・一四）へと向かうのである。

神学のこの解釈学的場を、聖体の秘蹟を取りおこなうキリスト教徒の集会は休みなく再現している。まず最初にテキストは——預言者たち、律法、諸書、旧約聖書の全体（「ルカ伝」二四・二七にあるように）、次いでキリストの *logia*（「ルカ伝」二四・一七、死を抵当とした一種の仮定上の宣布《ケリグマ》によって、一八—二四節において展開された *logoi*）である。会衆を前にしてこれが読まれるのだが、陰画《ネガ》の神学者である会衆は、ある解釈学が彼らに諸々の言葉（*verba*）ではなくて〈御言〉を理解させてくれることを要求しているのである。次に解釈学が来る。聖体の秘蹟を司る司祭が（「ルカ伝」二四・二七におけるように）諸々のテキストを「釈き明かす」ことから始めるが、まだ信者の共同体は、（使徒たちと同様）司祭のうちに〈御言〉そのものを識別しはしない。説教が口頭でおこなう解釈学——それゆえ神学的言説のすぐれて文学的な流儀——は、目に見えるものとしてはそこに居合せない〈御言〉がパンを裂くことにおいておのれを認めさせ、司祭をその位格《ペルソナ》として資格づけ、〈御言〉を同化する人びとをおのれに同化する聖体拝領の儀式のなかで完了するはずである。最後に信者の共同体が来る。それはテキストを理解し、言葉の上でテキストを越えて指示対象としての〈御言〉の方向に向かってゆくが、それというのも、肉となった〈御言〉が共同体にやって来、そして共同体は肉となった〈御言〉のうちにあるからである。共同体はしたがってテキストをその指示対象をめざして解釈するわけだが、それも、共同体がそれ自身、そのなかで秘蹟を通じて、それゆえ現実に働いている〈御言〉によって召され、同化され、それゆえ帰依せしめられ、解釈されるがままになる、厳密にその限りにおいてでしかない。それは確かに神学者の奉仕によって共同体がおこなうテキストの解釈学ではあるが、しかしそれは共同体が、すぐれた意味での神学者である司教の典礼奉仕のおかげでそれ自身〈御言〉によって解釈され、神学的解釈がおこなわれうる場所へと同化されるという条件においてなのである。

4　何について語るのか

いくつもの筋道に発展させ、確認することができるであろうこの三重の装置から、少なくとも直接的に、四つの帰結が生じてくる。その二つは神学者に、他の二つは神学に関するものである。もしも、第一に、神学としての神学が諸々の言葉（*verba*）の、〈御言〉をめざしての、したがってまた〈御言〉の観点からする解釈学を試みるなら、そして聖体の秘蹟が、〈御言〉がみずから祝福においておのれを語る唯一の正確な解釈学的場を提供するのならば、そして最後に、司祭者は諸々の言葉から〈御言〉へと越えてゆくための権威を、彼のみがキリストの位格を授けられているがゆえに受け取るのだとすれば、その場合は、司教のみが全き意味において神学者の資格に値すると、そこから結論せねばならない。この命題は一見逆説的と思われるかもしれないが、単純化する危険を恐れずに、これを強調せねばならない。つまり〈御言〉（Parole）についての教えは使徒たちを（それゆえそれぞれの場においてその後を継ぐ者たちをも同様に）、聖体の秘蹟の主宰と同じ資格で特徴づける。これら二つの機能の密接な絆は、事実上同じひとつの機能が問題になっていることを明瞭に示している。聖体の秘蹟の主宰なしには、解釈学は神学的な場に、つまり〈御言〉そのものに到達しない。確かに神学的解釈学の機能は委譲されうるが、それは司教が単なる司祭に聖体の秘蹟を司る機能を委任するのと同じ意味においてである。そして司教との一体性を断った司祭がもはや〔聖体拝領による〕教会の一体性のなかに入ってゆくことができないように、同様に使徒信経なしで、況んやそれに反して語る説教師、その司教をもたずに、さらには司教に反して語る説教師は、もはや絶対におのれの言説を、真に神学的な場に持ちこむことはできない。こうした見地においては、神学を学として構成するいっさいの試みは、少なくとも甚だ疑わしいものと見られることは避けられえない。学という身分が神学を神学たらしめることに加えて、また論証上の厳密さがここでは哲学における以上の適切さをおそらくほとんど持たないということに加えて、この認識論上の変化が、すぐれた意味での神学者たる司教とその教育上の補佐役との間の委任の絆がゆるむようにし向け、あるいはそれを強要するのであり、教育上の補佐役は、いつでも自然におのれの独立性を求める傾向を持ち、それゆえこの錯覚に対する可能な正当化を見出すのである。なぜなら、司教から縁を切って自由になることは、「神学的学」にとってついに中立的な一箇の「対象」を提供することではなく、解釈学の、聖体の秘蹟という場を抹殺することになるからである。今後はテキストを、〈御言〉を目ざして、〈御言〉の観点から解釈し、したがって信仰共同体への奉仕として解釈するかわりに、神学者には一つの選択しかないことになる。あるいは霊的意味を認めずに、指示対象を目ざすことを放棄するか（実証主義的「科学的」釈義）。そうすればテキストは指示対象をもたず、何も意味しないことになる。あるいは、自分自身で、それゆえイデオロギー的に、新たな指示対象を目ざして新たな解釈の場を作り出すか〔以上のいずれかを選ぶことになる〕。前者の場合には、神学者は司教との絆を断って、信仰共同体にもはや何ら奉仕せず、これを「牧人劇」(*pastorale*)による飢餓のごまかし(trompe-la-faim)に委ねる。後者の場合には、神学者は司教と共同体を操って、彼らを聖体の秘蹟の場からそらせる。[11] われわれは数年間これら二つの態度を知り、それらに共通の行きづまりを経験した。神学的言説の建て直しは、司教から説教師に至る委任の絆の再建からしか結果しえないであろう。説教師——学者であり解釈者である——は、愛《シャリテ》と信仰共同体の教化(「コリント前書」一四、諸所に)に関係づけられないならば何の価値もないカリスマの特殊な一例にすぎない。神学的説教師は、愛《シャリテ》に仕える場合にのみ正当化されるのである。さもなければ彼は死をもたらす者である。しかし説教師は、司教が開く聖体の典礼に加入すればするほど神学者となることができるのである。

ここから、第二に、逆の要求が生ずる。つまり、もし神学者が「学的」身分に近づくことはできず、近づこうとするべきでもないのであれば、彼は自分自身が聖者になることしかできない。聖性は、司教への絆という制度的要求を実存的に裏打ちする。いずれの場合も、聖体の秘蹟の場への神学的解釈学の同一の接近が問題なのである。誤解しないでいただきたいが、聖性の要求は、司教による委任の要求が思考の自由に制限を課するものではないのと同様、敬虔な教化に従属するものではない。問題は全く別のこと、つまり、神学的言説の、すなわちそれが到達すると主張する当のものにその形式的定義において矛盾しない言説の、可能性の諸条件を充たすことなのである。説教師はテキストのなかで指示対象を目ざすことによって神学者となるのだから、彼は指示対象についてのあらかじめの理解を持たねばならない。それなくしては、テキストにおける指示対象の意味上の諸効果を見定めることはできないだろう。(聖書の、あるいは教父たちの）テキストについて、知の欠如によるのではなく、問題となっている当のもの、物ごと〔事象〕そのものについての無知によって数々の重大な誤解を犯す釈義家たちや神学者たちにはこと欠かない。情熱をかつて経験したことのない者でもラシーヌやスタンダールの一場面を正確に分析することはできるが、その作者の観点からこれを理解することはできない――況んや「雅歌」や「ホセア書」（これらについて、多くの注釈家たちはその歴史的意味すら欠いているように思われる）〔を理解することはできない〕。オーケストラの響くのをかつて聞いたことのない者は、なるほど楽譜を解読することはできても、作曲家がそれを作曲したように、沈黙のうちにそれに耳を傾けながら理解する（聞く）ことはできない――況んや「詩篇」もしくは「福音書」（多くの注釈家たちは、それらがつねに祈りにあてられていたことを、しばしば疎かにしているように思われる）〔を理解する（聞く）ことはできない〕。テキストを越えて〈御言〉まで至ると自負する者は、したがって、自分が何について語るのかを知っていなければならない。つまり経験によって愛《シャリテ》を知っており、要するにキリストのように「苦しみ耐えたことから学んだ」（「ヘブル書」五・八）のでなくてはならない。このようにして、神秘家ディオニシオスによれば、神的なヒエロテオスは――「聖なる神学者たちのもとで受けたにせよ、ロギア〔聖書のテキスト〕の学問的探求の末に長い訓練と鍛錬の代償として看取したにせよ、最後により神的な霊感によって導き入れられたにせよ、彼は神に属する物ごとについて、彼がそれらのために苦しみ耐えたことだけを学び知ったのであり、それらの物ごとに対するこの神秘的な共感（compassion 共に苦しむこと）によって、彼は神秘的な合一と信仰の完全性に導かれた。これらは、こう言うことが許されるならば、教えられないことなのである」(12)。ロギアのテキストを、受難（passion）によって愛《シャリテ》の訓えを受ける（よき教訓を受ける *recevoir une bonne leçon* という言葉が、ひどく打たれて懲らしめられたことを示す意味において）ために通り抜けること、ここに、神学者を作り出す、学問外の、しかし本質的な資格づけがあるのである。指示対象は教えられない、なぜならそれは神秘的な合一によって出会われるのだから。それでもやはり、それについて語らねばならない。この神秘的経験でまず第一に問題となるのは、神学者の個人的な道徳や美徳ではなく、とりわけ愛《シャリテ》に関して獲得された彼の能力なのである。要するに、〈御言〉を、言葉の上ではなく、肉と聖体の秘蹟とにおいて知ることなのである。聖者のみが、神学において、彼が何について語るのかを知っており、司教が委任する者のみが、おのれがどこから語り出すのかを知っている。(13) それ以外は、他の場合と同様月並みに、視覚、知性、仕事、才能があるというだけのことである。

5 解釈における遅れ

神学に対してもまた、二つの帰結が生じてくる。第一の帰結は、聖体の秘蹟にもとづくものであれ不可能なものであれ、神学はテキスト（諸記号）から指示対象への、諸々の言葉（*verba*）から〈御言〉への隔たりを踏破する訓練をするということである。この隔たりにおいて、言表し難い〈御言〉は、そのテキストの諸記号のそれぞれを絶対的なもので飽和する。指示対象の絶対的なものが記号のうちの最も平凡なものの上にもいわばはね返り――記号のそれぞれが霊的意味をもつことになる。〈御言〉の意味効果がもろもろの言語記号において固定されるテキストは、〈御言〉の通約不可能性を書きとめる。聖書もまた世界の諸限界を超出するのである（「ヨハネ伝」一九・三〇＝二一・二五）。テキストはそれらを文学として制作した者たちの固有性を逃れて、〈御言〉によっていわば吸い上げられる。というよりもむしろ、使徒たちが〈御言〉から使徒伝承性という「客観的」な形態を受けとるのと同じ資格で、テキストは〈御言〉の

「客観的な」型を得るのだ。なぜならテキストもまた——おのれが行こうとしてはいなかった場所に行くべくおのれ自身とは別のものによって遣わされて——使徒伝承的なものとなるからである。したがってある種の無限のテキストが成立する（聖書の正典の閉鎖性は、まさしく意味の無限の増殖を示している）。それは、潜勢的には（聖体の秘蹟の貯えについて語られるように）意味の無限の貯えを提供し、したがって無限の解釈を要求するのであり、これらの解釈のそれぞれは、〈御言〉の観点をとることによってテキストのある断片を〈御言〉へと送り返し、それゆえ聖体の秘蹟に基づく諸解釈学の無限性を含むのである。かくして神学は、〈御言〉とそのテキストとが一挙に決定的に与えられたものとして現われるという条件のもとに、無限に前進することができる。すなわち、聖体の秘蹟に基づく諸解釈学の歴史的に限りのない展開は、乗り越えられず、また唯一のものとして、テキストを超えた〈御言〉の啓示を前提するのである。実際のところ、新たな神学の産出は何に存するのか。それは聖書のいくつかの言葉を〈御言〉へと連れ戻す新しい仕方、ある精神の才能によるよりも聖霊の働きによって可能となる解釈のうちに存するが、その聖霊の働きとは、聖体の秘蹟による信仰共同体を、それが〈御言〉－指示対象のある配置を再生産し、この関係のもとで解釈された〈御言〉におのれを同一化するような地位に置くものなのだ。この新しい位格（*persona*）と合致することによって、信仰共同体は（それゆえここで司教の代役をする神学者もまた同様に）起源の出来事の新しい次元を現実化し、したがって、いくつかの言葉の新しい解釈をおこない、要するにある「新しい」神学に署名するのである。この限りない多産性は、聖体の秘蹟に基づく諸態度を生じさせる〈聖霊〉の力に依存している（したがって聖体の秘蹟の〔聖体拝領の〕行為の深まりなしには、神学の「進歩」はない、これはもろもろの事実の証するところである）。神学は、書かれる前に、執り行なわれる——というのも、「すべてのことに先だって、とりわけ神学に先だって、祈りから始めなくてはならない」[14]からである。〈無限の〉〈御言〉をめざして〈無限の〉テキストの〈無限の〉解釈学を与えるために、〈御言〉の観点から無数の状況が動員される。したがって無数の聖体拝領〔聖体の秘蹟〕が、あい異なる無数の信仰共同体によって執り行なわれる。これらの信仰共同体のそれぞれが、聖体の秘蹟によって信仰共同体のそれぞれが反復し、〈御言〉そのものから迎え入れるものに正確に応じて一片の言葉（*verba*）を〈御言〉へと連れ戻すのである。諸神学の多数性は――諸神学なるものが、まさに聖体の秘蹟によって神学の身分に値するとすれば――聖体拝領〔聖体の秘蹟〕の無限性と同じく必然的に、〈御言〉の無限の言い表わし難きものから由来するのである。そして諸々の神学は、諸々の聖体拝領〔聖体の秘蹟〕と同様、互いに矛盾しあうことはない――そして仮に諸神学と諸々の聖体拝領〔聖体の秘蹟〕のいずれもがそれらの場を失うならば、これら両者は全く同様にそれぞれの内部で互いに矛盾しあうものとなる。要するに、神学の「進歩」なるものは、ただ単に、聖体の秘蹟によるテキストの解釈の、〈御言〉の顕現に対する還元不可能な遅れを埋めようと努めているだけなのである。そして、われわれの〔試みる〕あらゆる「現実化」にもかかわらず、〔キリストの〕最初の臨在／現前は、いかなる神学も、テキストから指示対象への十全な送り返しによってこれに到達することは将来も決してできないだろう。そのためには、ほかならぬ〈御言〉の再臨こそが必要であろう。その結果、われわれの新しい諸解釈〔諸神学〕の限りのなさは、また（とりわけ？）真に聖体の秘蹟的な――終末論的な――場に入ることへのわれわれの無能力を示すことにもなる。神学的なおしゃべりはしばしば、頻瑣な典礼と同様、創造性を証するよりも、むしろ起源の反復――中心への再統合、「唯一の主――キリストへの取りまとめ」（「エペソ書」一・一〇）――を遂行する能力のなさを証示するものである。しかしながら、われわれの聖体の秘蹟が休むことも遅れることもなく〈御言〉を目ざし、〈御言〉からして諸々の言葉を――〈御言〉が再来するまで――解釈するために、時は辛抱づよくおのれを頒ち与えるのである。

ここから一つの究極的な帰結が生ずる。神学的機能は、教会において、その設立の最初の分与の例外をなすものではない——「私には天と地のあらゆる権能（*exousia*）が与えられたのだ。あらゆる諸国民を教えに行き給え（……）、彼らに、私が諸君に厳命したことのすべてを守るように教え給え。そして見給え、私は時の終わりまで、あらゆる日々諸君と共に居るであろう」（「マタイ伝」二八・一八―二〇）。教会が〈御言〉に返す（〔教会に〕もろもろの命令を護らせる）ために、すべてのもの（空間すなわち諸国民、時間すなわち日々）が教会に与えられている。それというのも〈御言〉は、〈父〉よりすでにいっさいを（*exousia* 権能）受け取ったのだから。神学においても、他の場合と同様、やがてやって来るはずの成就に向かって精を出すことが問題なのではない。教会にとっては、成就は復活祭において、したがって起源において決定的に遂行されるからである（*tetélestai* 事終りぬ——「ヨハネ伝」一九・二八＝一三・一）。成就は起源において起こり、そのうえ起源のみを可能的なもの、生産的なもの、将来を孕んだものとなすのである。神学における進歩、探求、発見について語ることは、あるいは何も正確なことを意味していないか、あるいは神学の聖体の秘蹟的な身分についての根本的な無知を計らずも洩らしているか、あるいは最後に、遠まわしの意味に理解されるべきか、いずれかである。遠まわしの意味に理解するとは、神学がほかのすべての言説のようにある新たなテキストを産出することによって進歩するというのではなく、神学が聖体の秘蹟によって信仰共同体のなかで進歩するという意味においてであり、この信仰共同体は、テキストを貫通して〈御言〉へとおのれ自身の送り戻しを遂行するのである。要するに、神学は〈御言〉へのおのれ自身の回心以外の進歩を目ざすことはできないのであり、神学者は、共同の聖体の秘蹟において、再び司教となるか、貧しい信者たちの一員となるかである。ひとたびすべてが与えられたにしても、〔御言において〕〈言われたこと〉(le Dit) がそれ自身再来してそれを言うことを期待しつつ、なおそれを言わなければならない。このように理解されるならば、神学的進歩は、優柔不断な、曖昧で不毛な手探りよりも、〈御言〉のなかですでに実現されてはいるが、われわれとわれわれの言葉《パロール》においてはまだ実現されてはいない諸可能性の絶対的に無限の展開を、要するに、われわれの諸々の言葉 (*verba*) における〈御言〉の無限の自由を、そしてその逆〔〈御言〉におけるわれわれの諸々の言葉の無限の自由〕を示すものとなろう。われわれは、神学において無限に自由である。つまりわれわれはすべてをすでに与えられ、獲得され、自由になしうるものとして見出す。〔それを〕理解し、語り、讃美しなければならない。これほど多くの自由は、当然のことながら、われわれを脅えさせる。

テキストの外

第六章　現在と贈与

聖体の秘蹟を説明すること――それは多様な形態をとる、不可避でかつ有益な素朴性である。別の意味では、神学者の思惟の決定的な契機である。

不可避であるのは、あらゆる他の秘蹟が目ざすことを、われわれを身体的にキリストへと同化することによって完成する秘蹟、受肉の論理をその最も明白に逆説的な結末へと導く秘蹟、人びとを目に見える形で集め、それを「教会にする」秘蹟が、幾分か堅実な神学的な試みならすべて最終的にはそこで試されねばならない、いわば義務づけられた場所となるからである。さしあたりは、この魅惑のうちに、キリスト教的生の最も具体的で最も理解しがたい信仰の神秘によってすべての神学に投げかけられた挑戦だけを、とどめておくことにしよう。聖体の秘蹟は、かくしてあらゆる神学的体系化の試金石となる。というのも、いっさいを集めまとめることによって、この秘蹟は思惟に対して最大の挑戦をおこなうからである。

とりわけ素朴性〔が問題である〕。何故にか。「説明する」とは、実際ここでは何を意味するのであろうか。おそらく、愛《シャリテ》の神秘を、あらかじめ前提されたさまざまな理由（raison 根拠）の全体からして説明するといったことを意味しており、そしてこれらの理由はそれはそれで、理性（raison）のうちに、したがって理性そのもののうえに根拠づけられるものと想定されている。神学的なものですら、説明なるものは、つねに「聖体の秘蹟の自然学《フィジック》」に終わるように思われる（後に見るように、自然学にたとえば記号論が代置されても事情は変わらない）、すなわち愛《シャリテ》の聖体の秘蹟的神秘を合理的な概念的体系に解消する試みに終わるように思われる。このような努力は、それが失敗した場合、無益なものとして現われるか（神学的配慮によって、自然学的《フィジック》なもしくは言語上の出来事の継起のうちに、単なる「奇蹟」を認めることにおのれを限定する場合）、あるいは不十分なものとして現われるであろう（このような努力が、その概念的不十分さを、批判以下の、そしてテロリズム的な主観主義によって、それが近づきさえしなかった神秘のせいにするという場合）。しかし外見上成功したと見える場合でも、以上の努力は二つの別の嫌疑におのれをさらすことになり――そして本質的なものがそこに現われるのである。つまり、原理上は信憑性を強めるために、ここでもなお概念的偶像にしか到達しないという危険を冒して、典礼における事実や愛《シャリテ》の神秘を（自然学的《フィジック》、記号論的などの）体系のなかに囲い込み、次いでそこに吸収しようとすることで、自己矛盾に陥るの（二）ではないだろうか。実体変化（transsubstantiation）、目的変化（transfinalisation）、意義変化（transsignification）といったことは、聖体の秘蹟に近づかせるのだろうか、それともこれに取って代わるのだろうか。とりわけ、「説明する」ために、故意にしろそうでないにしろ、キリストがおのれの身体でおこなう贈与と概念的にたどり直された変化との間の等価性を自明のことと見なそうとするような企てに、いかなる正当性が認められようか。贈与、とりわけキリストの身体の贈与がまず第一に要求するのは、説明されることではなく、まさしく受け入れられることなのである。説明しようとする熱意は、また受け入れる能力の欠如を、したがってまた原初の神学的反応の喪失を露呈してはいないだろうか。

　しかしながら、〔聖体の秘蹟の説明は〕有益である。なぜなら〔説明の〕避けがたい素朴性は、聖体の秘蹟における〔キリストの〕臨在／現前（présence）についての省察のすべての努力を失格させるに十分なものではないからである。逆にこの素朴性は、この努力が空しいままにとどまらないための諸条件を十分見定めるように促すのである。もし説明（explication 釈明・口論・けんか）なるものが存在すべきであるなら、不良青年の意味に解するか、あるいはこちらのほうがより好ましければ、ヤコブがヤボクの渡しで〔「創世記」三二・二二以下〕天使と話をつけた（eut explication avec）という意味に解するかであろう。このような説明（釈明）においては、語りあうことより争うことのほうが問題なのである。敵対者のそれぞれは相手方から、まず第一に同意もしくは「祝福」を、したがって承認を要求する。ここでは説明（釈明）は相互性を認めなければならないであろう。ある説明が、聖体の秘蹟における〔キリストの〕臨在／現前を説明することができるかどうかを知ることよりも、理論的な華麗さが、賭金の尊厳に近づくために、問題となっている当のものによって批判されるがままになるのかどうかを見ることのほうが重要なのである。言語《ランガージュ》は、真に神学的なものであろうとするならば、したがって問題となっている当のもの[1]（そして、神学は科学性という特徴を全く持っていないし、とりわけその客観性をもっていないのだから、客観《オブジェ》／対象に属するものはまさに何ひとつ持っていないもの）の認識論的な、というよりもむしろ神秘的な諸要求から捉え直されなければならない。この規則は、あらゆる題材とあらゆる仕方において、神の神秘に対して妥当することは確かだが、しかしキリストにおける、あるいは結局は聖体の秘蹟のキリストにおける神の出来《しゅったい》の逆説的な諸形姿に対してもまた妥当するのである。ある意味においては、キリストの聖体の秘蹟における臨在／現前が、上述の要求がかわすことのできないものとなるすぐれたケースとなる。二つの他のケースにあっては、実際、この規則を逸脱する神学は偶像崇拝もしくは異端として断罪されるが、しかし前者をおのれに隠し、後者に対しては身の証しを立てることを試みることができるからである。これに対して、聖体の秘蹟における〔キリストの〕臨在／現前に面しては、制裁をかわすことはできない。すなわち、神学的な言語《ランガージュ》が「説明」を拒絶するならば、問題となっている当のもの——聖体の秘蹟における〔キリストの〕臨在／現前——も解消するのである。聖体の秘蹟は、それに近づく者に徹底的な概念的自己批判を要求し、そして彼に思惟の規範の革新を強いるのだ。われわれは、明確で基本的な一つのケース、つまり「現前／臨在（présence）」の概念の聖体の秘蹟への適用に関して、このことを示そうと思う。

1　一方あるいは他方の偶像崇拝

そこで、実体変化の神学に対する習慣的な、絶えず反復される批判を検討しよう。とりわけ、また最も頻繁になされる非難は、それが歴史的に定義された一つの形而上学、アリストテレスのそれ（これに大胆にもトマス派の神学が同化されるのだが）に由来する諸概念——実体、偶有性、形質、実体変化——を利用しているというものである。ところで「イエス・キリストの福音（bonne nouvelle）」はいかなる形而上学をも越えている。したがって、実体変化の聖体の秘蹟の神学の歴史的相対性を自覚して（この神学を「その時代にあっては正当なもの」として、遠くからそれに敬意を払いながらも）これを放棄しなくてはならないだろう、そしてより現代的な哲学的思想に基づいた聖体の秘蹟の新しい神学を「考案」することを試みなければならないだろう。この批判が概括的な、もしくは不正確な諸考察に依拠していることを想い起こさなければならない。なぜなら、結局は、聖体の秘蹟の神学への実体（*substantia*）の導入はアリストテレスの読解から独立におこなわれるからであり[2]、実体変化（*transsubstantiatio*）はトリエント公会議によって転回（*conversio*）すなわちギリシャ教父たちの変化（*metabolè*）の等価物としてのみ有効と認められるからである[3]。トマスの説明（これはもちろんアリストテレスを大いに変容している、なぜなら偶有性の永続性と諸実体の置換について語るほどまで、アリストテレスの用語を逆転させるのだから）が、教義の諸テキストの基礎として働いているどころか、後者が前者に先行したり（*transsubstantiare*〔という語〕は一二〇二年に早くも見られ、*transsubstantiatio* は一二一五年以来見えている）[4] あるいはそれを匡《ただ》したりする（トリエント公会議の折、諸形質 *espèces* をもって偶有性 *accidents* に置き換える、など）。トリエント公会議の教義とトマス神学との等価性は、したがって自明なことではない[5]。トマス神学のなかにアリストテレス形而上学の本質的なものを認知することについては、それをあえておこなうためには、哲学的センスも神学的センスもほとんど必要ではない。

しかしながら、批判が矛先を緩めることはないだろう。批判は、細部にわたって保証することはできない一つの反論を一般化するだけでよいのだ。そして次のように言われるであろう――実体変化の神学は、ある形而上学から導入されたあるテーマに還元されないとしても、いずれにせよはるかに重大な危険にさらされている、と。実際、ある実体の別の実体への（パンの実体のキリストの身体の実体への）置換は、一箇の人格の諸特徴を一つの実体のもろもろの外見（諸形質）のもとに認知することへと導く。したがって実体的現前は人格を、自由に処分しうる、永続的な、取り扱いやすい、そして境界の限定された一箇の物へと固定させ、凝固させる。ここから、ある偶像崇拝の欺瞞が生ずるのだ。それは、「箱のなかにとって置かれ」（聖体の秘蹟のための貯え）、（聖体降福式の）呼び物として展示され、（宗教上の行列の）旗として振りかざされなどする、その取るにも足らぬ代替物に向かって香をたくとき、「神」を崇めていると想像する。この意味において、あまりにも明白に「政治的な」礼拝が頻繁におこなわれるにつれて瀆神も増大することになるであろう。政治的というのは、信仰共同体が「神」においておのれの同一性を保証し、おのれの規定を強固なものにするがために、「神」を一箇の物として、おのれの物として、おのれの自由にしようとする、という深い意味においてである。物とされたこの「神」から、人びとはまさしく、実在的な

（*réelle* 物としての）現前《プレザンス》しか期待しないであろう。それは一箇の物の諸次元に縮限された現前《プレザンス》であり、そしてこの物は、神の名において集団的な自己満足に異議を唱えるいっさいの意義を奪われた物であり、また信仰共同体が自分自身の力を讃美するための諸々の儀式に「その臨在《プレザンス》／現前を授ける」ような物である(6)。実在的な現前——それは物とされた「神」、意義の伴わない人質であり、物言わぬがゆえに力強く、〔正式の神の〕資格が欠如しているがゆえに後見人であり、「現前以外のいっさいの意義を欠いた」(7)（マラルメ）物なのである。

一箇の形而上学を超出すると主張する者は、形而上学について別の思惟を作り出さねばならない。そして、いかなる形而上学をも超出すると主張する者は、たいてい、形而上学の基礎的特徴を何ら自覚せずに継承する危険を冒すものである。ここでこそ、実在的現前とともに、空しくも無力な現前たる沈黙せる物への「神」の偶像崇拝的な還元を超出するべきであろう。この操作は、通常は意義変化の諸々の説明モデルを動員することによってなされる。しかしこれらの説明モデルは中立的なものである。それらは完全に実体変化の観点に統合されうるのであり、実体変化はこれらのモデルにいわば実在性を詰め込む一方で、これらのモデルは愛《シャリテ》の神秘によって要求される「実存的」次元全体を実体変化に与えるのである(8)。これらの〔意義変化の〕モデルは、したがって、それらの正当な使用において捉えられるなら、先の〔実体変化の〕モデルとのいかなる分断をも含んでいないことになる。その逆である。では、いったいいかなる先行する決定もしくは条件が、それらを論争的なものにするのだろうか。真の論争は、明らかに、新しい諸意義と諸目的性の規定に、より正確にいえば、それらを規定する審級に関わるものである。一方では、パンとぶどう酒との新たな諸意義(9)と諸目的性とを信仰共同体に与えるのは、なおもキリスト、キリストなる位格における（*in persona Christi*）司祭である〔と考えられる〕。というのも、まさしく、信仰共同体は新しい諸意義や諸目的性を生み出しはしないし、それらを自由にできるわけでもなく、それらを遂行するのでもないからである。この場合は、この贈与／賜物はそのようなものとして信仰共同体によって迎え入れられ、信仰共同体はそれを受け取り、それによって心の糧を与えられ、団結させられるであろう。他方では、逆に信仰共同体こそが（「福音的諸価値」「人間的諸価値」などの）諸意義や諸目的性からしてパンとぶどう酒の典礼上の新しさを創設する〔と考えられる〕。信仰共同体は、こうした諸意義や諸目的性の経験（「闘争」「前進」「探求」など）によって豊かになってきたのである。これらの諸意義や諸目的性のうちに、「神」はその諸意義や諸目的性を認めることになるであろう！　しかし、「神」は共同体から区別される一箇の物として（おのれを）聖別する主導権を「上から」取るどころか、おのれの諸意義や諸目的性をそこに認めることで満足することになるであろう。パンとぶどう酒は、信仰共同体における神の臨在／現前の媒介物というより、「顔を、主の顔を求める」信仰共同体が「神」と自己自身を意識する際の媒介物となるであろう。そしてまさしく、聖体拝領するときにも、信仰共同体はつねに主の顔を求めているのであり、その集団的意識が「歩み」のある瞬間にそれについて獲得しえたもの以上の何ものも見出さなかったのである。[10] 現前／臨在は、還元不可能な一箇の物として物体的に区別されて現われるほどまでに、還元不可能なほどに他なる贈与／賜物の測り知れなさ（démesure）によって測定される（se mesure）ことはもはやない。キリストの決定的な臨在／現前はおそらく残ってはいよう。しかしそれは物から信仰共同体に移される。つまり「聖体のパンのうちに現前するイエスから、その聖体の秘蹟的な行為が、秘蹟的形式のもとに現実を明らかにする一民族に現前するイエスへと移らなくてはならない」のだ。「この神秘の核心は、神との

合体《コミュニオン》（聖体拝領の儀式）が人びとの間の合体《コミュニオン》を経由する、ということである。それゆえに、神との合体の徴しは、人びとの間の頒ち合いなのである……。忘れてならないことは、聖体の秘蹟が何よりも先に、そ

の頒ち合いがそれにあずかる人びとの合体の徴しであるような食事である、ということである。そして聖体の秘蹟を頒ち合う人びとの合体《コミュニオン》は、それはそれで、神との合体の徴しである。これはいわば（小石を水面にはねさせる）水切り遊びのようなものである。あるものの徴し《シーニュ》（記号）であるようなある実在があり、そのあるものは、それはそれで、他のあるものの徴し《シーニュ》（記号）なのである」(11)。われわれは直ちにある重要な点に気づく。実体変化の神学がたとえその正当性を失い、それとともに実在的な現前を失ったとしても、現前《プレザンス》／臨在の概念そのものは依然として働きつづけている。この概念はただ単に秘蹟的な「物」（実在的現前）から信仰共同体に移動するだけなのである。より正確に言えば、物の諸形質のもとへの「神」の現在の集中に、集団的な自我の現在の意識が取って代わるのである。

それだけではない。この置換は、現前の、もしくは現前における等価を示すというより、むしろ聖体の秘蹟の贈与のための唯一の地平としての現在の役割を強調しているのである。現前、ここではいかなる物もそれを実在化しにやって来ることのない現前は、集団的意識からもはや区別されて存続することはないのであって、厳密にそれと合致し、したがって、この意識のうちに現前が留まりつづける限り存続するのである。あるいはまた、現前は現在においてしか、しかも共同体の意識の現在においてしか、有効ではない。現前は――*res*（物）に依拠することをやめ――今後は、共同体の合体《コミュニオン》（聖体拝領）が今ここでこの現前についてとる意識に全く依存することになる。それゆえ、いっさいの感性的媒介は消滅する。パンとぶどう酒とは、全く知的もしくは表象的な過程――信仰共同体の自己自身による集団的意識化――に、単なる感性的支えとして役立つだけである。「具体的なもの」についての配慮は、しばしばそうであるように、実際にいっさいの典礼を失効させるグノーシス的主知主義へと導く。たとえば聖別する祈り（ミサの典文）は、究極のところ、キリストの代理人（司祭）によるその遂行と同様、無益となる。共同体の意識化を可能にしさえするならば、ある仕草やまなざしで十分なのである。[12] したがって、集団的自我の直接的な意識が、共同体への「神」の臨在／現前の発端を生み出す。（人間的で表象的な）現在が、神的臨在／現前の未来を支配するのである。これに平行して、集団的自我の意識が定義されるや否や、たちまち〔神的〕臨在／現前は消失する。諸形質はつまるところ「残りかす」でしかないとか、聖体の秘蹟のための（予備の）貯えは神学的正当化を有していない、もしくはほとんど有していないとか、さらには、聖別されたパンを投げ棄てたり焼いたりすることも許されるといった主張の執拗さは、ひとたび意識的な注意が消失したなら、いかなる物も〔神的〕臨在／現前を維持するのに十分ではないということを明白に証言するものである。したがって、集団的自我の直接的意識は共同体への「神」の臨在／現前の終焉をもたらす。（人間的で表象的な）現在が、神的臨在／現前の過去への移行を決定するのである。[13]

2　意識と直接的なもの

それゆえ、二重の依存関係が、聖体の秘蹟における臨在／現前に影響を及ぼしていることになる。「神」の贈与／賜物はそこでは人間的意識に依存し、人間的意識は時間を現在から思惟するのだから、「神」の贈与／賜物はさらに意識の現在に――注意に――依存するのである。聖体の秘蹟における臨在／現前は、人間の信仰共同体の注意が現在それに認めるものによって測定される。それは、永続的な崇拝の完全なる逆転（堕落？）である。実際、聖体の秘蹟における臨在／現前が人びとの注意を絶えず喚起しつづけ、人びとは自分たちが自由にできる現在の瞬間の外へと忘我的に脱自して過去と未来とにおのれを越えて向かい、そしてアルファとオメガとの現前が輝く聖体の秘蹟の贈与に、終わりも始まりもなしに、永続的に注意しつづけるどころか、ここでは逆に、現在の意識が、信仰共同体に呈示された聖体の秘蹟の臨在／現前の全体を支配していると信ずるのである。注意の断続によって現前／臨在は空席となり、代理される。こうして崇拝は、永続性とともに不可能になる。ここでは、いかなる外的対象も注意を捉えもしなければ引き起こすこともないだけに、一箇の集団が注意を長く集中することができないのは誰もが知るところである。絶え間なく自己を崇拝することではなくて、自己を意識する（「集団の意識水準を高める」）ことが問題なのである。しかし、コギトは諸瞬間から諸瞬間へとしか持続せず、一年間に数時間以上をコギトに捧げてはならないとデカルトは言っていた。集団的コギトにとってもそれと同じこと、つまり意識の永続性ではなく、必要と機会に応じて意識するということが問題なのである。人間的ならびに集団的意識の注意は、今・ここにおいて時間の通俗的観念を支配し、組織し、定義している現在からして、聖体の秘蹟における現前を測定するのである。

実体変化の神学における——想定された——偶像崇拝をしりぞけると主張していた考え方をその特徴的な輪郭において以上のように定義して、われわれはこの考え方に、それが提起した問いをひるがえって向けることができる。すなわち、聖体の秘蹟における〔イエスの〕現前／臨在への偶像崇拝的な接近の危険は、いまや遠ざけられたのであろうか、と。明らかに、消滅するどころか、偶像崇拝はそこでおのれの勝利を、それもそれが二重化されているだけにいっそう認めることになる。——誤って実体変化の神学が告発される原因となっていた偶像崇拝は、聖体の秘蹟における〔イエスの〕現前／臨在の物化に関わっていた。神はそこでは、物質的な、無気力で自由に処分されうる一表象という厳密な意味で、一箇の偶像となるであろう。さしあたり、この概括的な批判を批評することはすまい。ただ、物は、少なくとも現前の（そして現前としての）直接的意識にまさる測り知れない利点をもつことだけを指摘しておこう。つまり、それは現実に存在する（*existe*）。換言すれば、物は注意の断続性の外に措定され、意識の現前への関係を媒介するのである。聖体の秘蹟における現前／臨在がそこで具体化する〔身体をもつ〕物を意識することによって、信仰共同体は自己自身を意識するのではなく、一箇の他者を、すぐれた意味での〈他者〉（l'Autre）を意識するのである。こうして信仰共同体は──場合によっては物質的偶像崇拝に陥る危険を冒してすら──精緻に隠蔽された最高の偶像崇拝を、つまり意識が自己自身に対してキリストの偶像となるような精神的偶像崇拝を避けるのだ。実際、信仰共同体的意識がそれを活気づけるものを「実在化」する場合、いかなる物ももはや聖体の秘蹟における現前／臨在への共同体の関係を媒介してはならず、この共同体意識が唯一の真の「実在的」現前となる。そのとき、意識は、おのれが直接キリストの臨在／現前であると主張する。偶像はもはや何らかの表象に由来するのではなく、自己についての表象的意識に由来するのである。こうして、自己意識と、われわれの間におけるキリストの意識／知との間の、啓示と顕現との間の、すべての隔たりは廃棄される。表象された対象の不在は、したがって偶像崇拝を除去するものではなく、聖体の秘蹟における〔イエスの〕現前／臨在の直接的な意識化を、乗り越えがたき偶像として創設するのである。

ヘーゲルは、実在物による媒介なしの聖体の秘蹟のこの意識のうちに、まさしくカトリシスムに対するルター主義の大いなる優位を見ていた。したがって、いかにして（意識から独立の物によって保証された）実在的現前のみが最高の偶像崇拝をも回避するかを、彼の非難以上に、反対推論によって（*a contrario*）われわれによく理解させうるものはない。「カトリックの宗教においては、この精神〔すなわち神〕は、自己意識的精神に対して実際に対立し、凝固したものである。神はまず、聖体のパンのうちで、外的な物として宗教的崇拝に呈示される。反対にルター教会にあっては、消費の瞬間において、すなわちその外在性の否定の瞬間において、そして信仰、すなわち自由に自己自身を意識しもする精神にとって、初めて聖体のパンは聖別され、次いで臨在する神に向かって高められる」[14]。聖別された聖体のパンが強いる、というよりもむしろ可能にするもの、それは、キリストにとって秘蹟の身体となるこの物において、キリストがみずから自身をわれわれに贈る贈物（現在 présent）の還元不可能な外在性である。この外在性が、内面的な親密さを禁ずるどころか、偶像崇拝に陥ることを免れさせることによってそれを可能にするのだが、それを見損ないうるのは、距離におのれを開こうとしない人びとだけである。距離だけが、諸項（諸人格）の間を区別する隔たりを維持することによって合体（communion 共感・結びつき、聖体拝領）を可能にし、直接的に関係を媒介するのである。ここでもまた、偶像と距離とのいずれかを選択せねばならないのだ。

3　形而上学的時間性かキリスト的時間性か

しかし偶像崇拝は、ここでは、この最初の不十分さで尽きるものではない。実際、聖体の秘蹟における〔イエスの〕臨在／現前の、それについて（信仰共同体的）意識が抱く直接的意識への還元がその還元機能を発揮するのは、意識自身がおのれを、思惟の自己への臨在／現前として捉える限りにおいてのみである。より適切にいうと、〔意識自身がおのれを〕現前／臨在の――とりわけ聖体の秘蹟における現前／臨在の――未来と過去とを、現在時、現在としての時間から測る、現在における思惟として〔捉える限りにおいてのみである〕。聖体の秘蹟における現前／臨在は、ここでは、意識の現在がその尺度となり、現在についての意識からしてその現前に現在を分かち与える間しか有効でない。しかし時間を現在から思惟することは、何らかの形而上学のではなく、アリストテレスからヘーゲル（およびニーチェ）に至る形而上学全体の役割、賭金そして特徴をなしている——少なくともわれわれが、ハイデガーの初期の思惟を認め、したがってさしあたりそれに接近するならば。『存在と時間』によれば、実際、形而上学は、「通俗的時間概念」を展開するのであり、最初はアリストテレスに帰せられるその定式化は、ヘーゲルにおいてもそのまま見出される[15]。時間はそこでは現在のために、現在からして展開されるのであり、この現在自身も、意識が確保するというよりもむしろ、それによって意識が存在者を確保するここと今として理解されている。なぜなら、形而上学によって、存在者がその〈存在〉において展開するのは、現在において、扱いやすく確かな存在者の操作可能性が持続する限りにおいてでしかないからである。ここと今としての——現在において自由に操作可能な〔存在者の〕現前は、精神が存在者に対して優位を保つ永続性を保証する。現在はただ単に時間の可視的で、保証された、測定可能な唯一の様態を規定するだけでなく、それによって、このようにして意識の対象になりうる各存在者を意識に委ね渡す。現在は、現在（において）ある〔現前している〕ものの客観的所有を保証する。現在の優位のこの存在論的多元決定は、未来と過去との二重の還元へと導く。すなわち、現在が始まりもしくは終わるや否や、〔過去と未来のうちの〕一方が終わり、他方が始まるのである。過去と未来とのそれぞれの時間性は、否定的な形でしか、二重の非‐現在、さらには二重の非‐時間としてしか価値をもたない。とりわけこの否定的規定は、現在のみが与えることができる存在者に対する自由で確実な支配を生ぜしめることを、過去と未来に禁ずる。聖体の秘蹟における現前が、実体変化の神学を形而上学として批判する考え方におけるほど形而上学に従属したことがかつてなかったことは明らかだと思われる。〔存在的な操作可能性のここと今としての〕現在の優位と人間的時間意識の優位とが、そこにあからさまに、完全に働いているからである。形而上学が、その時間概念からしてすべての存在者に課する諸規範は、こうして例外も妥協もなく、聖体の秘蹟における現前にいたるまで行使される。偶像崇拝は、外見上形而上学的な聖体の秘蹟の神学を批判すると主張していた企てそのものにおいて、その形而上学的完成を見出すのだ。これは、形而上学を超克するためには、神学においてすらこれを忘れ、無視することでは十分ではないことを、いま一度証するものである。

したがって――実体変化された物の想定上の偶像崇拝であろうと、（集団的）自己意識の明白なそれであろうと、あるいは「通俗的時間概念」の形而上学的なそれであろうと――偶像崇拝に屈することなしに聖体の秘蹟における〔キリストの〕現前／臨在を思惟しようと試みることが、課題として残されている。だからといって「形而上学なしの神学」のスローガンを再び取り上げることが問題なのであろうか。明らかにそうではない。なぜなら形而上学の超克は、概念的思惟のわずかな軽視を含むどころか、その要求を倍加するということに加えて、そもそも神学にではなく、それが形而上学の非形而上学的本質に迫るという条件で、ただ哲学的思惟にのみ属しているからである。われわれの課題は、ここでは神学的なものにとどまる。それは次のような一箇の正確な問いに帰着する。すなわち、聖別されたパンとぶどう酒としてのキリストの聖体の秘蹟における現前／臨在は、それ自身からして、それのみからして、おのれの実在性の諸条件と、その時間性の諸次元と、その接近の手筈とを規定できるのか[16]。聖体の秘蹟における〔キリストの〕現前／臨在は、それ自身の理解のために十分なものであろうか。そしてまず第一に、それはいかなる臨在／現前なのか。さしあたり、それは時間の特権化された時間化（現在のこと今）ではなく、現在（*pré-sent* 贈物）、すなわち贈与／賜物（*don*）である。聖体の秘蹟における現前／臨在は、もちろん現在からして理解されなければならないが、しかし現在はまず第一に、与えられる贈与／賜物として理解されなければならない。聖体の秘蹟による現前／臨在の諸次元を、この贈与／賜物の広やかさを尺度として測定せねばならない。還元主義的諸解釈の最も主要な欠陥は、聖体の秘蹟のもっぱら人間学的な、したがって形而上学的な取り扱いにまさしく起因するのである。これらの解釈は、現前／臨在を、神学的にそれを現在において構成する贈与／賜物からして思惟しようと企てることは決してないのだ。なぜなら贈与／賜物の諸次元は、少なくとも粗描的には、厳密に神学的な接近《アプローチ》によって規定されうるからである。贈与／賜物の厳格さが、現在が贈与され、賜物となる時間性の諸次元を支配せねばならない。ところで、キリストが聖別されたパンとぶどう酒の諸形質のもとにみずからを与えた聖体の秘蹟の贈与は、図らずも贈与の時間性の〔過去・未来・現在の〕基礎的諸期間を含んでいる。この時間性は、慎みを欠いた護教論的熱中の策略によって、聖体の秘蹟における贈与に付加されるものでは決してない。それは釈義学がわれわれに与えうる最も具体的なもろもろの分析から生じるのである。聖体の秘蹟における贈与／賜物の現在は、ここと今からして時間化されるのではない。そうではなく、〔神徳の〕記念(二)（過去からする時間化）として、次いで終末論的な告知（未来からの時間化）として、最後に、そして最後になって初めて、日常性と路銀〔日々の糧〕（現在からの時間化）として、時間化されるのである。時間の形而上学的概念とは反対に、現在は、ここでは時間性全体の分析を支配するのではなく、かえってその分析から結果するのである。われわれがこれから辿り直さねばならないこの逆転は、聖体の秘蹟における現前が、自由に操作可能な永続性という仕方でよりも、出来《しゅったい》〔キリストの再臨〕という新たなあり方として理解されるであろうことを意味している。

4　記　念

過去からの時間化――キリスト教の聖体の秘蹟はユダヤの祝福から記念を継承するのだが、それはもちろん、その非‐現前によって、それに関する現前の停止によって定義されるような過去の一事実を、共同体の主観的記憶に呼びよせるためではない(17)。ある死者を、忘却という二度目の死から免れさせるために追悼することが問題なのではない。こういう場合には、過去はなお根本的に現在を目ざして（二次的な現前を、つまり人びとの記憶における不死を維持すること――集団的意識による偶像崇拝）、そして現在から（ここと今とにおける非現前として）思惟されている。信仰共同体に現在与えられた瞬間を規定する約束（契約）を神が想起するように、過去の出来事の名において神に訴えることが問題なのである。紅海の横断であれ約束の地の獲得であれ、「メシアの記念、汝《な》が奉仕者たるダビデの息子そして汝《な》が民の記念(18)」として、出来事は過去の事実であるというより、今日でもなお、この今日を完全に支配しつづけているある将来へと――ある出来《しゅったい》、メシアの出来へと――訴えるために、過去において与えられた保証なのである。キリスト教の聖体の秘蹟はキリストの死と復活を記憶に喚起するものではない――それらを忘れていたならば、われわれは「キリスト教徒」であるだろうか。聖体の秘蹟は、その過去の実在性が今日でも消失していない一つの出来事（キリストの昇天は、死と復活に本質内在的に属している）に依拠しているが、それもキリストが再来し、それゆえまた彼の臨在が過去に根づくと同様、未来をも支配するようにとの切なる願い――終末論的な待ち遠しさ――のためなのである。したがって過去は非‐現在もしくは過ぎ去れる現実性として定義されるどころか、それはそのもはや取り戻しようもなく先だち、決定的に成就されたその「配分」(donne) によって今日を支配しており、今日は過去なしには、無意味でどうでもよいもの、一語でいえば無効のもの――非現実的なものにとどまるであろう。記念は、過去を現在にとって決定的な実在性たらしめる。なぜなら「もしキリストが蘇らなかったら、われわれの信仰は空しく、そして諸君はなお現在も(*éti*) 諸君の罪のなかにいることになる……」。なぜなら、もしわれわれがキリストにおいて望みをかけるのはこの世の（現在の *tauté*）生のためだけだとすると、われわれは、すべての人びとのうちで最も惨めな者であるからである」(「コリント前書」一五・一七―一八〔一九の誤り?〕)。現在はもはや、その明晰で意識的な思い上がりを記憶を絶した遠い過去に対立させることはしない。逆に記念は、過去の現実の出来事からして、今日を維持できるものにしている。過去が現在の現実性を規定するのだ。より適切にいえば、現在は、ただ記念のみが現実的な保証として意味と実在性とを与える一箇の今日として理解されるのである。

5 伸長《エペクタシス》(二)

直ちに、その過去による今日の時間化がいかにしてさらに本質的な――未来による――時間化へと内的に送り返すかが明らかになる。なぜなら記念そのものが、祈りが父に対して終末論的出来《しゅったい》という革新とその成就とを懇願しうるための支えとしてのみ有効だからである。記念は、キリストの再臨(Parousie)を目ざしている。「君たちは、私自身についての記念として、これをおこなうがよい」(「ルカ伝」二二・一九)――「主が来られるときまで」(「コリント前書」一一・二六)。なお、ここで問題になっているのは、ただ単にキリストが(再び)来るまでの間にあらわになってゆくような未来の遅延だけではなく、まさに――釈義家たちが一致して認めているように――キリストの再来を要求し、ある意味では急がせる訴えなのである。ほとんど「主が再来せんがために……」と訳すべきであろう(19)。来たるべき現前/臨在は、あたかもそれが最後には現前にもたらさねばならない単なる非-現前であるかのように、単なる可能性の地平、わずかにうかがえるユートピア、ないし歴史の終わりを定めるものではない。逆に、未来は出来《しゅったい》という様態そのものによって現在の実在性を規定するのだ。聖体の秘蹟の贈与/賜物は、いわば、未来から、未来に向かってそれを生ぜしめる緊張に依拠している。未来としての未来が、聖体の秘蹟の贈与/賜物を支配し、貫き、極化するのであり、贈与／賜物のほうもまた「それにやって来るものに向かって身を差し伸べ（*epekteinomenos*）」（「ピリピ書」三・一三）ている。記念が作動させる保証はいまや未来を先取りし、それによって現在そのものの全体が、具体的に生きられたこの先取りとして出来《しゅったい》するようにする。聖体の秘蹟的な現在を未来によって時間化する終末論的 *épectase*《エペクタシス》（伸張・熱望）は、キリスト教の伝統のうちに多様な仕方で表明されている。聖体の秘蹟は新しい創造の最初の一片を、復活し、秘蹟的に現前しているその身体によってキリストがわれわれに与える新しい創造の保証（*pignus*）をなしていると言われるであろう。[20]さらにまた、すぐれた意味で「生けるもの」（Vivant）の身体である聖体の秘蹟は永遠の生命へと導き入れる、というのもそれは「不死をもたらす治療薬であり、われわれを死することから免れさせ、いっさいにおいてキリスト‐イエスのうちに生かしめるところの解毒剤である」[21]のだから、とも言われるであろう。また、聖体の秘蹟のうちに、われわれはわれわれ自身を形姿として見出すのだと言うこともできる。この所見は当然、キリストの身体的現前を現わすためには聖体の秘蹟には何かが欠けているということ、明らかなことはむさぼるような好奇のまなざしに対しては身を隠すということを想定している。この所見は「聖体の秘蹟のもろもろの奇蹟」を予測し、期待し、もしくは想像しているのである。事実、その完全性がわれわれの現前の様態を先取りする絶対的な贈与／賜物は、おのずからわれわれの注意を超え、われわれのまなざしを眩惑し、われわれの明晰性を落胆させる。聖体の秘蹟は、われわれが将来あるであろうもの、見るであろうもの、愛するであろうもの、つまり *figura nostra*、われわれが将来あるであろうものの形姿を先取りし、とりわけ、まだわれわれが迎え入れることができない贈与／賜物、厳密な意味ではわれわれがまだその形姿を想い描くことのできないような贈与／賜物に面したわれわれ自身を先取りするので[22]ある。こうして「しばしば将来はわれわれがそれと知らずに、われわれのうちに住まう」（プルースト）のである。

6　その日その日に

したがって、記念と伸長《エペクタシス》とはすみずみまで現在を貫いている。それらはここと今との二つの不在ないし欠如として定義されるどころか、それら二つの絶対的に根源的な時間化が、まさにそのようなものとして、われわれが習慣的に現在の名のもとに特権化しているかの単純な中間を規定するのである。だとすると、正確なところ、現在はどうなるのか。現前／臨在を現在として思惟し、そして現在を贈与／賜物として思惟するという当初の要求は、今や限りなくより具体的な内容を見出す。現前は現在として、すなわち記念と伸長《エペクタシス》とが支配する贈与／賜物として、受け入れられるべきである。現在の各瞬間が、贈与／賜物としてわれわれに出来《しゅったい》すべきである。日、時間、瞬間が愛《シャリテ》によって分かち与えられる。そうなると現在の時間（与えられた贈与／賜物）についても、マナ（イスラエルの民が天から与えられた食物、「出エジプト記」一六）と同様になるだろう。すなわち、日ごとにそれを取り集めねばならず、決してそれを貯蔵することができたり、贈与／賜物としてそれを受け取らずにすますほど蓄積したりしてはならないのである。時間のマナもまた、われわれには日々のものとなる。「時間とは字義通り正確なもので、しかも全く憐み深いものです」（ヘルダーリン）[23]。キリスト者は彼のパンを「日々のパン」と呼ぶが、それは第一に、彼が日々そのものを一箇のパンとして受け取るからであり、いかなる貯えも、それを日々、贈与／賜物として受け入れることを免れさせることのない食物として受け取るからである。各瞬間に与えられるパンの、つまりそれを（一箇の）現在たらしめる贈与／賜物の、その日々性は、父（*Pater*）への次の請願において頂点に達する。「われわれの日々のパンを、今日われらに与え給え」、〔今日という〕この日そのものがわれわれに与えられると同時に、この日のみがわれわれに与えうる、この日のわれわれのパンを。パンのその日々性によって、パンは決定的に暫定的な、つねに反復されるべき、繰り返し受け取られるべき贈与／賜物となる。その日々性は、現在のいかなる所有も起こらぬように保証するのである。「この祈りをわれわれに啓示した者のおかげで、われわれが大胆にもおのれの請願を翌日にまでひき伸ばすことがないように、このパンを実際にただ一日に収めることによって……」（マクシムス・コンフェッソル）[24]。現在における時間について、現在を、贈与という意味における一箇の贈物（un présent）として受け取らねばならない、とまさに言うことができる。しかしこのことは、聖別されたパンのこの現在を、われわれは各瞬間におけるキリストとの合一の贈与／賜物としても受け取っていたことを含意しているのである[25]。

　聖体の秘蹟の現在は、各瞬間ごとに、この瞬間そのものの贈与として、そしてこの瞬間において、合体すべきキリストの身体の贈与としてわれわれに出来《しゅったい》する。聖体の秘蹟の現在がその間に持続する時間的現在は、聖体の秘蹟の現在に類似する。つまりイコン的な現われに栄光が後光をつけるように、時間は、聖体の秘蹟によって与えられた現在をわれわれにそこで受け入れさせるために、おのれを現在の贈与／賜物となすのである。時間と聖体の秘蹟の現在とが見かけ上連続して持続するのは、われわれの近視眼的なまなざしにとって、与えられた諸々の瞬間と、諸々の瞬間的な贈与／贈物とが混同される限りにおいてでしかない。というよりもむしろ、聖別されたパンとぶどう酒は、議論の余地のないそれらの永続性を、（ここと今というモデルに従って）永続的な現在から借用しているように見える。というのもわれわれの愛《シャリテ》は、存続するこの現在を、記念（過去による時間化）と伸長《エペクタシス》（未来による時間化）との間で不断に放棄されかつ再び取り上げられ、麻痺させられかつ基礎づけられ、投げ棄てられかつ企投される、現在の贈与／贈物へと脱構築するに十分なほどの明敏さを持ち合わせていないからである。聖体の秘蹟の現在はかくしてそれ自身のうちに、その受容の条件として、キリスト教に固有の時間性を組織するのだが、それも、聖体の秘蹟の贈与があらゆる現在の究極の範型をなしているからである。——以上の解釈は、ここと今との剥奪を、したがって「通俗的時間概念」におけるその優位の批判を想定している。この批判は、それはそれで、現在を担保（保証）として与える記念からの、そして現在の成就をもたらす終末論的訴えからの、現在の再解釈に依拠している。さらに、（与えられた）現在の時をつねにそれ自身に先立つものたらしめる記念の重要性は、抑えがたい終末論的な伸長《エペクタシス》に依存している。すなわちここでもまた未来による時間化がすべてを規定する、と言ってもよい[26]。つねにすでにおのれ自身に先立ち、おのれ自身を先取りする現在が、過去と未来とがアルファとオメガの名においてそれを与える限りで受け入れられる時間性。これは次のことを意味する——「実在的現前」の名で呼ばれる（そして誤って批判される）ものは、ここと今の形而上学的偶像崇拝に陥るか、あるいはキリスト教に固有の時間性に従って受け入れられるべきであるか、どちらかなのである。

7　臨在／現前の贈与

以上の要求とわれわれのおのずと偶像崇拝的な接近《アプローチ》との間の隔たりは、埋められうるであろうか。このような努力において、実体変化の神学は特別の注意に値するであろうか。もしも祈りというものが、聖体の秘蹟の現在へのわれわれの接近を変容しうるならば、第一の問いは答えの端緒を見出すであろう。しかし、いかなる意味でこれが実現されうるかということを粗描するに先立って、一つの前提条件を充たさなければならない。すなわち、私が聖体の秘蹟の現在への接近を変容させる——そしてその諸次元におのれを合わせる——ことができるのは、聖体の秘蹟の現在そのものが、私、ならびに機会があれば私が私についてもつ意識（われわれがわれわれ自身についてもつ意識）から自己を区別する場合に限られるのである。他者への私の結合の諸条件を他者がそこで展開するためには、距離を認めなければならない。ところで、実体変化の神学のみが距離の可能性を与える。というのも、この神学は私の意識を、それを召換する者（Celui 主）から厳格に分離するからである。こうしてしつらえられた距離において、〈他者〉（l'Autre）は、決定的に具体的な彼の秘蹟的身体からして、私の注意と祈りとを召喚する。第一の問いに対する答えはこうして第二の問い、実体変化の神学のために解決される第二の問いを前提する。前に進むためには、アポリアをよりよく理解し、ある意味においてそれを構築するという課題が残っている。聖体の秘蹟の現在は、実体変化の神学によれば、われわれの意識的な注意の彼方に存続するが、この存続は、ここと今の（形而上学的）優位に従う時間の解釈には属さない。それゆえ、事実的な還元不可能性——〈イエスの〉〈身体〉と〈血〉としてのこのパンとこのぶどう酒——を、だからといって現在の永続に訴えることをせずに、理解しなければならないであろう。他から借用したり迂路を経たりすることなく、愛《シャリテ》の（したがって十字架の）論理から聖体の秘蹟の存続を（カント的意味において）演繹するというようなことができるであろうか。おそらくできるであろう。三度《みたび》に分けてそれを粗描しよう。

　第一に、〈イエスの〉身体と血とは、パンとぶどう酒の諸形質と相にまで到る他性のなかに存続するのだが、それはもちろん（偶像崇拝的にして帝国主義的な）永続性を保証するためにではなく——神は、〈歴史〉（l'Histoire）のそれであっても、「永続性を保証しない」——、見返りなくおのれを与え続けるためにである。〈子〉は、人間たちに対して人間の姿で愛《アムール》の三位一体的な演技を演ずるためにのみ、人間の身体をまとったのである。またこれがために「徹底的に終わりまで」（「ヨハネ伝」一三・一）、すなわち十字架に到るまで、彼は愛したのだ。死と復活との反駁の余地のない証拠がわれわれを挑発してやまないようになるために、彼は、時間がわれわれに頒ち与える日ごとの今日に存続する身体と血のなかに、執拗におのれを与えるのである。――彼がこのぶどう酒をおのれの血として聖別するのは、この血が「汝らのために流される」（「ルカ伝」二二・二〇、なお「マタイ伝」二六・二八、「マルコ伝」一四・二四参照）限りにおいてでしかない。彼がこのパンを彼の身体として聖別するのも、この身体が「汝らのために与えられる」（「ルカ伝」二二・二〇）限りにおいてでしかない[27]。パンとぶどう酒にまで到るキリストの約束、かようにして冒される冒瀆もしくは偶像崇拝の危険（ある意味でこれら両者は同じことに帰着するのだが）は、〔受肉によるイエスの〕自己無化《ケノーシス》の全体として、ひたすら寛容と三位一体的な「博愛」とに属している。これは、永続性が人間のために保証するであろう何らかの「安全性」ではなく、「すべてを耐え忍ぶ」（「コリント前書」一三・七）愛《アムール》の撤回不可能な約束なのである。聖体の秘蹟の現在においては、現前／臨在の全体が、贈与の愛《シャリテ》から演繹される。ほかのすべてはそこでは愛《シャリテ》なきまなざしにとっての外観となる。たとえば感覚的な諸形質、形而上学的な時間概念、意識への還元、これら全ては愛《シャリテ》の一つの外形（ないし戯画）へと格下げされる。「愛《シャリテ》に向かわぬものはいずれも外形である[28]。聖書の唯一の目的は愛《シャリテ》である。この唯一の目標に向かわぬすべてのものはその外形である」（パスカル）。聖別されたパンとぶどう酒は、愛《シャリテ》がそこでおのれをすっかりさらけ出す究極の相となる。もしわれわれがそこに愛《シャリテ》の究極の前進を認めることができないとしても、その落度は愛《シャリテ》に帰せられるのではない――たとえ「その民がそれを受け入れなくとも」（「ヨハネ伝」一・一一）、愛《アムール》はおのれを与えるのである。たとえ人びとがこの贈与／賜物を軽視するとしても、愛《アムール》は完全に贈与を成就するのである。落度は、われわれが愛を読みとることができず、言いかえれば愛することができないことの徴候として、われわれに帰せられる。ここから、聖体の秘蹟の現在（présent 贈物）を、そこで究極的に具体化する（身体をもつ）愛《アムール》以外の全てに還元しようとするわれわれの傾向が生ずる。キリストは、秘蹟の身体をまとい、彼を冒瀆し、あるいは偶像崇拝することもありうることと今において危険に身をさらすことに耐える。なぜなら、彼はすでに「抗《あらが》わず、背後に退かず……、（おのれの）顔を凌辱から免れさせず……、（その）顔つきを石のように固くさせる」（「イザヤ書」五二・三〔正しくは五〇・五―七――英訳による訂正〕）にいたるまで物理的身体をとっていたからである。秘蹟の身体は身体の奉献、三位一体的奉献を体現する奉献を成就する――「汝〔神〕は、犠牲も奉献も望まず、我がために身体を備え給えり」（「詩篇」四〇・七、七十人訳による。「ヘブル書」一〇・五―一〇に再録）。要するに、聖体の秘蹟の現在／贈物は、愛の約束から演繹される。

8　緊急に熟慮すべきこと

第二に、聖体の秘蹟の現在《プレ》／贈《ザン》物がわれわれの日々の反復される隙間のうちに執拗に入り込むのは、そこに受動的に留まるためではなく、まさにわれわれを、栄光から栄光へと変容させるためである。なぜなら、このパンは――現代の諸々の偏向がこのことを強調するには何らかの理由が存するのだが――糧となるためにしかおのれを与えないからである。それはその消費を可能にするためにのみ、現在《プレ》／贈《ザン》物となる。しかしこれらの同じ偏向は、糧となる、ということがここで何を意味するのかを捉え損なっている。この糧を消費することによって、われわれは、キリストをわれわれに――われわれ個人にか、われわれの「社会的身体」にか、それはどちらでもよい――、われわれのうちにその目的とその唯一の正当化を見出す糧として同化するのではない。逆に、われわれはキリストの秘蹟的身体によって、その教会という身体に同化されるのである。ふさわしい仕方で聖体を拝領する者は、「彼のうちにキリストを変容させるのではなく、おのれがキリストの神秘的身体のうちに変容される[29]」のである。実体変化が生ぜしめる物質性は、それをおこなう〈聖霊〉によって、教会が構成するキリストの霊的身体にわれわれを統合することしか目ざしていない。霊的身体とは、換言すれば、いかなる物理的身体よりも限りなくより統合され、より一貫しており、より確固とした、一言でいうとより実在的な身体である。ここと今の物質性に身を委ねるほどの、物化の危険に身をさらすほどのキリストの寛容は、すぐれて霊的な合体を目ざしている。すなわち完成した〈身体〉(Corps)、〈父〉の意図を遂行するキリストの意志へのわれわれの意志の、キリストがわれわれに与える適合性によって、教会がわれわれに「補完する」(「コロサイ書」一・二四)ことを可能にする、この身体への統合を目ざすのだ。聖体の秘蹟の現在/贈物の物質性による迂回は、きわめて明確な一つの役割を演ずる。われわれが自然に理解するようないわゆる「精神的《スピリテュエル》」な統合のもつ真摯さ、忠実さ、約束への強制力は、「物質的」統合のもつそれよりも程度が低い。したがって、聖体の秘蹟の身体の暴力的で乗り越えがたい事実によって――「この言葉はあまりにも粗野だ」というこの指摘は「生命のパンについての語り」に反応したものである(「ヨハネ伝」六・六〇)――キリストは、われわれの見方では、「精神的《スピリテュエル》」ないかなる統合よりも緊密度が弱いのではなく、よりいっそう強い霊的《スピリテュエル》一体性をわれわれに示すのである。パンとぶどう酒はもちろん消費されるべきであるが、それは〈子〉の教会という身体への一体性《コミュニオン》を通して、パンとぶどう酒において〈父〉へのわれわれの決定的な統合が完成されるためなのである。聖体の秘蹟における現在/贈物は、キリストの教会という身体の現実の設立から演繹される。

最後に、聖体の秘蹟の現在《プレ》/贈《ザン》物が秘蹟による約束と教会の設立という二重の関係のもとで迎え入れられうるのは、それが神秘的身体として理解された場合に限られる。その最も伝統的な意味においては、事実、神秘的身体（*corps mystique*）という言い回しは――キリストの *corps verum*（真の身体）、つまり教会という身体に反して――キリストの聖体の秘蹟における身体に関わる。現代の意味論は、第一の形容詞を第二の名詞に移転させた。[30] 実際、ここと今という観点を、時間の、したがって〈存在者の〉〈存在〉のすぐれた次元として特別扱いするわれわれは、ほとんど、自由に操作可能で恒久的な物にしか実在性を付与することができない。というよりもむしろ、われわれには、自由に操作できて恒久的なことと今の外で実在性が繰り広げられると考えることはほとんど不可能である。逆に、本来の意味で神学的なまなざしは聖体の秘蹟の現在／贈物を神秘的なものと見なすが、それはその実在性を、漠然とした何らかの「神秘主義」に還元することではない。聖体の秘蹟における現在《プレザン》／贈物の神秘的性格は完全な実在性を含んでいる。こういうわけで、「キリストの神秘的な肉の真実の咀嚼《そしやく》」（シナイ山のアナスターシア）[31] について語ることも可能なのである。肉は、神秘的となっても、依然として現実に消費される。そのうえ、聖体の秘蹟の現在《プレザン》／贈物の神秘的性格は、その実在性を破壊しないばかりではなく、この実在性を非の打ちどころのない完成へともたらすのであり、この完成の前では、ここと今との実在性は、それ自身単なる中継地であり支えにすぎないものとなる。平凡な実在性は真の実在性、すなわち神秘的なものとして与えられる贈与／贈物としての聖体の秘蹟における現在／贈物の実在性のために神秘を明かすものとなるのである。ここで、もはや時代遅れとなったとはいえ、*res et sacramentum*（物と保証金）の対《つい》についての平凡な教説を蘇らせなければならない。[32] 聖別されたパンとぶどう酒、〔キリストの〕〈身体〉と〈血〉とに実体変化したパンとぶどう酒は物（*res*）――聖体の秘蹟の現在《プレザン》／贈物において現実に与えられているキリスト――として有効であるが、同時にそれらはまだ、キリストの教会的身体、パンとぶどう酒が目ざし、構築する教会に対しては、依然として保証金（*sacramentum*）であるにとどまる。この教会的〈身体〉だけが、純粋に物（*res*）と呼ばれるべきである。ここと今という観点からすると「物と保証金」（*res et sacramentum*）という用語の配分が根本から逆転することになるだろう、ということのほかに何を理解するべきだろうか。自然のままでは盲目的なわれわれのまなざしにとっては、パンとぶどう酒は実在的であり、聖別されたパンとぶどう酒は、パンとぶどう酒としては実在的であるが、キリストの〈身体〉と〈血〉としては秘蹟的（通俗的な意味で「神秘的」）であるが、これに対して教会という身体はもっぱら秘蹟的（現代的意味では「神秘的身体」）でありつづける。ところで、その逆のみが正しい神学的意味を持つ。「肉眼が見なかったもの、耳が聞かなかったこと、人間の心にのぼらなかったこと」だが、「神が〈聖霊〉によってわれわれに啓示したもの」（「コリント前書」二・九）のみが、実在性に達している——それ以外のすべては、秘蹟的で指示的な機能しか持たない。通俗的なまなざしには「神秘的」と思われること——キリストの〈身体〉とその教会としての身体のみが、実在性に達するのである。実体変化の神学の結果としてここと今とに従う現前の偶像崇拝が生ずることを恐れる者は誰であれ、まさにそのことよって、聖体の秘蹟の現在／贈物のみが聖別されたパンにおいて「実在的なもの」に触れるのであり、彼が過大評価を恐れている当のものは *sacramentum*（保証金）の役割しか演じていないということを彼が見ていないことを告白しているのだ。一言でいうと、通常の反論が出されうるのは、最も根本的に非‐神学的な観点、実体変化の神学が諸形質を通じて〔キリストの〕〈身体〉と血という神秘的な物（*res*）に近づこうと努めているというのに、それが諸形質のここと今とに関心をもっているのだと、一瞬たりとも想像しうる唯一の観点からなのである。聖体の秘蹟の現在は、神学的な、神秘的な、唯一の「実在性」から演繹される。

聖体の秘蹟の現在／贈物の、以上の三重の演繹は、その現前／臨在が愛《シャリテ》に依存し、教会という身体を目ざし、神秘的実在の領域に属することを、少なくとも粗描的に明らかにしている。われわれはこうして三つの時間化を再発見する（自己無化《ケノーシス》による約束、受肉と復活との先行的な保証。神秘的実在性、終末論的な栄光への伸長《エペクタシス》。教会という身体、われわれの日々の日ごとの贈与）。われわれの主観的な接近《アプローチ》を聖体の秘蹟の現在／贈物の客観的な諸要求に結合することを可能にする基礎的な諸要素は、それらはそれらで、本来的にキリスト教的な時間性の諸次元を再生産する。その結果、聖体の秘蹟の現在／贈物の正当化のそれぞれが、この時間性の独自性を強化するのである。われわれはここから、暫定的に二つの指示を結論しよう。——多くのキリスト教徒を聖体の秘蹟の現在／贈物の神学的に（十全なとは言わないまでも）正しい理解からひき離すものは、「通俗的時間概念」、したがって現前に関する形而上学的言説にほかならない。いくつかの非難が「形而上学」としての実体変化の神学に向けられていること、これは、この神学が形而上学に属していることを証拠立てるものではなく、逆に、諸批判が、聖体の秘蹟の現在／贈与の言説と同じく根本的に神学的な言説さえをも形而上学に還元せざるをえないほどに、形而上学の本質と運命に浸りきっていることをあらわにするものである。これは何ら驚くべきことではない。より決定的ではないが、より目に見える他の諸領域（政治、認識論など）におけると同じく、ここでもキリスト教徒は、意識的にか否かは別として、形而上学の終焉という試練に立ち向かっているのである。そして、救済が絶えず、まず第一に彼らのもとに出来《しゆつたい》するように、危険もまたまず第一に彼らにとって増大するのである。いまだかつて神学的思惟が、それ自身の根本的に神学的な論理を言い表わす義務をこれほど緊急に感じたことはおそらくなかったであろう（これはとりわけ「弁証法的神学」などを意味しているのではない）。いまだかつて、「新たな始まり」を期して待ついっさいの思惟に対して、神学的思惟の責任がこれほど大きなものとして現われたことはおそらくなかったであろう。しかしいまだかつて神学的思惟が、その神学的課題をこれほどの恐れをもって避けたことも、おそらくなかったであろう。神学者の（したがって教会の）思惟のその課題への、そしてここでは聖体の秘蹟の現在／贈物の省察への転回は、まず第一に祈りを要求する。この意味において、聖体の秘蹟の熟慮の名のもとに理解されるものがここにおいてその真の意味をもつ。すなわち、聖体の秘蹟の現在／贈物によって距離へと召換されて、祈る者は距離へとそのまなざしを転回させ、したがってさらに距離において彼の思惟を変容させようと企てるのである。祈りにおいては「弁明」(explication)のみが、換言すれば人間の受け入れる力のなさと神の充たさんとする執拗な謙譲さとの間の闘争だけが、可能となる。そしてこの闘争における敗北なしには、思惟がほんのわずかの思弁的勝利を博することも決してないだろう。聖体の秘蹟についての熟慮は、この意味において、緊急を要するものとなるであろう。「主を礼拝することによって、われわれは罪を犯さないばかりか、主を礼拝しないことによって、罪を犯すのである」（聖アウグスティヌス）[33]。

第七章　究極の厳格さ

1　述　定

信仰は叫ばない。叫びはその暴力そのもののゆえに、苦痛を快感から、歓喜を呪いから区別するものが何もないような、識別不可能な匿名状態しか持っていない。叫べば叫ぶほど、おのれを言い表わすことはなくなる。その力が増大するにつれて、その伝達の機能は消失する。その真摯さは野蛮として非難される。しかし、だからといって、言説が少なくとも一連の論拠と、ある主語の優位がまさしく規定する一箇の対象の確定を前提するとすれば、信仰は言説に属するものを何ひとつ持ってはいない。信仰は、言明するのでも陳述するのでもない。信仰は信ずるのであり、信ずるよりほかの目的を持つものではない。というよりもむしろ次のように言うべきであろう。もしも信仰が言明し、そしてそれなりの仕方である意味を陳述して、少なくとも一時の間、述定的言語の轍の上を歩むことができ、そして信仰もまた、何かあるものについて何かあることを言うことができるように思われるに至るとしても、愛《シャリテ》がなければ信仰には何の価値もないだろうという本質的なことを忘れてはならない――「仮に私が山をも動かすほどの完全な信仰を持っているにしても、愛を持っていなければ、私は何ものでもない」(「コリント前書」一三・二)。基本的に、信仰は愛のうちに吸収されなければならず、信仰はそれなりの仕方で愛の論理を言い表わすのである。愛、「すべてのもののうちで最も高き存在者」(「コリント前書」一三・一三)が信仰を支配する。これは、信仰のなかに、したがってその発言のなかに、愛に固有の諸性格を再発見しなくてはならないということを意味する。ところで、これらの、というよりもこの性格は、もろもろの意志の統合――「私の意志ではなく、汝の意志」――のうちに見出される。それは、もろもろの位格(人格)の三位一体的な一体性《コミュニオン》を、十字架の働きに至るまで完成させるという点において、「すべて」を成就する統合である。もろもろの意志の統合に従って、いったいいかにして信仰を思惟することができるだろうか。もしくは、これを含意することではあるが、形式的論理学であろうと何であろうと他のすべての論理学に反して、信仰が用いる論理を生み出すのは愛のみであることを、いったいいかにして認めることができるだろうか。

　神学は、信仰がそこで述べる言説を神学が愛によって正当化し、ついには愛へと書き替えることができない限りは、その最初の前提、すべてを決定する前提を根本的に思惟されないままにしておく。この作業なくしては、神学はグノーシスに陥るか、その目標に到達すればするほど錯覚となる学問性の主張に屈することになる。したがって問いは、いかにして信仰が愛に言葉を与えることができるか、そしていかにして愛が信仰の言説を規制しうるかを知ることに帰する。答えは、「イエス[は]主[なり][1]」と陳述する信仰告白によって、である。しかし、ここで「信仰告白」への言及は何を示しているのか。なぜ、単に基本的な述定的命題を述べるだけでなく、この命題を「xは……と告白する」という陳述の動詞の形にしたのだろうか。実は、この論証の付加は、語る信仰と述定的陳述との隔たりをあらわにするのである。こうして、この隔たりの分析は、信仰が陳述するとき、いかなる点で愛の論理に服するのかということを明確にするべくわれわれを導くことができるだろう。

「xはpと信ずる／告白する」という論証で、pが「イエス［は］主［なり］」という述定的陳述にあたる場合、これを有効にするためには、多くの条件を充たすことができなければならないだろう。〔まず〕指示 désignation という条件。いかなる経験的検証も、少なくとも習慣的に受け入れられている意味においては、反復でき、測定できるいかなる証明に対しても実際あらわになることのないpの真理性を保証することはできない（イエスは歴史的に過去の、一回限りの出来事を指し示す）。この最初の条件が、もう一つの条件、意味の条件を暗示する。すなわち、もしも主とキリストなる語が根本的に宗教的な肩書 titulature に属していて、この肩書自身が一種の私的言語において（たとえユダヤという一民族全体の私的言語であろうとも）使用されるのだとすると、われわれは「イエス［は］主［なり］」ないし「イエス［は］キリスト［なり］」というような命題を、意味のある命題と見なすことができようか。以上の二重の欠陥が、述定的陳述そのもの（「イエス［は］主［なり］」）から、それを捉え直す議論へと注意を遡らせ、指示も意味も全く充たさないある述定を語り手に陳述することを、いかなる正当性が可能にするのかを問うべく導くのである。この場合正当性は、意味をもち、実際に検証可能な、きちんと構成された命題の場合のように、陳述から本質内在的なものとして由来するものではない。それにもかかわらず、この陳述は、絶えず新たになる語り手たちによって語られつづけている。このような陳述の、正当性とはいわないまでも、少なくともこうした正当性の主張は、何に由来するのか。語り手自身である。少なくとも最初は、「xは〝イエス［は］主［なり］〟と告白する」という一連の文において、有効化の重点はxにかかっている。いかにして、また何ゆえに、ある経験的個人がこのxの役割に身を賭すことを引き受けるのか。それはいかなる権利があって、そしてまず第一にいかなる大胆さによってなのか。なぜなら、述定的陳述がそれ自身の厳格さを自己自身で確立することができなければできないほど、ますます陳述者は、おのれ自身で陳述を正当化する責任を担わなくてはならないだろうからである。ここから、陳述から陳述者への、そして有効化と検証から正当性と資格賦与への、移動が生ずる。係争点は陳述——その奇妙な二重の欠陥が、すべての陳述者に、かかる陳述の挑戦に応じることを思いとどめさせるに違いないと思われる——から陳述者へと移動する。しかし、そうすると、論争は理論的領域から——決定的に特異であり、厳密に非合理であるがゆえに議論の余地のない事柄なのだから——実存的な取るにも足らない事柄へと後退するのではないか。信仰の逆説、深い決断の深淵、契約《アンガージュマン》の説明不可能性などを引き合いに出すことによって、信仰者は場合によっては微妙な状況から脱出することができる——しかしそれも、「〔争いの〕原因から去って」対決を放棄するという条件でのみである。係争点の場所の移動は、実は、ただ単に陳述から陳述者へと導くだけではない。というよりもむしろ、まさにこのことによって、この移動は議論の余地のある合理性に議論の余地のない決断を置き換え、したがってまた意味のない恣意を置き換えることにもなる。事実を措定することは、決して問いを解決することではなく、それを解消することである。信仰の証明が叫びの価値しか持たないという事態を、いかにして避くべきか。ここでは、テロリズムによってである。ただ単に「……と私は信ずる」と言うだけでは、そして「イエス〔は〕主〔なり〕」という言明の妥当性を自分の信念の力だけに、したがって自分の信念の能力だけに依拠させるのでは、キリスト者は、陳述を正当化するというより、むしろこの陳述の非本質的な性質を暴露することになる。キリストが主であることは、一箇の「伝言《メッセージ》」になる。「福音の」という形容句をこの「伝言」にまとわせたところで、そのスローガンとしての身分を隠すのは困難である。ここから、異端と共通の性格を分かちあう戦闘主義《ミリタリズム》が生ずる。つまり、もはや一箇の内容としてしか現われないことを自分勝手に変容するのだ。ここで決定を下すのは、（「伝言」のある相が「通用する」か「もはや通用しない」かによって）都合のよさか、あるいは（人びとが自分勝手に言い表わし規定する）「真理の擁護」か、あるいはある別の基準か、それはどうでもよいが――いずれの場合も語り手の陳述への関係は、実効性の、どうでもよいものへの関係、事実の、検証不可能なものへの関係であり、一言でいえば支配の関係である。しかし、もし支配の関係が信仰告白を、忙《せわ》しげなミリタリズムと／もしくはうぬぼれた異端へと強制して支配するのであれば、われわれは、われわれが求めているもの――信仰の言説を愛の「論理」へと吸収するということ――の対蹠点にいることになろう(2)。

2　遂行

しかしながら、この挫折はわれわれをどうしようもない状態に打ち棄てておくのだろうか。いやそうではない、少なくともこの挫折がそれ自身以上のものをそのうちに秘めているとするならば。係争点の移動は、語り手に特権を与えている。語り手はこの特権を支配と解釈したところである。しかしわれわれは、この同じ移動を別の仕方で理解することはできないだろうか。陳述に対する語り手の特権は何を示すことができるだろうか。陳述の取るに足らなさを示すこともできるが、語り手の実効性を示すこともできる。ところで、語り手の実効性とは何を意味しているのか。われわれはそれに、保証されてはいる諸陳述に対する完全な無関心によって明らかになる恣意としてしか、いまだ取り組んでこなかった。そこから暴力、冷笑的態度《シニスム》、沈黙が生ずる。それでも、実効性は単に陳述と並存するだけでなく、おそらくはまた、陳述をそれとして引き受けることもできる。なぜなら実効性がいわば陳述そのものを貫き、陳述が実効性に逆流することもありうるだろうからである。第三の項、陳述すること自体が両者を結合するのである。いくつかの場合においては、陳述することが、陳述者に陳述を遂行することを可能ならしめる。市長が「私はあなた方が結婚の絆によって結ばれたことを宣言する」と言明するならば、二人の婚約者は現実に結婚させられたのである。憲兵が「法の名において私は君を逮捕する」と言明するなら、あるいは予審判事が「私は……の理由で君を起訴する」と言明すれば――それまで自由だった――市民が現実に逮捕され起訴されるのだ。別居、服従拒否あるいは脱走によってもこれらの遂行《パフォーマンス》は何も変わらないだろうし、むしろそのどうしようもない実効性が強調されることになろう。遂行は実効性を陳述者の外部へと滑らせ（ここでは判事、市長、憲兵は、彼ら自身で有効性をもつのではなく、他の諸審級の代理人として有効性をもつのである）、かくして結果の確実さを身につける陳述そのものにまで到らせる。さらに、この実効性について、補足的な証拠がすぐさま現われる。つまり、別の遂行（離婚、免訴、釈放の宣言）のみが、最初の遂行が産み出した事態を解消することができるだろう、ということである。このような遂行的諸言表から、xは「イエス［は］主［なり］」と言う、という信仰告白を解釈できるだろうか。これは時機尚早な問いである。実際、そこに導くであろう道の途上で、先行する一つの問いが生ずる。すなわち、遂行は陳述者のある資格付与に依拠して初めて可能となるのである。市長（ないしは正式に資格を具えた彼の代理人）のみが結婚させることができ、法の代理人のみが（そして逮捕状をもって）逮捕することができ、判事のみが起訴しうるのである。さもないと、結婚は無効に、逃亡は正当に、脱走は賞賛すべきものに見えるであろう。なるほど、誰かが私的なものとして「私は約束します」、「私はそう誓います」、「私は君を愛する」、「私は君を呪う」などと言明するならば、内的な決断に外部からいかなる資格づけも付加される必要がなくても遂行は存在する。しかしこれはまさしく、資格づけ一般を免除することではない。ただこれらの場合、資格づけがまさに「内的なもの《アンティーム》」にとどまるにすぎない。いかなる人も、少なくとも原理的には、約束、誓言、愛、呪いなどをそれのみが有効化しうる能力と恒久性とを、自己のうちに、自己からして担っている。それらがなければ、彼は、人間がもつ豊かなるものを示すことをある意味でやめる。（一）もっとも、この資格づけが失われうることもある。例えばドン・ファンも、イアーゴーも、スガナレルも、こうして人間的なものの全体をもはや持ってはいない――おのれの人間たる資格を失って、彼らはもはやいくつかの陳述を遂行することができないのだ。遂行的言表は、したがって、法的なものであれ自然的なものであれ、資格づけを前提している。この資格づけから、陳述者は、まさに遂行的に述べるべきことに合わせて利益をひきださなければならない。宣戦布告するためには、国家元首としての力と資質を持たなくてはならない。結婚させるためには、市長として、政治的な、ある意味で安易な、慣習による資格づけが要求される。約束したり、誓約したり、愛したり、呪ったりするためには、おのれの人間性――人間的本質の全体をカヴァーし、失われることはあっても決して取り戻されることはありえない資格づけ――の資格を失ってはならない。しかし、「イエス［は］主［なり］」と告白するためには――いかなる資格づけなら十分なのだろうか、そしてこの資格づけはどこからやって来るのだろうか。換言すれば、陳述を遂行し、したがって、自らがその最初の審級となるメタ言語のうちに完全に吸収されるような一箇の我の役目を、誰が満足に果たしえようか。また、「……主［なり］」という述定的陳述において述定されるべきものの高みによじ登るような〔一箇の我の役目を〕。我と主との間に働いているような最終の相等性は、主が予想するものにふさわしい権威を授けられた我を要求する。いかなる主の権利が、いつか我を主にふさわしい遂行へと資格づけるのであろうか。厳密に言って、「我あり」（「出エジプト記」三・一四＝「ヨハネ伝」八・二四、五八）と言った者のみが、「イエス［は］主［なり］」という陳述を遂行的なものと見なすことができるのだ。そしてある意味においては、彼はそれ以外の何もしなかったのである。ただし、それはある意味においてのみなのであって、なぜならこの主としての資格づけを、彼は〈子〉として〈父〉より不断に受け取り続けていたからである。そして、キリスト教の教義がイエスに対してこの資格づけを保証しているのは、彼に神性を認めることによって、というよりも、〈父〉がイエスに絶えず神性を認めてきたということを認めることによってなのである。これによってまさしくイエスは〈子〉として現われる。――我と主との間の隔たりを廃棄する（あるいはより本質的に言えば、それを踏破する）ためには、したがってほかならぬ永遠の〈子〉こそが必要なのである。他の誰がそれをなしえようか。主以外の誰が「イエス［は］主［なり］」ということを遂行しえようか。もし〈子〉のみが宣布《ケリグマ》を遂行するのであれば、養子以外の誰も、このような遂行の主張をおのれのものとすることはできないだろう。しかし、以上の答えはまだ何も解決してはいない。誰が、自分が養子の資格を持っているかどうかをいつの日か知ることができるだろうか。この問いに対する答えは超‐歴史的なものにとどまり、養子を取る者以外の誰もこれを充たすことはない。それゆえ、何らかの方法を経て困難に近づかねばならない。遂行の形式的条件を守る者のみが、遂行を成就することができるであろう。再び移動が問題になるが、もはや同じ移動ではない。いまや語り手から、彼が遂行し、そしてこの語り手が同意すべき資格づけを示す陳述への移動である。もはや述定的陳述の語り手への吸収ではなく、陳述の働きを導くものによる陳述者の根本的な規定が問題となる。それはしたがって移動の逆転である。すなわち、もはや諸々の高みの沈黙せる実効性だけではなく、とりわけ、遂行さるべき陳述による陳述者の「意味論的」資格づけが問題なのである。したがって第二の移動は、第一の移動の諸困難からわれわれを解き放つどころか、それらを倍加する。第一の移動が無関心による偏向（冷笑的態度《シニスム》、ご都合主義、暴力）と分かち難く結びつけられた戦闘的《ミリタン》な言説のモデルへと導いたとすれば、第二の移動は、その諸々の偏向に必然的に陥りやすい法悦的《エクスタティック》言説のモデルへと導く。〔その諸々の偏向とは〕すなわち、絶対的な資格づけの主張、選ばれたという確信、与えるべき説明も、なされるべき報告も、そして極端な場合には聞かせるべき言葉もないという確信である。法悦的言説は、おのれを直接的に満たされたものと思い込んでいるがゆえに、信仰告白を遂行していると思い込んでいる。したがってそれは、戦闘的言説と同じく、テロリズムや暴力に陥る恐れがある。述定から遂行への移行は、かくして一歩も前進させることはない。この移行はただ単に、陳述から陳述者への第一の移動の後に、陳述者から陳述への第二の移動の要求を明るみに出すにすぎない。対象としての言説（discours-objet）とメタ言語というこれら二つの主題は、互いに対立するのだろうか。あるいはむしろ、両者は互いに釣り合っているのではなかろうか。

3　転回

逆の方向に向かっての、したがって一見対立した二つの移動。しかし、形而上学がその完成（ニーチェ）にではなくとも、その頂点（ヘーゲル）に到達したとき、われわれはすでにこのテーマの編曲を聞いたのではなかっただろうか。われわれはここで、主語と述語とを弁証法的運動に置くような思弁的命題に想い到るべきではないか。そこでは述語は主語への偶然的ないし偶有的な付加ではなく、主語の顕現そのものの一契機なのである。主語は述語においておのれを本質的に像化するために、すっかり述語のなかに移行する。「花が咲いた」、「人間は語るものである」と述べることは、ただ単に花や人間に関する何らかの補足的情報を与えることに帰するのではない。咲いたと言われるに決して値しないような花は、端的にいって花（つまり果実の約束）ではないであろう、そうではなくて、枯死した根の標識であろう。決して、いかなる形でも語る（すなわち、世界の「開け」をなすために世界に投げ入れられている）と言われるべきでないような人間は、唖者の人間でもないであろう（なぜなら、唖者もまた語るのだから）、そうではなくて一箇の動物であろう。述語は——主語への結びつき方が分析的であるか綜合的であるか、ここではどちらでもよい——、すっかり述語へと移動する主語の真理を受け入れるのである。しかしその際、述語の主語への内属という単なる論理的関係は、述語的結びつき以上のものを示す。つまり述語は主語のなかに、繋辞がそれを結びつけるような無気力な基体以上のものを見出すのだ。述語は主語のなかにおのれ自身を見出すのであり、そして主語のなかに移動することによって（弁証法的であるがゆえに本質的な同一性を証拠だてる運動によって主語へとおのれを再統合することによって）、述語は主語において、ほかならぬおのれの顕現の本質を再認するのである。思弁的命題の弁証法的運動は、かくして信仰告白のためのモデルを、しかもそれが先に見た二つのモデルとそれらの二つの移動とを統合するだけに強力なモデルを提供するのではなかろうか。

安易な同一視に屈する前に、思弁的命題と信仰告白との間の二つの区別を印づけねばならないだろう。それらを印づけることによって初めて、少なくともその〔上述の同一視の〕部分的な利用も正当なものとなるであろう。——まず第一に、思弁的命題は、それがいかに思弁的になろうとも、そしてまさしくそれが実体は主体である（またその逆である）と仮定するがゆえに、一箇の純粋な命題、すなわち純粋に述定的陳述であるにとどまる。つまり、主語は述語のなかへと、述語は主語のなかへと、述語と主語との遊戯のうちで移動する。いかなるメタ言語も命題的定式のなかに吸収されねばならない。さらには、こうして絶対知——自分自身を知り、陳述者を陳述のなかに含み込む知——が思惟可能となる。信仰告白は、これに反して、完全に陳述者と陳述との隔たりのなかで展開するのであり、ここに、その主な困難とその最初の形式的特徴とを見出す。この意味において、それは思弁的な諸モデルの使用を二重化するであろう。第一の使用は、「イエス［は］主［なり］」であるが、そこでは主語と述語が相互のうちに移行しあう。まず護教論的に、なぜなら、イエスがおのれを主、*Kurios*（権威をもてる者）、*Adonai*（神）と言わないのは、彼が単純に彼自身と、彼の固有名「救う者」（「マタイ伝」一・二一ならびに「ルカ伝」一・三二）と一致していないからである。そして逆に終末論的な救世主は、ナザレ人イエスにおいて、というよりもむしろナザレ人イエスとして身体をまとわないとしたら、何ひとつ救いはしないだろうからである。護教論のほかに、教義論的な論理もまた同様に、思弁的逆転を強いる。つまり、「蘇った者」の賞揚が十字架に架けられた者の神性を絶対的に明らかにするためには、主語（イエス）は完全に述語（主）のなかへと移行せねばならない。逆に、受肉の自己無化《ケノーシス》（*kénose*）が考えうるものとなるためには、主の復活が、いわば年代記とは逆向きに戻って、イエスの人間性のなかに〔最初から〕授けられているのでなくてはならない。「主語」の「述語」への思弁的関係は、ここでは、同じ「これを限りに一度だけ」（「ロマ書」六・一〇、*ephapax*「ヘブル書」一〇・一〇）の内部に、受肉と被昇天との相互的な含み合いを隠し持っている。――第二の使用。語り手は陳述から、すでに見出された二つの移動が通過するある隔たりによって区別されたままであるが、とはいえ移送の反復は決して隔たりを無きものとなすわけではない。なぜなら、事実キリスト教徒となるのは、自分が言明しているものを、自分のうちで言明しているものと厳密に一致させること――それもただ月並みに、自分がそれであるものを自分が言うことと融和させる（つまらない「真率さ」）ばかりでなく、より根本的に、自分がそれである者を、自分が言明する御方〔Celui 主〕と融和させること――には決して到らないだろうということを理解し、次いで容認する者のみだからである。この断層は、これをいかにして埋めるかを知る前に（また必要とあらばそれをいかにして試みるかさえもを知る前に）、それを二重の対立における思弁的命題の弁証法的モデルに割りあてるべきである。つまりまず第一に、信仰告白がここでは一箇の命題ならびにメタ言語的審級を動機づけている。次いで、両項の一つがその（少なくとも想定された）超越性によって関係を不釣り合いにするので、弁証法的運動はその際不可能とならないまでも、少なくとも高度に信用のおけないものとなる。――以上によって、明らかに第二の手直しがここでは課せられているように思われる。

弁証法的運動が、信仰告白に適用されたときには別の論理（「イエス［は］主［なり］」）と妥協したり、あるいは（陳述行為と陳述〔内容〕との関係については）疑わしいものとなるように見えるのに、それがいかなる例外をも認めないというのは、実際なぜなのか。それは、弁証法的運動が「否定的なものの真剣さ、苦痛、忍耐、労働」[3]によって動くからである。ところで否定的なものは〈精神〉と同じほど普遍的に存在者の全体を支配し、ある意味においては、本来その〈精神〉に帰するのである。しかし――そしてこの困難は過小評価されてはならないだけの価値があるようにわれわれには見える――〈愛〉《アムール》の厳格さ、したがって信仰告白の厳格さと同様に救済の経綸の厳格さは、論理の学とは区別されることをおそらく認めねばならないだろう。このような主張《テーゼ》はここでは確立されないだろうから、そのような予測をすることで十分としよう。そうすると、思弁的モデルの（われわれの主題にとっての）不十分さの深い動機が直ちに明らかになる。確かに、一方で陳述の諸項の間に、他方で陳述者と陳述との間に、弁証法的関係を思惟しようと試みなければならない。あるいはここでより正確に言えば、上述の二つの移動を矛盾しないものとして立てることを試みなければならない。弁証法的審級は、それらの外見上の矛盾にはとどまらないことを可能にする。しかしこの審級は、いかにして、また何故にこの二つの移動が相互に強めあうことができ、またそうせねばならないのかを理解させるにはおそらく十分ではないだろう。弁証法的審級は、論理学者の悟性が矛盾しか見出さないところでさえ、ある（別の）論理がなお通用しうることを、それがいかなる論理かをわれわれに明示することはないが、確かに立派に論証する。というよりもむしろ、否定的なものによって働かされる論理は、愛《シャリテ》のもろもろの厳格さにふさわしくない、といったほうがよい。しかし、まさしく、愛《シャリテ》は論理の厳格さを繰り広げるのだろうか。論理として愛《シャリテ》に要求されることは、次のように言い表わされることができよう。つまり、陳述する者とその陳述との絆によって、この陳述の実効性（指示）と陳述する者の資格づけとを保証するということである。あるいはまた、信仰告白する者は、彼が単にそこに居合わせる（現前する）ことで、彼が陳述することに反してはいないこと、そして彼が述べること（「イエス［は］主［なり］」）はある事態に対応していることを、保証するということである。われわれは、こうして二重の保証を要求しているのであり、それに到達するために愛《シャリテ》の論理に訴えるのである。しかし愛《シャリテ》に保証を要求するとは、何を意味するのか。愛《シャリテ》がわれわれに保証を与えうるのは、否定的なものによって自ら絶対知の透明性に接近する〈精神〉のように、愛《シャリテ》が保証を産み出し、したがってまず第一に保証を目ざしている場合に限られる。ところで、愛《シャリテ》が保証一般と結んでいる関係は、もろもろの保証の要求の正当性を、ほとんど保証されていない不確かなものとするような関係なのである。

先を続ける前に、要求された二つの保証のうち、一方はすでに答えの端緒を具えていることに注目しよう。「イエス［は］主［なり］」という陳述は、思弁的にではないにしても、少なくとも思弁的命題がおのれの側で充たそうとしている諸要求に合わせて働いている。すなわちイエスと主は、教義的にも護教論的にも互いのうちに移行するのである。それらは相互に相手方へと転回しあう。しかしこのような命題の諸項の論理的転回は、それ自身、明白に、復活祭の三日間（*triduum*）の神秘のうちに刻み込まれている。他の論者たち（A. von Speyr, H. U. von Balthasar, L. Bouyer, J. Guillet, etc.）が言った意味において、イエスは十字架上で、その主たることを賭けて（演じて）いる。彼は〔賭けに負けて〕それを失うことを企てることによってしか、〔賭けに勝って〕それを得ることはないのだ。この、死に至るまでの、そしてとりわけ地獄への降下にまで至るほどの、自己無化《ケノーシス》的な敗北・喪失は、最高の主たる資質として――まさしく限りなく、普遍的で、それゆえ全能の愛《アムール》という最高の主たる資質として――現われる。ところでこの主たる資格について、イエスの人間性はこれを失うことによって、負けるが勝ちという遊戯規則によってそれを再発見するなどという、いかなる保証ももってはいなかったと言うだけでは十分ではない。十分ではないというのは、イエスの神性そのものが「詩篇」二二を叫び、まさにこれによって一挙に、自己無化《ケノーシス》と、自己無化《ケノーシス》としての神性とを証言したからである。イエスが蘇るとき、彼は自分自身でではなく、父の力と意志によって蘇るのである。この永遠の絶対的な意志が、こうして愛《アムール》の決定的に拘束力をもつ論理を吹き込んだことは、しかしながら、イエスがさまざまな保証から恩恵を受けたことを意味しないし、彼の神的な意識がこれらの保証を所有し、獲得し、あるいは願いさえしたということすら、決して意味してはいない。愛《アムール》の論理は拘束力のある厳格さをもって展開するのだが、だからといって、諸々の保証を――とりわけ様態の言葉で定式化できるような保証を与えるわけではないのである。それゆえ、われわれは（*logos tou staurou*〔十字架上の論理〕の形態における）愛の論理の厳格さそのものに、いかなる保証によっても転回を保証しないということが属していると推測するのである。――第一の転回がわれわれに教えることは、第二の転回のアポリアを明るみに出すことができる。このアポリアは、陳述する者が「イエス〔は〕主〔なり〕」において問題となっている事柄の広やかさに直面して資格を失うことによって、彼が陳述することに違反しないでいることがいかにして可能かと問うているのである。陳述者は、彼が陳述することよりも（なぜなら、一言でいうと復活は歴史的になお検証されうるのだから）、むしろそれを陳述する彼の資格の正当性についての保証を欠いているのである。彼は、おのれが信仰告白する権利を十分に所有しているという保証を、そしてまさにそのことによって、信仰告白することが「正しい」（その「十分な理由」を持っている）という保証を要求しているのだ。アポリアについての問いは、すなわち、この際保証を要求することにいかなる意味があるのか、ということだ。なぜなら、陳述すべきなのはまさしく、大まかに想い起こしたばかりのことだが、強制的な前進〔イエスの死と復活のこと〕が人間的に、そしておそらくまた神的にも、もろもろの保証の欠如として体験されるような、死と復活に関する復活祭の神秘だからである。イエスと主との転回が、あらかじめの保証なしに示されるだけにいっそう厳格に陳述されるのと同様、信者と、彼がそこで信者として（資格づけられないまでも）認められる陳述との転回も、それがある保証に依拠していないだけにいっそう厳格に愛《アムール》の論理のうちに基礎づけられねばならない。よく理解していただきたい——ここで問題となっているのは、背教に先だって自己を正当化するつまらぬ争いではない。つまり、「私の右側に」頑迷な確信を、そして「私の左側に」、既成の確信を持たずに、心を清める貧窮に至るまでおのれを問い直しに委ねる真正な信仰を立てて、芝居がかった仕方でそれらを互いに対立させるような月並みな論争が問題なのではない。問題は、ここで論理が愛《アムール》に依存しているならば、転回はあるひとつの転回として理解されねばならないということを理解することである。すなわち、復活祭の三日において、イエスと主との論理的転回が〈子〉の〈父〉への絶対的転回に依拠するのなら、またこの転回が留保も保証もなしに全面的に〈子〉が〈父〉へと身を委ねることにおいて、勝利のうちに完了するのであれば、そして最後に愛《アムール》はあらかじめの諸々の保証を要求することの拒絶のうちに現われ、さらにはおのれを保証することの（「自分自身を救う」ことの、「十字架から降りる」ことの——「ルカ伝」二三・三五と三九ならびに「マタイ伝」二七・四〇）拒絶のうちに現われるのであれば——その場合、信仰告白が、したがって信者と宣布（*kérygme*）との相互転回がまさしく愛《アムール》の論理に従うためには、それは確実な保証に基礎づけられているとは主張しないのでなければならない。信仰告白の陳述行為の明証性、平静さ、そして信頼性は、この厳格さを前提し、この厳格さとともに増大する。「イエス〔は〕主〔なり〕」と信仰告白する者がそれを心の中で実際に告白するのは、彼の告白において彼を追認することを、イエスの主たることからしか期待しない場合に限られるのである。イエスのみが、彼の主〔たる〕こと、われわれが正しくこれを告白することを確証しうるのである。というのも、ただイエスだけが〈父〉から、主たること（「ピリピ書」二・一一）と告白者たる資格（「テモテ前書」六・一二）とを受け取ったからである。僕《しもべ》は主人にまさることはない。イエスがある霊的な絶対的転回からイエスと主との間の「論理的な」絶対的転回を受け取ったように、信者は、彼と彼が陳述することとの「論理的」転回を、彼自身の基盤の、彼を導き彼に先立つ御方〔イエス〕への——端緒となり、ただ一点を接するだけの——転回からしか、決して受け取ることはできないであろう。さらに、諸転回と諸信仰告白との相等性の原理がそこに由来する。「私は諸君に言う、誰であれ、人びとの前で私に対する信仰告白をなす者は、人の〈子〉も神の天使たちの前でその人を自分の仲間であると告白するであろう」（「ルカ伝」一二・八）。キリスト者は、みずからキリスト者だと言うことによって自分をキリスト者として証明するのではなく、「イエス〔は〕主〔なり〕」と言うことにより、そしてひとりイエスからのみ、彼がこの陳述と陳述者を確証することを期待することによって〔おのれのキリスト者なることを〕証するのである——そして、それまでの間は、他人たちが彼をキリスト教徒と呼ぶのに耐えるのである（「使徒行伝」一一・二六）。こうして彼は、しばしば迫害される少数派の苦悩と同じほど、彼がその名を呼ぶ者を知らないという苦痛、そしてとりわけ、その方を知り、さらにはその方のことを告白するあらゆる資格がおのれに欠けていることを知るという苦痛に耐えるのだ。——しかしそうなると、信仰告白はその論理を、その厳格さを発見することによってのみ見出すのだろうか。以上に素描された愛《アムール》の論理のなかに信仰告白が見出すのは、神に見棄てられた孤独な状態だけなのだろうか。逆にそれは、信仰を告白するためには愛《アムール》で十分であることを発見するのである。そしてキリスト者は決して愛を欠くことはない。なぜなら〈聖霊〉が、愛を受け入れる諸々の心のなかに、愛を注ぐのだから（「ロマ書」五・五）。

4　殉教

先のもろもろの移動は、思弁的命題の二重の手直しによって見えるものとなる二重の転回のうちに、それらの真理を見出す。この批判的な手直しの本質的なものは、一方の場合──「イエス［は］主［なり］」──においては、弁証法的保証（否定的なるもの、絶対知）に復活祭の放棄を置き換えることに帰着し、他方の場合──陳述者／陳述──においては、イエスの主たる資質のみがこのような陳述を遂行するべく語り手を資格づけることができるであろう、ということを確認することに帰着する。したがって、言説のさまざまな項を再び統一することの困難は、信仰告白を弱めたり、もしくは禁じたりするよりも、むしろまずそれを本来の姿において特徴づけるように思われる。ある意味においては、信仰告白に伴う「諸困難」は定義の価値をもつ。（仮にそうだとすると）信仰告白は、「困難な」言説として定義されることになるのだろうか。確かに、まさしく「困難な」言説として（定義されるであろう）。「この話は難しい」（「ヨハネ伝」六・六〇）。この話が難しいのは、それが神の祝福を述べようとするからである。それはイエス－キリストにおいて神が人間たちを祝福することによって、神を祝福するのである。われわれの言説にとって、称賛の言（*eulogia*）──祝福のくつろいだ言説を述べることは困難である。なぜなら祝福とは、それが目ざす者をその恩寵で充たすことによって、すぐれて「くつろがせる」（*eu-*）ことだからである。祝福はそれが報いる者に、すべての安らぎを与えるのだ。しかしこの贈物と満足とを、われわれの言説は容易に与えることはできない、というのも、それは諸々の保証を手に入れるという厳しい必要性によって制限されて、支配のモデルのなかにとどまるからである。われわれの言説をその転回もしくは信仰告白の途上で引きとめる「困難」は、まさしく転回そのものに存する。繰り返し言っておかねばならないが、ここで転回は、言い表わすことのできない魂の諸状態の湿っぽさ（私的言語活動）に訴えることを示すものではなく、ある有効化の諸規則を他の諸規則に置き換えることを示しているのである。信仰告白の有効化の諸規則は「十字架の言説」（「コリント前書」一・一八）として、「真理の愛《シャリテ》（*agapê tês alêtheias*）」（「テサロニケ後書」二・一〇）としての愛に属する。これらの有効化の規則を規定する助けとなりうると思われる、二つの予備的な基本要素を粗描しておこう。

　告白は、それが絶対的に有効であるためには、真に主であるイエスと、真にキリストに倣って再創造された〔告白を〕述べるキリスト者とを前提する。しかしこれら二つの条件を、陳述者は定義上、自分自身で充たすことはできない。それというのも、この二条件のいずれも陳述者の権能には属していないからである。イエスのみがある使徒をおのれの使徒と認めうるように、ひとり〈父〉のみがイエスの主たることを顕わにしうるのである。この意味において、信仰告白は、最高度に信者を巻き込んでいながら、自己自身を巻き込むことは全くない。信仰告白を検証するためにはそれに巻き込まれるだけでは十分ではないというだけでなく、そのような主張をすることがすぐれて詐欺行為となるであろう。信仰告白は陳述者を通過するが、しかしそれはより遠方から由来し、より遠方へと向かうのである。信仰告白は陳述者を貫いて通過する。それは〈子〉において人びとを神の子にしよう（「エペソ書」一・四―五）という「天地創造以前に隠された」神秘から由来し、あらゆるものを一つに取りまとめる〈子〉の主たる資格（「エペソ書」

一・一〇）を目ざすものである。信仰告白の賭金のすべてはまさしく、信仰者がこの移行に身を委ねるか、ということにかかっている。信仰者は、何らかの支配の保証から決定的に免れた二つの審級の間を彼に通過させる、このような移行の役割に身を委ねることができるだろうか。このような（「論理的」）諸条件のなかで語ることを受諾するか拒絶するかは、一見非合理な決断に属しているのだが、この決断は、好意をもって、実存的と呼ばれるであろう。実際、この実存的決断は、それが愛《アムール》の論理のなかに書き込まれていないとすれば、何の価値も持たないだろう。支配のモデルに従って遂行したり述定することを放棄することによって「イエス［は］主［なり］」と告白する者は、しかしすでに愛《アムール》の行為を遂行しているのであり、彼が愛しうる〈御言〉について、しかしすでに正しく述定しているのである。確かにこの告白は、その始まりにおいて愛《シャリテ》に向けられている。しかしこの隔たりそのものが、愛《シャリテ》を免れてはいないのだ。なぜなら隔たりは放棄（abandon 身を委ねること）を含んでおり、そしてとりわけこの放棄を耐え忍ぶことを含むからである。したがって、告白は殉教によって引き継がれる。なぜなら殉教は、殺害を表わす前に、証言を表わすからである。さらに、証言を表わすにすら先立って、殉教はキリストと、自己無化することによって勝ち誇る彼の主であることとの姿そのもののうちへの証人の取り戻しを表わすのである。信仰告白する者に対して殉教は、〔聖〕エティエンヌ（二）に許したように、そこにおいて信仰告白が絶対的に正しいものとなる場所に入る（そして〔そのための〕諸条件を知る）ことを許す。殉教は信仰告白する者に、三位一体の働きを見ることを可能にする――「〈聖霊〉に満たされ……、彼は神の栄光と神の右に座を占めるイエスを見た」（「使徒行伝」七・五五）。――かくして主たる資格はほんとうにイエスに、相互的で完全な関係において属する。述定は完全に正当となる。次いで、殉教は、信仰告白する者にキリストの諸性質をおのれが担い、また翻ってこれらの諸性質によっておのれが担われる機会を、すなわちおのれの霊を神に委ね

（「使徒行伝」七・五九＝「ルカ伝」二三・四六）、おのれの死刑執行人を許す（「使徒行伝」七・六〇＝「ルカ伝」二三・三四）機会を与える。かくして資格づけは、殉教者が受難、換言すれば愛《アムール》の論理に結びつくことを受け入れるときに、彼のうちに侵入する。遂行もまた、完全に正当なものとなる。こうして殉教は、信仰告白がそこでその最初の成就を見出す特権的な審級として現われる。そこにおいて我が、それを述べる者にとってはつねに過大なことを語る言説へのおのれの転回（改心）をおこなう信仰告白と、そこにおいて我が、沈黙のうちにイエスの姿において主へと身を委ねることを受け入れ、主の栄光を観想する殉教との間に、そこにおいて世界の終末論的な両者の中間がわれわれの言語の運命《さだめ》とともに演ぜられる *admirabile commercium*（驚嘆すべき交流）が創始される。両者のいずれも――世界も言語も――同じ距離の踏破に依存しているのである。(4)

書誌ノート

一、「偶像とイコン」は、その最初の版が *Revue de Métaphysique et de Morale*, 1979/4 に掲載され、ついでL・ヴェンツラーによって独訳されて、ベルンハルト・カスパー編集の論文集 *Phänomenologie des Idols*, Alber Verlag, Freiburg/München, 1981 に掲載されたテキストを発展させたものである。

二、「二重の偶像崇拝」は、最初に「二重の偶像崇拝。存在論的差異と神の思惟についての考察」という表題で、R・カーニーとJ・ステファン・オリリー編集の論文集 *Heidegger et la question de Dieu*, Grasset, Paris, 1980 に掲載された論文を再録・補完したものである。

三、「〈存在〉の十字」は「存在の空しさと神の名」についての講演を完成させ、修正したものである。この講演は一九八〇年の十一月二二日に、スイスのフランス語圏諸大学の神学部によって組織された博士課程のセミナー（Ph・スクレタンとP・ジゼル主宰）の招きに応じておこなわれ、P・ジゼル、ラボルとフィデス編集の *Analogie et Dialectique*, Genève, 1982 に掲載された。この講演は、アストリアスのスペイン研究学校（O・ゴンザレス・デ・カルデダル主催）の招きに応じて、一九八一年八月六日にアビレスにおいて繰り返された。

四、未刊のテキスト。

五、未刊のテキスト。

六、「現在と贈与」は *Revue catholique internationale Communio*, II/6, Paris, novembre 1977 に掲載され、論文集 *L'Eucharistie, pain nouveau pour un monde rompu*, Fayard, Paris, 1980 に再録された論文を再録（修正）したものである。

七、「究極の厳格さ」は、C・ブリュエール編集の共同論文集 *La confession de la foi*, Fayard, Paris, 1976 への寄稿を再録（修正）したものである。それはその原形のままでL・ヴェンツラーによって翻訳され、ベルンハルト・カスパー編集の共同論文集 *Gott nennen. Phänomenologische Zugänge*, Alber Verlag, Freiburg/München, 1981 に掲載されている。

他の刊行物から本書に再録された諸テキストは、もちろん、大幅に手直しされている。

原注

献辞

（1） F. W. J. Schelling, *Zur Geschichte der neueren Philosophie, in Sämmtliche Werke*, éd. Schröter, I/10, S. 22.

（2） Y. Bonnefoy, *Dans le leurre du seuil*, Paris, 1975, p. 68.

第一章　偶像とイコン

（1） P. Claudel, *Cinq grandes odes, III, Magnificat, in Œuvre Poétique*, « Pléiade », Paris, 1967, p. 251.

（2） 志向的体験においてまなざしを「固定する」まなざしのこのような停止の模範的な記述は、E・フッサールに見出される。たとえば *Ideen... I*, § 101, *Husserliana, III*, 254.

（3） P. Valéry, *Le cimetière marin, in Œuvre*, I, « Pléiade », Paris, 1960, p. 151.

（4） *Ibid.*, p. 147. この箇所はアリストテレス *De la divination dans le sommeil*, II, 464 b 8-10 に比較されるだろう。

（5） Baudelaire, *Harmonie du soir, in Œuvres Complètes*, « Pléiade », Paris, 1961, p. 45.

（6） Cicéron, *De Republica, VI*, 15. このテキストは、ここで *templum*（神殿）が明確に限界を持たず、宇宙に広がっているだけにいっそう意義深い。しかしそれにもかかわらず *templum* は、人間の *conspectus*（見ること）によって規定されているがゆえに、限定されている。

（7） R. Walser, *Das Götzenbild, in Prosa*（Suhrkamp, Francfort, 1968）, 129-130. この箇所はわれわれのおこなった概念的分析の諸要素を実存的に表現している。民族博物館の訪問者が、表面的であるとともに抵抗しがたい関心をもってまず彫像に目をとめる。すると突然一つの偶像がその関心に対立し、彼のまなざしはその偶像に釘づけされて、偶像崇拝的な芸術家がそこに託した神聖な印象をその偶像に読み取る。「……突然彼は、ある原始的な木彫像の前にわけもわからずじっとたたずんだ。その彫像はいかに恐ろしくまた粗野であろうとも、野蛮な偶像の呪術に身も心も圧倒される思いがするといった印象を彼に引き起こした。――なぜならその偶像はひとつの呪術だったからである」。この情動に「美的」なところは一切ない。この情動は、その像に対する崇拝へでなく、むしろその像がもたらし、この可視性そのものとしてもたらされる印象（*Eindruck*）そのものの崇拝へと煽動し、さらには肉体的に強制するのである。「……俄に彼をつかんだのは、アフリカの砂漠地帯からむしりとられたぞっとさせる像を自分の身をもって崇拝できるように、大地に身を投じ、膝まずき、平伏したいという、奇怪な脅し付けるような欲望であった」。

（8） HEIDEGGER, *Identité et Différence, in Questions I*, Paris, 1968, p. 306.

（9） HEIDEGGER, *Nietzsche*, Pfullingen, 1961, Bd. 1, 251, S. 321.

（10） KANT, *Critique de la Raison Pratique*, Ak. A. V, S. 145, tr. fr. Picavet, Paris, 1943, 155.

（11） F. NIETZSCHE, *Werke* (éd. Colli-Montinari), Bd. VIII /1, 217, fgt. 5 [71], tr. fr. *in Fragments Posthumes, Automne 1885–automne 1887*, Paris, 1978, p. 213（= *Wille zur Macht*, § 55).

（12） FEUERBACH, *Das Wesen des Christentums, in G. W.*, Berlin, 1968, Bd. V, S. 11, « ...dass das *Original* ihres Götzenbildes der *Mensch* ist ». Trad. fr. J.-P. Osier, Paris, Maspero, 1968[1], p. 98.

（13） P. CLAUDEL, *loc. cit.*, p. 251.

（14） CHANTRAINE, *Dictionnaire étymologique de la langue grecque*, Paris, 1968, p. 354 を参照せよ。それは、*éikô* がまずは、真の ad-parence（外見）における物そのものから発して見る者に到来する la parence（見かけ）（このような表現を使いうるとすれば）を指すことを強調している（そこから、このように外見上 en apparence 類似するもの ap-parentée、という便宜上の可能的意味が出てくる）。

（15） Jean DAMASCÈNE「すべてのイコンは秘密を顕わし、それを指し示している」。*Contra imaginum calumniatores orationes tres, III,* 17, *in Die Schriften des Johannes von Damaskos,* 3, Berlin, 1975, S. 126. この表現は『ティマイオス』の、「知性的なもののイコンとしての感覚的な神」*eikôn tou noêtou theos aisthêtos*（92 c 7）という、証拠不充分な（実際、最良の写本は「詩人の」*poiêtou* としている）表現に対する反響としてよりも、「コロサイ書」一・一五に対する応答として、おそらく聞き取られるべきである。この箇所は *ê tou aoratou éikôn kai autê aoratos*「見えないもののイコンと見えないものそれ自身」と、他所（*ibid. III,* 65, *loc. cit.*, S. 170）で明瞭に注解されている。この反復は、見えないものの見えるものへの逆流を、不器用といってよい仕方で指し示しており、この授与によって見えるものはそれ自身がイコン的となる。

（16） Concile de Nicée II, 787（*Denz.* n° 302）――イコンは、偶像崇拝という一見避けることのできない非難に対して位格的臨在（これは聖体の秘蹟における実体的臨在と根本的に区別される）の神学によってのみ、したがってそのキリスト論的再解釈によってのみ自己正当化できるということ、これを C. von Schönborn, *L'icône du Christ. Fondements théologiques élaborés entre le Ier et le IIe Conciles de Nicée*（*325–787*）, Fribourg/Suisse, 1976 が見事に証明した。また、M.-J. Baudinet, « La relation icônique à Byzance au IXe siècle d'après Nicéphore le Patriarche: un destin de l'aristotélisme », *in Les Etudes Philosophiques,* 1978/1, 85–106 も参照せよ。

（17） 注15で引用した Jean Damascène の表現も参照せよ。

（18） Descartes, *Quintae Responsiones*, *Œuvres*, éd. A.-T., t. VII, p. 368, 2-4. クレルスリエは次のように訳している。「無限者の真の観念を持つためには、把握（理解）不可能性（l'incompréhensibilité）そのものが無限者の形相的根拠に含まれているだけに、無限者はいかなる仕方においても理解（包含）されるべきでない」（Descartes, *Œuvres Philosophiques*, éd. F. Alquié, t. 2, Paris 1957, p. 811）。

（19） René Char, *Contre une maison sèche, in Le Nu perdu,* Paris, NRF, 1987, p. 125.

（1）BOSSUET:「それは、立ち止まること（*s'arrêter*）を意味するギリシャ語からÉPOQUEと呼ばれるものである。なぜならそこに立ち止まることにより、以前または以後に生じたすべてのことを休息の場所とみなし、それによって時代錯誤、すなわち時代を混同させるこの種の誤りを避けるからである」（*Discours sur l'Histoire universelle*, Avant-propos）。注目すべき点は、偶像がまなざしを停止させ、まなざしはその容量が充たされる前進点の彼方に進むことができないのと同じように、エポックは立ち止まり（*epekhô*）、いわば時間の流れを宙吊りにするということである。歴史とはエポックを形成する諸々の偶像の継起としての歴史ではなかろうか。したがって歴史は、そこでエポックを形成する諸偶像がまだ可能なままである限りでしか機能することができない。そうすると、イコンが可能的歴史の唯一の終わり――その終末論的な逸脱（ここでもまた、距離の踏破）――を創設するのだろうか。

（2）HÖLDERLIN, *Der Einzige, 1*, v. 48 sq., « *Herakles Bruder* », 2, v. 51–52: « *Ich weiss es aber, eigene Schuld ists! Denn zu sehr, /O Christus! häng ich an dir, wiewohl Herakles Bruder/Und kühn bekenn' ich, du bist Bruder auch des Eviers* »〔だがわたしは知っている、それは／わたしの罪なのだ、あまりにも／おお　キリストよ、わたしはあなたに愛着している、／あなたはヘラクレスの兄弟であるのに。／そしてわたしはあえて公言する、あなたはまた／酒神《エヴィーア》なのだ。（手塚富雄訳『ヘルダーリン全集2』河出書房）〕, et *3*, v. 50–55（G. S. A. 2/1, S. 154, 158 et 162）. *l'Idole et la Distance*, § 10 et 11（Grasset, Paris, 1977）を参照せよ。

（3）C. BAUDELAIRE, *Fusées*, *XI*, *in Œuvres complètes*, « Pléiade », Paris, 1966, p. 1256. P. VALÉRY, *Monsieur Teste*:「私は自分の精神を偶像にしたことを告白する」、*Œuvres*, « Pleiade », Paris, t. 2, 1960, p. 37 を参照せよ。

（4）「美的・感性的」偶像から概念的偶像への移行は少しも意外ではない。なぜならいずれの場合も補捉（appréhension）だけが問題だからである。そこからニュッサのグレゴリウスの有名な一連の言葉が出てくる。「〔……〕あらゆる概念（ノエマ?）は、限定する概念作用と、神的本性に達すると主張する狙いとのうちに想像力を捕捉することに従って生ずるので、もっぱら神の偶像（*eidôlon theou*）を形作るのみであって、いささかも神そのものを知らせることはない」（*Vita Moysis*, II, § 166, *P. G.*, 44, 337b）。この点に関して、ニーチェは偶像の概念への拡張の正当性を支持している。彼は偶像を明確に理想として定義しただけでなく——« *Götzen*（mein Wort für "Ideale"）*umwerfen* »「偶像（「理想」に相当するわたしの語彙）を転覆すること」（『この人を見よ』序文第二節）——、彼が『偶像の黄昏』を「永遠の偶像」に捧げたのは、「大いなる誤謬」すなわち諸概念（原因、結果、自由など）、形而上学の諸概念をこのように（「永遠の偶像」として）理解した限りのことでしかない（『偶像の黄昏』序文）。これらの概念的偶像は宗教的偶像と「神の死」との後も、悠々と生き残っている。そこからそれらの甚だしい危険が生じている。

（5）L. Feuerbach, *Das Wesen des Christentums*, *in* G. *W.* Berlin, 1973, Bd. V, S. 11; trad. franç. J.-P. Osier, Paris, 1968, p. 98.

（6）F. Nietzsche, *Wille zur Macht*, §55: G. A., Colli-Montinari, VIII/1, 217, 5 [71], tr. fr. *in Fragments Posthumes, Auiomne 1885–automne 1887*, Paris, 1978, p. 213.

（7）*Das Wesen des Christentums*, 1/2, S. 93-95; trad. franç. p. 167–168.

（8）E. Kant, « *...moralischer Welturheber* »「道徳的な世界創造者」『判断力批判』87節を参照せよ。« *Folglich müssen wir eine moralische Weltursache*（*einen Welturheber*）*annehmen, um uns gemäss dem dem moralischen Gesetze einen Endzweck vorzusetzen* [...] *nämlich es sei ein Gott.* [...] *d. i. um sich wenigstens nicht von der Möglichkeit des ihm* [sc. l'homme qui pense bien] *moralisch vorgeschriebenen Endzwecks einen Begriff zu machen, das Dasein eines moralischen Welturhebers, d. i. Gottes annehmen* »「したがって我々が道徳法則に適うように究極目的を設定するためには、道徳的な世界原因（世界創造者）を仮定せざるをえない。［……］すなわちそれは、神が存在するということである。［……］すなわち少なくとも彼［よく考える人間］に対して道徳的に指定された究極目的の可能性の概念を形成するために、道徳的な世界創造者の、すなわち神の現存在を想定せざるをえない」。A・フィロネンコの翻訳はまさしく、この「概念」の偶像崇拝的機能をさらに強めている。「……彼に道徳的に指定された最終目的の可能性の観念を少なくとも心にいだくこと、世界の道徳的作者、すなわち神の存在を認めること」（trad. franç. Vrin, Paris, 1968, p.

259)。同様に88節 « *...ein moralisches Wesen als Welturheber, mithin ein Gott angenommen werden müsse* [...] *ein moralisches Wesen als Urgrund der Sshöpfung anzunehmen* »「……世界創造者としての道徳的存在者、したがって神もまた想定されねばならない〔……〕創造の根本的根拠としての道徳的存在者を想定すること」、91節 « *Nun führt jene Teleologie keineswegs auf einen bestimmten Begriff von Gott, der hingegen allein in dem von einem moralischen Welturheber angetroffen wird* »「ところでかの〔自然的〕目的論は、決して神の規定された概念に達することはない、それに反して神の概念は、ただ道徳的な世界創造者の概念においてしか見出されない」(その他、『実践理性批判』AK. A. S. 145; trad. franç. Picavet, P. U. F., Paris, 1966, p. 155,『単なる理性の限界内における宗教』*III*, 1, §4; trad. franç. Gibelin, Vrin, Paris, 1972, p. 134, etc. を参照せよ)。——カントが自分ではっきり偶像崇拝(*Idololatrie*, K. U., § 89)として表明し、「道徳的意向以外の手段によって至上の存在に気に入られうると想像する迷信的な妄想」(trad. franç., p. 264)と定義している危険からこのように免れていると信じえた動機をなお問わねばならない。なぜならば、実践的態度が仮定しないわけにゆかないこと——「神」が道徳性に従って、したがって道徳性の概念によってみずからを述べるということ——が、なお依然として偶像として妥当しないのはいかなる点においてであるかを問うことができないだろうか。そして、カントの用心はひるがえってカント自身に向けられるはずであろう。「……いかに感性的像から純化され解放されてこの概念が理論的に把握されても、この概念は、しかしながら実践的視点からは理想像(*idée*)として、すなわち神の意志の本性に関して神人同形的に、表象される」(同書、注)。そして神が定言命法に同意しなかったとすればどうだろうか。カントの答えは分かっている。神は、キリストと同様に、道徳法則の単なる例証の役割に還元されて、除外しなければならないであろう。

(9) *Religion innerhalb der Grenzen der blossen Vernunft, III,* AK. A., VIII, S. 139; trad. franç., p. 183.

(10) Fichte, *Ueber den Grund unsers Glaubens an eine göttliche Weltregielung, in Fichtes Werke*, éd. F. Medicus, Bd. III, S. 130.

(11) « *Gott ist etwas Realeres als eine bloss moralische Weltordnung* »「神は単なる道徳的世界秩序以上の何かしら実在的

なものである」、*Untersuchungen über die menschliche Freiheit...*, éd. Schröter, I/9, S. 356, trad. franç. de J. F. Courtine et E. Martineau, dans *Œuvres Métaphysiques*, Paris, Gallimard, 1980, p. 142.

(12) Leibniz, *Textes inédits*, éd. Grua, P. U. F., Paris, 1948, 1, p. 287. これは「絶対的に完成された認識と、従ってまたあらゆる可能な十全的知覚の主体」としてのフッサールによる「神」の捉え直しと根本的に違わない。なぜならフッサールの場合も、「認識論的議論において不可欠な限界概念として、またいくつかの限界概念、哲学する無神論者でさえ欠くことのできないいくつかの概念を構築するために不可欠な指針」として、我々の精神の要求からして作り上げられた単なる「神の観念」(*Ideen... I*, §§ 43 et 79) が問題になっているからである。

(13) M. Heidegger, *Identität und Differenz*, Pfullingen, 1957, S. 63; trad. fr., *Questions I*, Paris, 1968, p. 305. また« *Insofern die Metaphysik das Seiende als solches im Ganzen denkt, stellt sie das Seiende aus dem Hinblick auf das Differente der Differenz vor, ohne auf die Differenz als Differenz zu achten.* »「形而上学が存在者そのものをその〈全体〉において思考する限り、形而上学は存在者を〈差異〉において差異づけられたものに向けて表象し、〈差異〉そのものを顧慮しない」(*ibid.*, S. 62. p, 305)、および *Ueber den « Humanismus »*, *Wegmarken*, G. A. S. 322, trad. franç. *Questions III*, Paris, 1966, p. 88. etc. を参照せよ。

(14) *Ibid.*, S. 63. « ...Sein als Grund und Seiendes als gegründet-begründendes »; trad. fr., p. 305.

(15) *Ibid.*, S. 47; trad. franç., p. 290.

(16) *Ibid.*, S. 51; trad. fr., p. 294, puis S. 64: trad. fr., p. 306. *Ursache* の意味として、原因と同時に、形而上学的にその原因を保証するもの、原初的なもの、*Ur-Sache* を理解すべきである。*Wegmarken*, G. A., 9, S. 350, trad. franç in *Questions III*, p. 131; et *Die Frage nach der Technik*, *Vorträge und Aufsätze*, Pfullingen, 1954, S. 26, trad. franç. *Essais et Conférences*, Paris, 1958 を参照せよ——「因果性の光で見られた神は、一つの原因、動力因の地位へと身を落としうる。その場合、神学の内部においてさえ、神は哲学者たちの神となる、すなわち、隠されていないものと隠されたものとを〝行為〟の因果性に従って、この因果性の本質的起源を一切考えずに規定する者たちの神となる」

(S. 35.)。思惟する者はこの意味で「無神論」という非難を招くことを確かに受け入れる。なぜなら「神に対するものとみなされた存在的信仰がその根底では神の不在 *im Grunde Gottlosigkeit* でないかどうか、そしてその場合は真の形而上学者のほうが、習慣による信者や、〝教会〟に忠実な信者や、さらには各宗派の〝神学者たち〟より、いっそう宗教的 religiöser でないかどうか」(*Metaphysische Anfangsgründe der Logik im Ausgang von Leibniz*, SS. 1928, G. A. 26, S. 211.)をまず自問しうるからである。

(17) *Ibid.*, S. 64-65: trad. franç., p. 306. 逆にダビデ王は契約の箱の前で裸で踊る。そしてとりわけ詩篇作者は歌う。R・ヴァルザーによって報告された経験も同様である(前述、第一章第三節原注7、本書二七五—二七六頁)。

(18) *Nietzsche, I*, Pfullingen, 1961, S. 366. 次も参照せよ。「神と超感性的世界に対する最後の一撃は、存在者の中の存在者である神が最高価値という身分に格下げされる *zum höchsten Wert herabgewürdigt wird* ことにある。神に対する最も耐えがたい打撃は、神が認識不可能なものと見なされることではなく、また神の存在が証明不可能であると証明されることでもなく、実在的なものと見なされた神が最高の価値に仕立て上げられることである。なぜならこの打撃はまさに〝そこらにいて、神を信じなかった者たち〟から由来するのでなく、〈存在〉そのものを思惟することなど決して思いつくこともなく、すべての存在者の中の最高の存在者について語る信徒たちと、彼らの神学者たちから由来するからである——このことは、そのような思惟とそのような言説が、〈信仰〉からみられるならばこの上ない瀆神行為であり、〈信仰〉の神学と混じり合った信仰、まさしく瀆神 *die Gotteslästerung schlechthin* であることを彼らに理解せしめるであろう」(*Le mot de Nietzsche « Dieu est mort », in Holzwege*, 1950, S. 239-240=G. A. 5, S. 260; tr. fr., *Chemins...*, Paris, 1962, p. 213)。また、「〝神〟を〝最高価値〟として宣言すること、それは〝神〟の本質を損なうこと(*Herabsetzung*)である。諸価値の様態についての思惟は、他所と同様にここでも、〈存在〉に抗して考えられうる最大の瀆神である」(*Ueber den « Humanismus », Wegmarken, in G. A.*, 9, S. 349: trad. fr., p. 130)。唯一の問題をあらかじめ指摘すれば、「神」に対する冒瀆がここでは、いくつかの一致した仕方で、〈存在〉に対する冒瀆と合致している。しかし二つの冒瀆のこの合致そのものがそれらに劣らない第三の冒瀆をおのずから作り出すのではないか、と疑ってみることはできないだろうか。この第三の冒瀆は、たとえそれを予感することだけであっても、「存在」から出発して「存在」をめざして思惟しないという条件でのみ可能になるのではあるが。

(19) J.-P. Sartre, *L'Être et le Néant*, Paris, 1943, p. 703. この作品全体は（そしておそらくサルトルの結局は通俗的な「無神論」もまた）、可能的な「神々」の間を（ハイデガーやパスカルのように）慎重に区別することなしに、神を自己原因と同化することに基づいている。「自己原因の尊厳」がもたらす魅惑は（p. 714. *causae dignitas* についてのデカルトとアルノーの間の論争に無意識のうちに呼応して *Œuvres, loc. cit.*, AT. VII, 242. 5）、「神」の概念を授けるだけでなく、次のようなレトリックが捏造せざるをえない初歩的なキリスト論にまで到る。「すでに見たように、欲望は存在の欠如である。その限りで欲望は自らが欠いている存在そのものへと直接に向けられる。すでに見たようにこの存在は即‐自‐対‐自であり、実体となった意識、自己原因となった実体、〈神‐人〉である」(p. 664)。「……諸宗教が神と名づける自己原因存在者。かくして、神が誕生するために人間は人間としては失われるがゆえに、人間の受難はキリストの受難の裏返しである」(p. 708)。しかし、神的なものの最も高貴な名前が自己原因にあるという素朴で攻撃的な自明性は、なかば概念的で全く無批判の神人同形説以外のどこからやって来るだろうか。

(20) Bossuet, *Discours sur l'Histoire Universelle, II*, 1.

(21) F. Nietzsche, *Werke* (éd. Colli-Montinari) VIII 3, S. 323, 17 [4] § 5, trad. fr. *Fragments Posthumes. Début 1888-début janvier 1889*, Paris, 1977, p. 272-3 (et *Wille zur Macht*, § 1038)。

(22) *Ueberwindung der Metaphysik*, § 12, in *Vorträge und Aufsätze*, I, S. 75, tr. fr., *Essais et Conférences*, Paris, 1958, p. 96.

(23) *Ueber den "Humanismus"*, *Wegmarken*, G. A., 9, S. 351, et 338-9, tr. fr. *Questions III*, Paris, 1966, pp. 133-134 et 114. ——これらのテキストによって、あるいはむしろわれわれがこれらのテキストについて執拗におこなっている注釈によって惹起された論争により、われわれはそれに平行するいくつかの別のテキストを引用するべく導かれる（ただし、この主張は絶えず現われるものなので、全てを網羅するものではない）。(a)「この時代の転回は、ある新たな神の突然の侵入によって、または古い神がその覆蔵から立ち現われて回帰することによって、出来するのではない。もしあらかじめ（*zuvor*）滞在地が人間によって準備されていなければ、神はその回帰の際にどこへ向かえばよいのか。そしてもし神性の輝き（*ein Glanz von Gottheit*）が存在するすべてのものの内であらかじめ輝き始めているのでなければ、神の住居がいかにして神にふさわしいものでありえようか。（……）しかしそこにおいてのみ神々が神々であるようなエーテルが神々の神性である（*ist ihre Gottheit*）。そのなかで神性が自らその現前を展開する（*west*）このエーテルの境位は聖なるものである。逃亡した神々の到来を迎えるエーテルの境位、すなわち聖なるもの（*das Heilige*）は、逃亡した神々の痕跡である」（*Wozu Dichter?, in Holzwege*, 1950, S. 249 et 250＝G. A. 5, S. 270 et 272; tr. fr. *Chemins...*, p. 221, 222）。——(b)「神は生きているのか死んでいるのか。それを決定するのは、人間の宗教性でもなければ、ましてや哲学および自然科学の神学的熱望でもない。もし神が神であるならば、神は存在の配置から、そしてそのうちで出来する。*ob Gott Gott ist, ereignet sich aus der Konstellation des Seins und innerhalb ihrer*」（*Die Kehre, in Die Technik und die Kehre*, Pfullingen, 1962, S. 46. tr. fr. *in Questions IV*, Paris, 1976, p. 154）。——(c)「〈存在〉そのものの非隠蔽性の欠如に留まることAusbleibenは、存在者における救済的なすべてのもの（*alles Heilsamen im Seienden*）の消失を急きたてる。この消失は、聖なるものの開け（*das Offene des Heiligen*）をおのれとともに含み、それを再び閉じてしまう。聖なるものの閉塞は神性の（*des Gottheitlichen*）すべての微光を暗くする。この暗くなることにより、神／神なるもの（Dieu/le dieu）が欠けているということが確固たるものとなると同時に隠蔽される」。ここから次の帰結が生じる。「神なるもの／神（le dieu/Dieu）の欠如よりもいっそう本質的でいっそう古いがゆえにいっそう当惑させ、いっそう不気味（*unheimlicher*）なのは、〈存在〉の運命である」（*Nietzsche, II*, S. 394 et 396, tr. fr. P. Klossowski, ici modifiée, Paris, 1971, t. 2, p. 316 et 317）。——(d)「私は、何において神が神であるのかを神学的に規定するために存在を用いるあらゆる試みを前にして、最大限に慎重である。存在から期待すべきものはここでは何もない。私は次のように考える。存在は決して神の根本にそして神の本質として考えることはできず、しかしそれにもかかわらず、神およびその顕現性の経験は、それが人間に遭遇しうるかぎり、まさに存在の次元において閃くのであるが、しかしそのことは存在が神に対する可能的述語の意味を持ちうるということを意味するものでは全くない、と」(*Séminaire de Zurich*, traduction F. Fédier et D. Saatdjian, *Poésie* n° 13, Paris, 1980, p. 61; voir la tr. de. J. Greisch, *in Heidegger et la question de Dieu*, Paris, 1980, p. 334)。——(e)「*Das Sein ist Gott*〈存在〉は神である、は今や思弁的に理解されて、*das Sein 'istet' Gott* 存在は神を存在させる、すなわち*das Sein lässt Gott Gott sein* 存在は、神が神であるがままにさせること、を意味する。*'Ist'* は他動詞でありかつ能動詞である。*Erst das entfaltete Sein selbst ermöglicht das Gott-sein* 自己自身にまで展開された存在（〔ヘーゲルの〕『論理学』において存在が展開されるという意味で）だけが、（反動で）神であることを可能にする」(*Séminaire du Thor 1968*, *Questions IV*, p. 258)。おそらくこの最後のテキストは、その注釈という立場とその伝えられ方からして、前のテキストより慎重に扱うべきである。この文脈ではそれは明確な意味を表わしている。——これらのテキストの影響力に関する議論については、本書六九—七四頁を見よ。

(24) とりわけ次の二つの主要テキストを参照せよ。*Der Ursprung des Kunstwerkes, in Holzwege*, 特にS. 29 sqq., =G. A. 5, 25 sqq., tr. fr. *In Chemins...*, p. 30 sqq., および講演 *Das Ding, in Vorträge und Aufsätze, I, Pfullingen, 1954*, tr. fr. in *Essais et Conférences*, Paris, 1958. 後者の五一頁（仏訳二一二頁）に次のようにある。「われわれが天空と述べる場合、われわれは、四方域の単純性（一重襞）からして *aus der Einfalt der Vier*、天空とともに三つの別の方域をすでに考えている。／神々はわれわれに合図するものであり、神性の使者 *die winkenden Boten der Gottheit* である。神性の隠された力によって、神なるものはその存在の内に現われ、その存在によって神なるものは現前する諸事物とのあらゆる比較から免れる。／われわれが神的なるものたちを考えるならば、われわれは四方域の単純性（一重襞）からして、その神的なるものたちとともに、他の三つの方域を考える」。単純化すれば、あるいは特徴を大雑把に誇張すれば、あえて次のようにさえ言えるだろう。「出現せしめる働き、大地と天空の、神的なるものたち（*Göttlichen*）と死すべきものたちの、単純性（一重襞）の鏡映の遊戯」が世界と名づけられ（*ibid.*, S. 52＝p. 214）、したがって世界が四方域の四つの方域をなし、したがって神々を「作る」がゆえに、「神」が世界を創造するどころか、神々を「作る」のは世界である、と。

(25) *Postface à Was ist Metaphysik?, in Wegmarken,* G. A. 9, S. 307, tr. fr. *in Questions I,* Paris, 1968, p. 78.

(26) *Metaphysische Anfangsgründe der Logik,* SS 1928, G. A. 26, S. 20. このテキストは、『存在と時間』第四節の表現があまりに控えめに語っているものをうまく徹底化している。

(27) *Ibid.,* S. 171; §§ 10 et 11. これら初期の分析は、後に *Zur Sache des Denkens,* 1969, S. 47; tr. fr. *in Questions IV,* p. 78. において「生起」(l'*Ereignis*) を形容する '*neutrale tantum*' と適合する。

(28) それぞれ次を参照。*Metaphysische Anfangsgründe der Logik, loc. cit.* § 10, S. 177 et *Prolegomena zur Geshichte des Zeitbegriffs,* SS 1925, G. A., Bd. 20, Francfort, 1979, S. 109-110. ——フッサールの純粋に現象学的な無神論、*Ideen …I,* § 58 はある程度までは参照箇所として役立ちうる。現存在の分析の企てにおいて現象学的方法が絶えず使用されていることについてはJ・F・クールティーヌによる整理を参照。J.-F. Courtine, « La cause de la phénoménologie », in *Exercises de la patience* 3/4, Paris, 1982.

(29) *Vom Wesen des Grundes,* in *Wegmarken,* G. A. 9, S. 159, tr. fr. in *Questions I*, p. 136. 実際はテキストはまだ続いており、神的な超越の還元を現存在からしての神の構成へと変容させている。すなわち、「……というよりもむしろ、超越を明るみにだすことによって、とりわけ現存在の十分な概念に到達するが、それ (現存在) は、その時にのみそれに対して、現存在の神に対する関係は存在論的にいかなるものであるか、という問いが立てられる (*nunmehe gefragt werden kann*) ような存在者である」。現存在についての問い、すなわち現存在が〈存在〉に関して自分自身に立てる問いは、神についてのあらゆる問いの可能性をあらかじめ規定している。「転回」以前にすでに、神に先だち、神について、前提条件が働いている。ここでは「存在」ではなく現存在が問題だということは、われわれの当面の主題にとってはどうでもよいことである。

(30) それぞれ次を参照。*Hölderlins Hymnen « Germanien » und « Der Rhein »,* G. A. 39, S. 32; *Grundprobleme der Phänomenologie,* G. A. 24, S. 110; *Nietzsche,* II, S. 415; *Vom Wesen und Begriff der* Φυσις, in *Wegmarken,* G. A. 9,

S. 240, tr. fr. in *Question II,* Paris, 1968, p. 180. ——われわれはもちろん、至高の存在者としての「神」の形而上学的解釈を語る数多くのテキストを考慮していない。

（31） *Die Technik und die Kehre,* S. 45, tr. fr. *Questions IV,* p. 152.

（32） とりわけ *Nietzsche I,* S. 324 et *Identität und Differenz,* S. 65, tr, fr. in *Questions I,* p. 306 を参照せよ。

（33） *Berichte aus der Arbeit der Evangelischen Akademie Hofgeismar,* Bd. I, 1954のなかの報告。*Heidegger et la Questions de Dieu,* p. 336. における J. Greisch による仏訳。

（34） La Fontaine, *Fables, I,* 18, *Le Renard et la Cigogne.*

第三章 〈存在〉の十字

（1） L. Wittgenstein, *Tractatus Logico-philosophicus,* n. 7, *Schriften I,* Frankfurt, 1980, S. 83. 次いで M. Heidegger, *Identität und Differenz,* S. 45, tr. fr. *Questions I,* p. 289.

（2） Ignace d'Antioche, *Aux Ephésiens, XV,* 1. および *ibid. XIX,* 1, と *Aux Magnésiens, VIII,* 2, 同様に、*Die Apostolischen Väter,* griechisch und deutsch, hg. Joseph A. Fisher, Darmstadt 1956, la note 86, S. 157 を参照せよ。

（3） Aristote, *Métaphysique A,* 3, 984 b 10.

（4） Origène, *Scolies sur le Cantique des Cantiques,* P. G. 17, 272 a.

（5） Denys, *Noms Divins, I,* 3, P. G. 3, 589 b. *IV,* 22, 724 b. *Théologie Mystique, I,* 1, 997 a ; *Hiérarchie Céleste, XV,* 9「……われわれの沈黙によって、隠されているがゆえにわれわれを超えているものを崇拝する」、340b を参照せよ。同様にマクシムス・コンフェッソル（Maxime le Confesseur）、「これらのものごと［sc. 受肉とその諸様態］は、その沈黙によって御言を崇拝することによって、信仰のみがこれらを受け取る」、*Ambigua.* P. G. 91, 1057a.

（6） ナジアンゾのグレゴリウス Grégoire de Nazianze.「危険のない貢物、沈黙という貢物によって崇拝する……」、*Lettre XCI,* P. G. 37, 165a. *Discours XXVII,* 5 と *XXXII,* 14, P. G. 36, 17b と 189b とをそれぞれ参照せよ。この主

題とその困難さに関しては、H.-U. von BALTHASAR, « Wort und Schweigen », *Verbum Caro,* Einsiedeln, 1960 を参照するのがよいであろう。

（7） 本書、第一章「偶像とイコン」、一二一─一二二頁を参照せよ。

（8） たとえば次の奇妙な逆説を考えてもらいたい。「私はニーチェ以来神は死んだということをもちろん知らないわけではない。がしかし私は現代の無気力や諦めの気分に直面する無神論的精神主義《スピリチュアリスム》のもろもろの美徳を信じる──、破局の時代にとっての厳格な自由思想のような何ものかを」（B.-H. LÉVY, *La barbarie à visage humain*, Paris, Grasset, 1977, p. 225）。そして「彼［sc. エレミヤ］がおのれの主と呼んだものの根本的な非存在」（*Le Testament de Dieu,* Paris, 1979, p. 274）を、不整合に陥ることなく提示するためには、ここでいささかも宗教的ではない仕方で引き合いに出された「主」の存在の身分と本性とを、以前とは異なった仕方でさらに思惟しなければならないであろう。

（9） それぞれ、*Par-delà bien et mal, II,* § 53, *Wille zur Macht,* § 55＝*Nietzsche, Werke*（hrg. Colli-Montinari）, 5〔71〕7, VIII/1, S. 217（§ 151 と 1035, 等を参照せよ）。

（10） それぞれ、*Ecce Homo, Généalogie de la Morale* 次いで *Généalogie de la Morale I,* 10.

（11） *Wille zur Macht,* § 1038＝NIETZSCHE, *Werke,* 17［4］5, VIII/3, S. 323. 次いで§ 639＝［10］138, VIII/2, S. 201 et § 712.

（12） *Tractatus logico-philosophicus,* 6. 44 « Nicht *wie* die Welt ist, ist das Mystische, sondern *daß* sie ist »「神秘は、世界がいかにあるかということではなく、世界があるということである」、6. 522 « Es gibt allerdings Unaussprechliches. Dies *zeigt* sich, es ist das Mystische »「確かに、言い表わせないものは存在する。それはおのれを現す。そのことが神秘である」。

（13） *Wille zur Macht,* §617＝Nietzsche, *Werke,* 7［54］, VIII/1, S. 321.

（14） *Wille zur Macht,* §693＝Nietzsche, *Werke,* 14［80］, VIII/3, S. 52.

（15） *Séminaire de Zürich,* tr. fr. par D. Saatdjian et F. Fédier in *Po&sie 13,* Paris, 1980, p. 60-61. J. Greisch の翻訳 “in *Heidegger et la question de Dieu.*” p. 334 と比較せよ。ほとんど知られていないその原文を例外的に引用しよう。« Wenn ich noch eine Theologie schreiben würde, vozu es mich manchmal reizt, dann dürfte in ihr das Wort “Sein” nicht vorkommen. Der Glaube hat das Denken des Seins nicht nötig. Wenn er das braucht, ist er schon nicht mehr Glaube. Das hat Luther verstanden, sogar in seiner eigenen Kirche scheint man das zu vergessen. Ich denke über das Sein, im Hinblick auf seine Eignung, das Wesen Gottes theologisch zu denken, sehr bescheiden. Mit dem Sein, ist hier nichts anzusichten. Ich glaube, dass das Sein niemals als Grund und Wesen von Gott gedacht werden kann, dass aber gleichwohl die Erfahrung Gottes und seiner Offenbarkeit（sofern sie dem Menschen begegnet）in der Dimension des Seins sich ereignet, was niemals besagt, das Sein könne als mögliche Prädikat für Gott gelten. Hier braucht es ganz neue Unterscheidungen und Abgrenzungen », *Aussprache mit Martin Heidegger an 06/XI/1951*, これは Vortragesauschuss der Studentenschaft der Universität Zürich, Zürich, 1952 による非売版である。われわれはこのテキストの謁覧を快く許可していただいたジャン・ボーフレ氏に感謝する（このテクストは現在 *Séminaire,* Gesamtausgabe, 15, Frankfurt am M., 1978, p. 436 sq. において入手可能である）。

（16） *Berichte aus der Arbeit der Evangelischen Akademie Hofgeismar,* Bd. I, 1954, tr. fr. J. Greisch, *op. cit.*, p. 334-335.

（17） *Nietzsche II,* S. 132.

（18） *Phänomenologie und Theologie, in Wegmarken,* G. A. 9, S. 66.

（19） 神の前における「狂気」としての哲学については、*Einführung in die Metaphysik,* S. 6, tr. fr. Paris, 1962, p. 20, そして、*Wegmarken,* G. A. 9, S. 379, tr. fr. in *Questions I,* p. 41（modifiée）.

（20） *Nietzsche II,* 132, *Einfühlung…loc. cit.* ——この主題に関しては、以下を参照されたい。J. Beaufret, « La philosophie chrétienne », in *Dialogue avec Heidegger,* t. 2, Paris, 1973, « Sur la philosophie chrétienne », in *Etienne Gilson et nous: la philosophie et son histoire*（coll.）, Paris, 1980, 同じく、« Heidegger et la théologie », in *Heidegger et la question de Dieu*. 最後に、J.-F. Courtine, « Gilson et Heidegger » in *Etienne Gilson et nous*…, *loc. cit.* を参照せよ。

(21) *Berichte aus der Arbeit der Evangelischen Akademie Hofgeismar,* Bd. 1, *loc. cit.*, tr. fr. J. Greisch in *Heidegger et la question de Dieu,* p. 336.

(22) *Holzwege,* S. 179, tr. fr., *loc. cit.*, p. 161. S. 186–186. tr. fr. p. 167–168 を参照せよ。

(23) *Nietzsche I,* S. 366.

(24) それぞれ *Holzwege,* S. 240, tr. fr., p. 213, 次いで、*Ueber den « Humanismus », in Wegmarken,* G. A. 9, S. 349, tr. fr. in *Question III,* p. 130.

(25) *Satz von Grund,* S. 53, 55, etc.

(26) *Nietzsche I,* S. 251, 321, 333, etc.

(27) *Identität und Differenz,* S. 51, 64, 65, tr. fr. in *Questions I,* p. 294 et 306. それよりは重要でないが、*Die Frage nach der Technik, Vorträge und Aufsätze, I,* S. 26, tr. fr. in *Essais et Conférences,* p. 35 を参照せよ。

(28) *Nietzsche, I,* S. 324 « …ob der Gott göttlicher ist in der Frage nach ihm oder dann, wenn er gewiss ist… »「神が神に関する問いにおいて、より神的であるのか、あるいは神が確実である場合に……より神的であるのか」。

(29) *Identität und Differenz,* S. 46–47 tr. fr. in *Qustions III,* p. 290–291 を参照せよ。

(30) それぞれ *Holzwege,* S. 75, tr. fr. *Chemins*…, p. 74（modefiée. *Auslegung*〔解釈〕は専門的な意味での釈義に限定されない）。次いで *Sein und Zeit,* § 3, S. 10 « …Glaubens, dessen Auslegung die Theologie sein sollte »「神学は信仰の解釈でなければならないとしても、その信仰の……」、*Holzwege,* S. 203＝G. A. 5, S. 220, tr. fr. *Chemins,* p. 181 および *Phänomenologie und Théologie* によって一九二七年に与えられた根本的な定義、« *Theologie ist die Wissenschaft des Glaubens* »「神学は信仰の学である」、Wegmarken, G. A. 9, S. 55 sq. を参照せよ。

(31) *Phänomenologie und Theologie, Wegmarken,* G. A. 9, S. 55.

(32) *Sein und Zeit,* § 10, それぞれ S. 48 と 48–49 さらに § 40, An. 1, S. 190 を参照せよ。そこでは、不安の神学的

記述は、存在的なままにとどまるがゆえに、現存在の存在論的な分析論を先取りするものではなく、それに取って代わるべきだと主張することによって、その分析論を遅らせているのである。

（33）それぞれ、*Phänomenologie und Theologie*, G. A. 9, S. 56 と *Sein und Zeit*, § 3, S. 10.

（34）*Sein und Zeit*, § 7, S. 37.

（35）*Metaphysische Anfangsgründe der Logik*, SS 1928. G. A. 26, S. 20, これは『存在と時間』第四節の諸定式をうまく徹底させている。

（36）*Phänomenologie und Theologie*, 上記引用文中、S. 48 と S. 49. このテキストの神学的位置に関しては、Y. de Andia. « Réflexions sur les rapports de la philosophie et de la théologie à partir de deux textes de Martin Heidegger », in *Mélanges de Science Religieuse*, 1975, 32/3 et 1976, 33/3 を参照せよ。

（37）*Ibid.*, S. 52 et 53. 強調はハイデガーによる。問題はまさしく、現存在がおのれをその支配者と認める（*aus sich ...mächtig*）「実存の諸可能性」を、信仰ゆえに現存在がその下僕（*Knecht*）にとどまる「実存の諸可能性」から分離させることである。存在論的なものの領域は、少なくともここでは、支配によって定義されるのだろうか。いかなる支配が問題なのだろうか。その支配に対立しうるために、信仰にはいかなる尊厳が暗黙のうちに授けられるのであろうか。

（38）*Ibid.*, S. 63.

（39）*Ibid.*, S. 64-65. 修正（correction）は、「罰（punition）」としてでも、矯正（redressement）としてでもなく、位置づけ（localisation）や標定（repérage）、つまり偏差の測定を可能ならしめる固定された座標へ関連づけることとして理解されねばならない。

（40）現存在の「仕方 *Weise*」としての、現存在の信仰する異文《ヴァリアント》としての信仰、*ibid.*, S. 55, 61, 68.

（41）それぞれ、*Prolegomena zur Geschichte des Zeitbegriffs*, SS 1925, G. A. 20. S. 109-110 および *Metaphisische Anfangsgründer der Logik*, SS 1928, G. A. 26, S. 177. 確かに、いくつかのテキストによれば、無神論の外見しか問題に

はならない。しかし現象学においては、外見（l'apparence）は、たとえそれが現われるもの（ce qui paraît）と厳密に合致するわけではないとしても、その現われるものをつねに顕示する。無神論がここで「方法的」であるということは、それをより厳密なものにするだけである。それは実際、現象学的還元において神を「回路の外に置くこと」（Husserl, *Ideen I*, § 58）へと差し向けるのであり、また現存在の根本的な中立性に属しているのである（*En découvrant l'existence avec Husserl et Heidegger*, Paris 1949, 1974, p. 167, 171, etc. における E. Lévinas の注釈）。さらに本書〔第二章〕、原注27ならびに原注28、次いで〔第四章〕原注1を参照せよ。

（42）この両義性は、キリスト教神学がそれにとって最も異他的なものにとどまるものに向かう道として伝記的に役立つことができたということを説明するものであろう。*Unterwegs zur Sprache*, S. 96, tr. fr. Paris, 1976, p. 95 と一九五一年のテクスト、tr. fr. *in Poésie 13*, 上述第三章原注15〔ハイデガーのチューリッヒセミナーでのテクスト〕を参照せよ。

（43）« Seyn der Götter », *Hölderlins Hymnen « Germanien » und « Der Rhein »*, WS 1934/35, G. A. 39, S. 271, 278. « Seyn » を、〈存在〉、別の書き方をするなら *Sein* の非形而上学的思惟の徴しとして読解しなければならない。この書記上の変化は、ヘルダーリンについての最初のいくつかの講義によってなされたある決定的な転換を証拠立てている。

（44）*Die Technik und die Kehre*, S. 45, tr. fr. *Question IV*, p. 152. 本書第二章原注31を参照。

（45）*Ueber den « Humanismus »*, in *Wegmarken*, G. A. 9, S. 319-320, tr. fr. *Question III*, p. 84.

（46）*Holzwege*, S. 209＝G. A. 5, S. 227, 仏訳 *Chemins...*, p. 187. すべての *bonum* の *agathon* への、したがって *on* への還元は、*Nietzsche II*, S. 225においてなおいっそう展開されている。

（47）A. Caquot, « Les énigmes d'un hémistiche biblique » in *Dieu et l'être* を参照せよ。*Exégèses d'Exode 3, 14 et de Coran 20, 11-24*, Paris, 1978（collectif）, p. 20, 21 および H. Cazelles, « Pour une exégèse de *Ex. 3, 14* », *loc. cit.*, p. 31-32 を参照せよ。——よく知られているように、七十人訳はあまりにその〔ヘブライ語の〕語義から逸脱してい

るために、アキラ訳を生み出すことになった。すなわち、〔アキラ訳においては〕*« ésomai ó esomai »*〔である〕。

(48) *L'athéisme difficile,* Paris, 1979, p. 59. P. Boutang の注解「……この〈存在 être〉は……神の宣言によって退去し、分離された。啓示は秘密の創設である」*Ontologie du Secret,* Paris, 1973, p. 458 と比較せよ。聖トマスによる「出エジプト記」三、一四の研究に関する E. Zum Brunn の研究、« La "métaphysique de l'Exode" selon saint Thomas d'Aquin » in *Dieu et l'être, loc. cit.,* p. 245-269 は、まさに教父たちに対する革新的な断絶を印づけている。

(49) E. Zum Brunn, « L'exégèse augustinienne de "Ego sum qui sum" et la "métaphysique de l'Exode" », in *Dieu et l'être, loc. cit.,* p. 141-164, D. Dubarle の最近の研究 « Essai sur l'ontologie théologale de saint Augustin », *Recherches augustiniennes, XVI,* Paris 1981 は、どれほど力強く説得的であろうとも、おそらく、鮮やかすぎて若干安易な解決——(「パルメニデス的」な起源をもつ) *esse commune* (共通な存在) と (本来的には神に関するもので、アウグスティヌス的なそしてすぐにトマス的となる) *esse divinum* (神的存在) との区別に訴えている。しかるに、この区別そのものが基礎づけられねばならない。われわれは、もしもそこでアウグスティヌス的な思惟がよりはっきりと形而上学の存在‐神‐学的な構成に従ってとり上げ直されているのであれば、J. S. O'Leary, « Dieu-Esprit et Dieu-substance chez saint Augustin », *Recherches de Sciences Religieuse,* juillet 1981, 69/3 の議論により同意するであろう。

(50) M. Harl のすぐれた問題点の整理 « Citations et Commentaires d'*Exode 3,* 14 chez les Pères grecs des quatre premiers siècles », in *Dieu et l'être, loc. cit.,* p. 87-108. とりわけ、決して神を言明するためではなく、神の名というものを与えようとする一切の主張を忌避するために (p. 102, 108)、いかにして *o ôn* (存在) が Eunome に対する論争のなかに介入してくるのかを示している。——究極的には、J・デリダの非常に鋭い指摘に理があるとせねばならないだろう。「したがってわれわれはより遠くまで進むことができる。言語として、〃私はあるところのものである (Je suis celui qui suis)〃は、死すべき者の告白である」(*La voix et le phénomène,* Paris, 1967, p. 61).

(51) *agathon/agathotès* と *agapè/erôs* との結びつきについては、*Noms Divins, IV,* 7 を参照。「この同じ善、聖なる神学者たちはこれをまた美なるもの (*kalon*) として、美しさ (*kallos*) として、愛する愛 (*agapè*) として、愛された愛

(*agapêton*) として、そして一切のものを美となす優雅さに満ちたこの光輝にふさわしいすべての他の神の命名としても誉め讃えるのである」(P. G. 3, 701c); *IV*, *dionysien*, *Structure hiérarchique du monde selon le pseudo-Denys*, Paris, 1954, p. 114.

(52) それぞれ *De Veritate*, q. 21. a. 1 次いで *Contra Gentes*, *I*, 38.

(53) それぞれ *Itinerarium mentis in Deum*, *VI*, 1 次いで *V*, 2. ボナヴェントゥーラにとって善そのものが神の固有名を示してはいないということは、明らかに無視されてはならない。究極の契機、すなわち、神の内に実際に移行せしめる excessus（超出、超越）は、キリストの磔刑に参与することを要求する。« transeamus cum Christo cruxifixo ex hoc mundo ad Patrem »「キリストの磔刑と共にわれわれがこの世から父へと越え出んことを」(*VII*, 6)。唯一の固有名はしたがって、キリスト者がそれを真に語るなら、それによって彼が神そのものに再び合一される *fiat*（現れ出でよ）〔という言葉〕において出来《しゅったい》するであろう。このテキストを逆の意味に解釈した、E・ジルソンによる奇妙な注解 « L'Être et Dieu », *Revue Thomiste*, 1962, p. 197 を参照せよ。

(54) *Théologie Mystique*, 2, P. G. 3, 1000b. ——*Aitia*（原因）と Réquisit〈必要条件〉との対応については、*L'idole et la distance*, § 14 を参照せよ。*Aitia*（原因）は定言的陳述を寄せつけない。なぜなら「万物は *Aitia* について定言的に述語されると同時に、しかしながら、*Aitia* はこれらすべてのものごとの何ものでもない」からである。*Noms Divins*, *V*, 9, 824b.（教文館『キリスト教神秘主義著作集1　ギリシャ教父の神秘主義』熊田陽一郎訳、二一五頁参照）

(55) それぞれ *Noms Divins*, *V*, 7, 821b、次いで *V*. 8, 824a、最後に *V*, 1, 816b を見よ。称讃の議論に関しては、*L'idole et la distance*, § 16 を参照。

(56) *Somme théologique*, Ia, q. 13, a. 11, *resp.*

(57) それぞれ *Noms Divins*, *IV*, 3, 697a 次いで *IV*, 7, 704b 最後に *IV*, 10, 705d-708a. *V*. 1, 816 b（本章原注55に引用）とおよび *IV*, 18, 716a もまた参照。

（58） ディオニシオス的な *mê on*（非存在）と諸々の *ouk onta*（非存在者）との形相なき単純な質料への還元は、より広いある対決を避けるための主な論拠として介入する。たいへん多くの場合のなかから、*In librum De divinis nominibus expositio*, éd, P. Caramello, Rome, 1950, nn. 226–229, 295–298, 355, etc.（et le commentaire p. 98–99), *Somme Théologique, Ia*, q. 5, a. 2 *ad* 1, *Contra Gentes, III*, 20, etc. を挙げておこう。

（59） *Commentaire des Sentences, I*, d. 8, q, 1, a. 3, *resp.* では *Addere* と述べられる。*De Veritate*, q. 21, a. 1, *ad* 1では *superaddere* と述べられる。*Somme théologique, Ia*, q. 5, a. 2, *ad* 1. では *importare* と述べられている。善は *ens* を前提としており、それに善が、輸入されるかのように「付け加え」られるのである。

（60） それぞれ *Commentaire des Sentences, I*, d. 8, q. 1, a. 3, *Solutio* 次いで *Somme théologique, Ia*, q. 5, a. 2, *resp.* それに以下の断片が比較されるだろう。「……他の諸分有物を分有するものはすべて、まず最初に存在そのものを分有している。なぜなら、何らかのあるものは、それが一者、生ける者、あるいは賢者として理解される前に、まず最初に存在者として理解される（*prius intelligitur aliquod ens*）からである。*In librum De divinis nominibus expositio*, n. 635, *loc. cit.*, p. 236.

（61） *De Veritate*. q. 21, a. 1, *resp.*

（62） *Somme théologique, Ia*, q. 85, a. 2, ad. 3. ——ディオニシオスと聖トマスとのこの不一致は、それがただ単に「暗黙の」一致（P. Faucon, *Aspects néo-platoniciens de la doctrine de saint Thomas d'Aquin*, Lille/Paris, 1975, p. 236）とされないならば、キリスト教思想の主要な進歩を讃える機会となる。E・ジルソンによれば、ディオニシオスは「善の優位性を乗り超えて存在の優位性に到達するには至っていない」。この見地からすると、「善の優位性」と「存在の優位性」との間では、「プラトン的な優位性」が第一のものであり、「キリスト教的な優位性」が第二のものである、ということは自明である。なぜなら、「神を存在と同一なものとみなす」ことが可能であり、適切なものであるということは、決して問いに値するものとはならないからである（E. Gilson, *L'esprit de la philosophie médiévale*, Paris, 1932, p. 94-5. これは、トマスの〔ディオニシオスの〕*Noms Divins, V*, 1〔『神名論』第五章第一節〕との論争を注釈したものである）。この高名な歴史家がディオニシオスとトマスとの隔たりに完璧に照準を定めることによってわれわれを啓発すればするほど、そこに進歩しか見ないという彼の確信はますます、ここで働いている本来神学的な問いを圧迫してしまう。この不十分さは、さらにA. Feder, « Des Aguinaten Kommentar zu 'Pseudo-Dionysius' *De divinis nominibus*. Ein Beitrag zur Arbeitsmethode des hl. Thomas », *Scholastik I*, 1926（これはトマス的逆転だけにしか言及していない、S. 344–346）においても、K. Kremer, *Die neuplatonische Seinsphilosophie und ihre Wirkung auf Thomas von Aquin*, Leyde, 1966（その反転に関する注釈なしの言及、S. 466）においてもまた見出される。

(63) Suarez, *Disputationes Metaphysicae, I*, s. 1, n. 19, 13, 26, etc. われわれの研究 *Sur la théologie blanche de Descartes*, Paris, 1981, p. 128–139 を参照せよ。

(64) E・レヴィナスとJ・デリダが、互いに異なるそれぞれの方向において、それ〔存在論的差異を他の差異によって取り消そうとすること〕を試みているように。われわれの問題への取り組み、*L'autre différant*, in *L'idole et la distance*, § 18, p. 274–294 を参照せよ。

(65)〈存在〉のスクリーン（本書上述第二章第四節五二頁以下参照）は、〈存在〉そのものが偶像に値していることを意味している。しかしこの偶像崇拝は、存在者が担っている偶像崇拝とは混同されえないであろう。存在者はスクリーン上に投影され、かくしてそこにおいて最初の見えるものとして現われる。だが〈存在〉は、〈存在〉そのものとしては決して現われない。完全に露呈されて現われることは存在者にしか属していないからである。しかしながら、（露呈そのものにおける退去として）〈存在〉を構成するこの顕現しないこと（目立たないこと）は、偶像崇拝から〈存在〉を逃れさせることはないであろう。すなわち〈存在〉は、あらゆる存在者が見えるものにおいて、見えるものとして現われるためにその上に投影されるスクリーンとして、それ自体として――すなわち顕現するものとして――おのれを構成しようとするあらゆる偶像のすぐれた意味での可能性の条件をなしているのである。〈存在〉は、すべての偶像のスクリーン（écran）として、偶像崇拝の宝石箱（écrin）の蓋を開くのである。

(66)「コリント前書」一・二一と『形而上学』第七巻（Z）第一章1028 b 3 の *aei zetoumenon on*〔永遠に求められ

ている存在者」との比較は、もちろん、ハイデガー自身によるものである（*Wegmarken*, G. A. 9, S. 379; tr. fr. *Question I*, p. 40–41）。

(67) Crampon は、« qui appelle ce qui n'est pas comme étant (déjà) »「存在しないものを（すでに）存在するものとして呼ぶ」と翻訳している。ウルガタ聖書は、« *et vocat ea quae non sunt tanquam ea quae sunt* »「存在しないものどもをあたかも存在するものの如くに呼ぶ」と翻訳し、ルターは、« *und rufet dem, das nicht ist, dass es sei* »「存在しないものに向かって存在せよと呼びかける」と翻訳している。（カトリック）ドイツ語訳はより徹底して次のように訳す。« *...das nicht Seiende als seiend herbeiruft* »「存在しないものを存在するものとして呼び寄せる」（L. de Wette, *Die Bücher des Neuen Testaments*, Heidelberg, 1832, 2e éd., *ad loc.*）。

(68) アリストテレス『自然学』第三巻第一章。200 b 32–34（変化 *metabolē* の種類）と、とりわけ絶対的生成についての議論、『生成消滅論』318 b 3 以下を参照。そこでは、絶対的生成が相対的生成から区別されるのは、それ自身相対的な一つの基準によってでしかないように思われる。つまり、その基体が感覚にとって「認知されていない」（318 b 23）か、あるいはそうではないかという基準に従っている。

(69) 『自然学』第二巻第一章 192 b 13–14。

(70) 上述の原注19を参照。

(71) ウルガタ聖書は « ...et ea, quae non sunt, ut ea quae sunt destrueret »「そして、存在するものどもを破壊しようとしたために、存在しないものどもを……」と翻訳している（*destruere* はただし *katargein* 廃止する abolir をうまく表現していない）。ルターは、« ...und das da nichts ist, dass er zu nichte mache, was etwas ist »「……そして神は何ものかであるものを水泡に帰せしめるために、そこに存在しないものを……」と理解している。ハイデガーは彼自身この章句の翻訳をおこなっている、« Und so hat Gott das Abkunftlose der Welt, die Niedrigen, das Nicht-Seiende auserwählt, um das Seiende, das Herrschende zu vernichten »「そしてそのように存在するもの、支配しているものを無にするために神は世の素性なきもの、卑しきもの、存在しないものを選ばれたのである」（*Metaphysische An-*

fangsgründe der Logik, G. A. 26, S. 222)。この翻訳は、ひとつの余計なもの（*das Herrschende*）を除けば、最も正確なものとわれわれには思われる。

(72) パウロは *katargein* という語を、その世俗的な用法に合わせて、破壊する（détruire）、無にする（anéantir）という意味ではなく、（判決、法律、律法を）廃止する（abolir）、取り消す（révoquer）留保する（suspendre）という意味で使用しているという事実を強調しておこう。「ロマ書」三・三一、四・一四、七・二。「コリント前書」二・六、「エペソ書」二・一五、等々……においても同様である。

(73) *zêtein*（求める）によって示された導きの糸が、「ルカ伝」九・九（« cherche à voir »〔ezêtein idein〕ヘロデ王が「会ってみたい」という場面）において、また「使徒行伝」一七・二七、« cherchent Dieu »〔zêtein ton theon〕異教徒たちが「神を追い求めている」場面において、再び認められる。それに対して、逆に、*agapè* は « ne cherche pas des choses à elle, *ou zêtei ta eautês* »「自分の利益を求めない」（「コリント前書」一三・五）のである。「テトス書」三・一九において、« recherches »〔zêtêseis〕「議論、探究」は、このようにして、« stupides »〔môras〕「愚かな」と形容されている。« rechercher »「探し求めること」は我有化の狙い（visée d'appropriation）を多くの場合含意しており、まさしくアガペーとしての啓示がそれを廃棄しに来るのだと、あえて言うことさえできよう。

(74) ニーチェは『反キリスト者』第四五節において、「コリント前書」一・二〇―二八を引用した後、まさにこの言葉〔「恐るべき偽作者」〕を吐いている。

(75) 「このウーシアという表現は、すでにそれが確固として定められた哲学的 - 理論的な意味を持っていたにもかかわらず、アリストテレスの時代においてもなお何か所有、所有物、能力というような意味を持っていた。ウーシアの純粋に前 - 哲学的な意味がなお存続しているのである。それゆえ存在者は手許にあって自由に処分しうる〔存在するものとしての〕何ものかを意味する」（*Grundprobleme der Phänomenologie,* G. A. 24, S. 153; *Metaphysische Anfangsgründe der Logik,* G. A. 26, S. 183 を参照）。

(76) *Cratyle,* 386 a: *ekhein…auta autôn tina bebaiotêta tês ousias.*

(77) 贈物の享受の代わりに所有を要求するというこの単なる事実は、(長兄がそのより大きな部分を受け取るのだから不平等な) 二つの部分へのウーシアの分割を含意しているということを、われわれは付言しておこう。したがって、所有は財の損失を前提している。財の新たな様態はそれに固有の減少に甘んじる。厳密に言って、息子はあるもの (ウーシアの他の部分) を、無に等しいもの (ウーシアに対する息子の関わりのもう一つ別の様態) と交換する。哲学的な用語で言うと、息子は第一のカテゴリーを、本質的に非本質的なカテゴリーである関係 (*Catégories*, 8 a 13) と交換する。要するに、息子は愚か者となり、彼がウーシアを奪い取るまさにその瞬間にウーシアを見誤るのである。彼自身、自分の父の前で自分自身を讃美する手段をそこに見るがゆえに、先にパウロが指摘していた歪曲によって、最初にその〔第一のカテゴリーたる〕ウーシアを歪曲させるのである。

(78) 同じ動詞が、「ルカ伝」一六・一において、その主人の「財産を浪費している (dissipe les biens, *ta huparkhonta*)」管理人を形容するために再び現われている。反対に、「ヨハネ伝」によれば、「散在し (dissipés)」ていた「神の子供たちを集めるために」(「ヨハネ伝」一一・五二) キリストが到来する。

(79) 「存在ないし事物そのものを、純粋な多様へと四散させることによってわれわれに対して感覚されうるものとなす、原初的な人間的条件を、贈物の拒否ないし無効化としてもまた解釈すること……。世界は最初の拒否の堆積物ないし沈澱物でありうるであろう」。M. CLAVEL, *Critique de Kant*, Paris, 1980, p. 206; p. 254 を参照。F. GACHOUD, *Maurice Clavel. Du glaive à la foi*, Paris. P. U. F., 1982, ch. X, p. 173 sq. における、この方向に向かっている他の諸テキストおよび諸参照項を参照。

(80) *Es gibt*〔については〕、*Sein und Zeit* においては § 43, 44, etc.〔を参照〕。そして *Zeit und Sein* においては、各所〔を参照〕、*Zur Sache des Denkens*, S. 17–20, 23–25. *L'idole et la Distanse*, § 19 におけるわれわれの以前のアプローチを参照。

(81) それぞれ、*Zur Sache des Denkens*, S. 17, tr. fr. *Questions IV*, p. 36 次いで S. 19, p. 45–46.

(82) *Zur Sache des Denkens*, S. 17, tr. fr. p. 37.

(83)　定義不可能な自己からの距離の「定義」の試みについては、*L'idole et la distance*, § 17 を参照。

(84)　Denys, *Noms Divins*, IV, 2, P. G. 3, 696 b.

第四章　空しさの裏面

(1)　実際はこの名称は〈存在〉や時間にではなく、生起に帰せられる。*Zur Sache des Denkens*, S. 46-47, tr. fr. *Questions IV*, p. 78. それでも、ここで、一九二八年に現存在の形而上学的中立性という題目で現われたものを思い起こすこともできる（*Metaphysische Anfangsgründe der Logik*, SS. 1928, G. A. 26, S. 171-172, 242, 246）。上述 p. 67, n. 27とp. 104, n. 41 を見よ。

(2)　P. Valéry, *Œuvres*, « Pléiade », t. II, Paris, Gallimard, 1960, p. 26.

(3)　*Ibid.*, p. 32.

(4)　*Ibid.*, p. 26.

(5)　*Ibid.*, p. 74.

(6)　*Ibid.*, p. 36.

(7)　第二章「二重の偶像崇拝」p. 43 n. 3 を参照。および「人間〔死すべきもの〕というやつは誰でも、その機関の中心部の近くに、人生という船旅のためのさまざまな器具のあいだのしかるべき場所に、自己愛の状態を示す信じられぬほど敏感な小さな装置をそなえつけているという気がするね。自分に感心しているとか、自分を愛しているとか、ひどく嫌がっているとか、自分というものを存在から除き去っているとかいうことを、そこで読みとるのさ。生きた指針が、人知れぬ盤のうえでふるえ、動物であるという零度と、神であるという極大とのあいだを、おそろしい速さでゆれ動いているんだよ」（*Monsieur Teste, ibid.*, p. 50.『テスト氏』粟津則雄訳、現代思潮社、七二―七三頁）。自己-偶像崇拝は偶像崇拝を完成するが、それはその論理の帰結、すなわち自己蔑視による自殺に身をさらすことによってである。

(8) *Ibid.*, p. 45.「こういうわけで、わたしは、自分を、自分が現実に所有している諸特性に還元しようと試みていた。自分の能力に対しては、ほとんど何の信頼も持てなかった、ところが一方、自己嫌悪に必要なものなら、何でも、自分のなかに、何の造作もなく見つかった」(*ibid.*, p. 12. 邦訳七頁)。「もしこの傲慢が、限度をこえた鍛練を加えられた魂のなかで、あのようにきびしく自分自身に向けられるのでなければ」(*ibid.*, p. 33. 邦訳四四頁参照)「弾性と侮蔑と、純粋さの中心。／わたしは、おのれのなりたいとねがうものに、心のなかで、おのれを犠牲に捧げる!」(*ibid.*, p. 40. 邦訳五六頁)「わたしは、自分が知っているもの——自分ができるものを、軽蔑する」(*ibid.*, p. 71. 邦訳一〇六頁)。

(9) われわれの研究 « L'angoisse et l'ennui. Pour interpréter *Was ist Metaphysik?* » *Archives de Philosophie*, janvier-mars 1980, 43/1 を参照せよ。

(10) *Wegmarken*, G. A. 9, S. 307, tr. fr. *Questions I*, p. 78.

(11) P. VALÉRY, *Œuvres*, *loc. cit.*, p. 34.

(12) このテーマでこの書が始まるのは、それがこの書の結論をあらかじめ与えているからにほかならない(一二・八を参照)。したがってその中間のすべての展開、つまり「伝道の書」そのものが、このひとつの文の注釈となっている。

(13) D. LYS, *L'Ecclésiaste ou Que vaut la vie?——Traduction, introduction générale, commentaire de 1/1 à 4/3*, Paris, 1977, p. 128.

(14) *Wegmarken*, G. A. 9, S. 113.

(15) 「コヘレトの書」二・一一、三・九、三・二二、七・一五、九・一および le commentaire D. LYS, *loc. cit.*, p. 97-98 を参照。ここでは価値や評価の語彙をもちこまないように注意しよう。「違いを見わけること」、さらには単なる損益の計算がもっぱら問題である。

(16) D. Lys を参照。「……*hbl*〝空しさ〟は確かに現前してはいるが、空中に消え去る水蒸気のイメージなので、これを〝無〟と理解するのは誤りであろう」（*op. cit.*, p. 75, voir p. 275）。同様に A. NEHER は次のように述べている。「なぜなら *hbl* は、語源的に水蒸気であり、生まれてもすぐに薄められる、摑むことのできない吐息だからである。*hbl* は、その本質そのものによって消え去るべく定められたすべてのものである（……）。吐息が私の前を行き、微細な大気と混ざり合い、その大気にあって形をもはやもたないのと同様に、私はまなざしで *hbl* を追い、それが消滅するのを見ることができるだけである」（*Notes sur Qohèlet*, Paris, 1951, p. 72）。〔être のとは〕根本的に異なる *hèbhèl* の意味論の説明が説得的であればあるほど、être 動詞とそれに関連する語彙の頻出にはなおさら驚かされる。

（17） « ...quod nos possumus vaporem sumi et auram tenuem, quae cito solvitur »「われわれはたちまち四散する水蒸気と無力な風のように奪われうるということ」*Commentarius in Ecclesiasten, I, 2, in Opera Exegetica 1*, C. C. S. L., t. 78, Turnhout, 1959, p. 253. ——ニュッサのグレゴリウスについて言えば、彼はまず、空しいこと、*mataion* を *l'anupostaton*、すなわち「留まらぬもの、そして語の単なる発声においてのみ存在を持つもの」、要するに言葉のように飛び散るものと定義する。そこからして別の、より一般的な意味が出てくる。「別の空しさが、いかなる目標にも到達しない努力において生ずるような物事の無益さに適用される。たとえば、子供が作る砂上の建築物、星に向かって矢を投げること、風を狩りに行くこと、自分の影に追いつくための競争のように」（*In Ecclesiasten, I*, P. G. 44, 620 c–d）。

（18） *hèbhèl* は *Atmis* と翻訳される習慣であるが、七十人訳聖書だけは例外で、*mataiotès* を選んでいる——これらの翻訳の共通点は、事物が消え去る場合（*atmis*）であれ、狂った磁針や空回りする車輪のように事物が定まらない場合（*mataiotès*）であれ、事物が持ちこたえないことを指摘するところにある。したがって「ヤコブの手紙」（四・一四）が次のように言うとき、「コヘレトの書」に最も接近している。« *atmis...pros oligon phainomenè epeita kai aphanizomenè* »「暫しの間現れて、やがて消える……息吹」。ウルガタ訳はこれを *vapor...ad modicum parens et deinceps exterminabitur* と書き改めている——ヒエロニムスは、*atmis* と、*hèbhèl* とを翻訳するために同じラテン語（〔*vapor*〕）を用いているが、これはたいへん論理的である。

(19) 聖ヒエロニムスによれば、«Caducum et nihil universitatis ex hoc verbo ostenditur.»「すべてのものの失効と無がこの言葉から明らかにされる」(*Op. cit., ibid.*, p. 253)。なぜなら「人間のもくろみに結びついた不治の弱点があるからである。それは死すべきことである。この地点ですべては一瞬にして失墜しうる。それゆえにわれわれは、人間的事柄の、こういう風に言えるならば、最も内在的な、そして最も切り離しがたい欠陥のようなもの、それは人間的事柄自身の失効である、と告白せざるをえない」(J.-B. Bossuet, *Discours sur l'Histoire Universelle, III*, 6)。失効は、失墜することにでなく、失墜しうることに——むしろ失墜を避けえないことに、存する。崩壊によってではなく、可能性によってすべては失墜する。

(20) 第三章第四節(本書一二〇頁以下参照)。

(21) *Op. cit., ibid.*, p. 252-253. これをE. Renanが、彼なりの非常に的確かつ精妙に歪曲された仕方で、確認している。「彼[コヘレト]は、懐疑的で、物質主義者で、運命論者で、とりわけ悲観論者だと考えられうる。彼がまちがいなくそれでないといえるのは、無神論者である。彼にとって神を否定することは、世界を否定することであり、それは狂気そのものであろう。彼が罪を犯すとすれば、それは彼が神をあまりに偉大とし、人間をあまりに卑小とするからである(……)。結局、神は人間に関心を抱いている」。*L'Ecclésiaste traduit de l'hébreu. Étude sur l'âge et le caractère de ce livre* (1882), in *Œuvres Complètes*, éd. H. Psichari, t. 7, Paris, 1955, p. 538.

(22) Pascal, *Pensées*, Br. § 161, L. § 16; Voir Br. § 164, L. § 36.「世の空しさを見ないものは、まさにその人自身が空しいのである」。

(23) *Genèse*, 1, 4, 12, 18, 21, 25, 31.

(24) 正確には一五一四年の彫刻凹版『メランコリアI』である。すでに古典となった諸研究——E. Panofski und F. Saxl, *Dürers 'Melencolia I'. Eine quellen- und typengeschichtliche Untersuchung*, Leipzig/Berlin, 1923. これは次の本においてさらに展開された。R. Klibansky, E. Panofsky and F. Saxl, *Saturn and Melancholy*, Londres 1964[1] et Oxford 1979[2]——はこの版画がとりわけ、M. Ficin, *De vita triplici* (1489, この書は三種のメランコリーを区別している。I.

imaginativa, ここでデューラーによって描かれたもの、II. *rationalis*, III. *mentalis*）と、Agrippa de Nettesheim の *De occulta philosophia*, Würzburg, 1510 とに依っていることを示した。しかしここでは次の指摘のみを書きとめておこう。版画は「深い思索に特有な焦点の定まらない眼（*unfocussed eyes*）」を、あるいはこの箇所で引用されている Melanchthon によれば、「*vultu severo, qui in magna consideratione nusquam aspicit*… 張りつめた物思いにいずこも注視しない険しいまなざしで……」（*loc. cit.*, p. 319. et note 117）を表わしている。見えるものがそこに収斂してゆく消点以外は、どこにも向かわない、定まらないまなざし。

（25） *Somme Théologique, IIa–IIae*, q. 25, a. 2, *resp*.

第五章　神学の聖体拝領的な場から／について

（1） Pascal, *Pensées*, Br. § 799, L. § 303. 裏返しの証拠として Athénagore d'Athènes の次の言葉とともに。「……誰でも、神に関することを神自身からではなく（*ou para theou peri theou*）、自分自身だけから知ると判断する」。*Supplique, VII*, P. G. 6, 904 b.

（2） 父（という語）は、~~神~~がその語を述べる意味そのものにおいて、~~神~~に対して（まさしく父に対する息子として、~~神~~に対して）われわれが述べた最初の語である。「ところである日、イエスはある所で祈っておられた。祈りが終わると弟子の一人がイエスに『主よ、ヨハネが弟子たちに教えたように、わたしたちにも祈りを教えてください』とたのんだ。イエスは言われた。『祈るときには、こう言いなさい。父よ……』」（「ルカ伝」一一・一―二）。父よ、とわれわれが叫ぶ（「ロマ書」八・一五、「ガラテヤ書」四・一六）のは、はじめにキリスト自身がそう述べるからにほかならない（「マルコ伝」一四・三六、「マタイ伝」一一・二五、二六・三九、「ルカ伝」二三、三四・四六、「ヨハネ伝」一一・四一、一二・二七、二八、一七・一、五、一一、二一、二四、二五、等）。

（3） （「ロマ書」一〇・一四）。ここで R. Bultmann の言葉を聞く必要がある。「啓示は照明（illumination）、認識手段ではなく、一つの出来事である（……）。啓示はそれゆえわれわれに直接に届き、われわれ自身のうちで達成される一つの出来事でなければならず、言葉、告知となる事実もまた、啓示に属している。宣教そのものが啓示である」。« Der Begriff der Offenbarung im Neuen Testament », *Glauben und Verstehen,* Tübingen, 1960, Bd. 3, S. 21. ——この立場の限界については、よく知られている（とりわけわれわれの粗描 « Remarques sur le concept de révélation chez R. Bultmann », *Résurrection,* 27, Paris, 1968）を参照）。

（4） このように、テキストとなった一種の聖骸布について、あるいはまた別の意味で、文学となったヴェロニカの覆いについて、語るべきであろう。それは、逆説的な仕方で見えるものとなった神の栄光によって、生気を失った言葉、死せる文字という屍衣の上に押された刻印なのである。

（5） したがって例外的に厳密な意味で、文学的出来事が問題となる。一つの出来事が結果を引き起こし、痕跡を残し、テキストという形で記念碑を強制する。それはテキスト自身が出来事を成す〔センセーションを巻き起こす〕（「新学期の文学的センセーション」という常套的意味で）ということでなく、逆に、出来事だけがテキストを成すがゆえに、まさにテキストは出来事を成さない〔センセーションを巻き起こさない〕という意味においてである。その証拠に、テキストは、それ自体として見れば、出来事へと送り返すことも、それを復原することもできない。テキストと出来事との間のこの隔たりは、復活祭の出来事から永久にわれわれを遠ざけるどころか（ブルトマン他）、反対にわれわれに次のことを示す。(a)復活祭でまさに問題なのは一つの出来事であって、意味の効果または解釈のゲームではない、(b)他なるものでありつつ同じものであるものによるこの出来事の完全な反復のみがわれわれにテキストを開く。これは聖体の秘蹟に直結している。

（6） 意味の囲いのさまざまな捉え方とその神学的含意に関しては、M. Constantini の既刊論文全体を参照のこと。特に « Celui que nous nommons le Verbe », *Résurrection,* 36, Paris, 1971, « Du modèle linguistique au modèle chrétien du langage », *Résurrection,* 46, Paris, 1975, « La Bible n'est pas un texte », *Revue catholique internationale Communio,* I/7, Paris, 1976, « Linguistique et modèle chrétien de la parole », in *La Confession de la foi*（recueil collectif dirigé par C. Bruaire）, Paris, 1977.

(7) Grégoire de Nazianze, *Orationes*, XXXI, 8, P. G. 36, 141 b. ――全く異なる論調で言いかえれば、「いまやわれわれは、もはや神についてでなく、神学についていささかのことを語ろうとしている。なんたる堕落か」。M. Bellet, *Théologie Express*, Paris, 1980, p. 77. 策略的というより陳腐なその書名にもかかわらず、またたとえ尊大で神秘的なその調子のためにすぎないとしても、適切なことを語っているこの著作は、深く考えて受容すべきであろう。

(8) Grégoire de Nazianze, *Orationes*, XXXI, 3, P. G. 36, 136 a.

(9) Augustin, *In Johannis Evangelium*, IX, 3, CCSL, t. 36, Turnhout, 1954, p. 92. ――Hamann が彼の *Aesthetica in Nuce*（tr. fr. J.-F. Courtine, *in Poétique*, 13, Paris, 1980, p. 41）の中心とするためにこのテキストを援用したのは、おそらく偶然に帰すべきことではない。

(10) Guillaume de Saint-Thierry, *Super Cantica Canticorum*, n. 21, éd. J.-M. Déchanet, « Sources Chrétiennes », Paris, 1962, p. 96.

(11) « De l'éminente dignité des pauvres baptisés », *Revue catholique internationale, Communio*, IV/2, Paris, 1979 を参照。

(12) Denys le Mystique, *Des Noms Divins*, *II*, 9, P. G. 3, 648 b および Maxime le Confesseur（すなわち Jean de Scythopolis）による権威ある注釈 *Scholia in lib. De Divinis Nominibus*, P. G. 4, 228 b とトマス・アクィナスの権威ある注釈。« ...non solum discens, sed et patiens divina, id est non solum divinorum scientiam in intellectu accipiens, sed etiam diligendo, eis unitus per affectum. »「神的なものを学ぶだけでなくまた苦しみ耐えること、すなわち神的なものの知識を知性において受けとるだけでなく、愛することによってそれら神的なものとの愛による統合をなしとげたのである」（*Expositio super Dionysii De Divinis Nominibus*, *II*, 4, *ad fin.*）。〈愛〉の中の愛が、神学としての神学の認識論的条件をなしている、という以上にうまく言うことはできないだろう。

(13) おそらくここで、ハイデガーのいくつかの件りを再び挙げておくのは無駄ではなかろう。*Phänomenologie und Theologie*, *Wegmarken*, G. A. 9, S. 54 et 56.

(14) Denys le Mystique, *Des Noms Divins, III*, 1, P. G. 3, 680 d.

第六章　現在と贈与

(1) 神学は、科学性とその客観化過程とは何ひとつ共通点を持たない。M. HEIDEGGER, *Phänomenologie und Theologie, Wegmarken*, G. A. S. 68-77 (trad. fr. dans *Archives de Philosophie* 69/3, Paris, 1969, p. 396-414) 参照。別のスタイルのものとして、L. BOUYER, « Situation de la théologie », dans *Revue Catholique Internationale Communio*, I/1, Paris, 1975 参照。

(2) ウーシア（*ousia*）（「ルカ伝」一五・三五—三六）を実体（*substantia*）（上述の本書第三章4、一三八頁以下参照）と訳すことに加えて、Fauste de Riez (452-478), (Pseudo-saint Jérôme, *Ep. XXXVIII*, P. L. 30, 272b) を思い起こしていただきたい。« Visibilis sacerdos visibiles creaturas in substatiam corporis et sanguinis sui, verbo suo secreta potestate convertit, ita dicens... »「可視的被造物を、それ自身の体と血たる実体へと変化させる、このように彼は語りつつ……」。そしてまた、一〇七九年、ローマの第六回公会議によって、ベレンガリウスに対して強いられた告白を思い起こしていただきたい。« ...Panem et vinum...substantialiter converti in veram et propriam ac vivificatricem carnem et sanguinem Jesu Christi...non tantum per signum et virtutem sacramenti sed in proprietate naturae et veritate substantiae »「……秘蹟の徴《しる》しと力によってではなく、自然の特性と実体の真理において……イエス・キリストの真なる本当の、生命を与える肉と、血へと実体的に変化させられた……パンとぶどう酒……」(Mansi, *Collectio XX*, 524; Denzinger, 355〔『H・デンツィンガー編　改訂版　カトリック教会文書資料集』浜寛五郎訳、エンデルレ書店、参照〕ほか。

(3) Concile de Trente, Session 13, c. 4 (Denzinger, 877 et 884). *Metabolé*: Cyrille de Jérusalem, *Catéchèses mystagogiques, IV*, 2, et *V*, 7 (P. G. 33, 1097 b et 1116a); Justin, *Première Apologie*, 66, 2 (P. G. 6, 429a), etc.

(4) それぞれ、La *Lettre* d'Innocent III à l'évêque de Lyon, 1202 (Denzinger, 414) と4e Concile du Latran, 1215

(Denzinger, 430; Mansi *XXII*, 982s)。

（5） J.-R. Armogathe, *Theologia Cartesiana. L'explication physique de l'Eucharistie chez Descartes et dom Desgabets*, La Haye, 1977, とりわけ p. 6, 8, 11, 31-32, etc. を参照。――聖トマスとドゥンス・スコートゥス（いわんや教父たち）は、キリストの身体の神秘を非‐神学的な理論的身体（corpus）の内部で捉え直すのだと主張するようないかなる説明や「聖体の秘蹟の自然学」も提起してはいないことを、J.-R. Armogathe 以上に強調しておくことが重要である。デカルトとライプニッツだけがこの難関を乗り越えるだろう。それゆえ、J. Guitton（« Logique de l'Eucharistie », dans *Revue catholique internationale Communio*, II, 5, 1977）が想定している、聖体の秘蹟に関する諸論理間の等価性には、議論の余地があるように思われる。というのも、その諸論理間には明白な段差があり、観想から説明への言説の起源の明らかな移動があるからである。

（6） 儀式がこのような仕方で聖体の秘蹟の現前を崇敬するのは、第三身分が連盟祭（la fête de la Fédération）でルイ一六世を称えたのと同様である。すなわち、国王は押し黙り、確実な友愛を彼の実際の現前によって承認するのである。そしてこの友愛は、国王を歓呼で迎え入れることによって、彼をその権力のうちに保ち、彼がこの友愛によってしか生きられないことを理解しているのである。このようなわけで、タレイランだけが、冒瀆されたというよりもむしろ世俗的な聖体の秘蹟をそこで執行することができた。

（7） S. Mallarmé, *Igitur ou la folie d'Elbehnon*, I, Le Minuit, *Œuvres complètes*, « Pléiade » Paris, 1945, p. 435. ――ここにマラルメが引用されているのを見て訝しげに思われるのは、深い神学的読解に値すると思われる聖体の秘蹟に関するあるテキストが過小評価されているからである。たとえば *Catholicisme*, dans *Variations sur un sujet, loc. cit.*, p. 390-395 その一連の文は、神学的に正当であるとともに注目すべきものである、p. 394. ――E. Pousset は、この危険を控え目でかつ明確な表現で告発した。« L'Eucharisite, présence réelle et transsubstantiation », dans *Recherches de Sciences Religieuses*, 1966, 2.

（8） 意義変化（transsignification）と目的変化（transfinalisation）とを実体変化（transsubstantiation）のうちに再統

合し、そこで両者を強化すること、これは、J. de BACIOCCHI（« Présence eucharistique et Transsubstantiation », dans *Irenikon*, 1959 et *L'Eucharistie*, Tournai, 1964), E. POUSSET (*loc. cit.*), F.-X. DURWELL (*L'eucharistie, présence du Christ*, Paris, 1971) とJ.-H. NICOLAS.（« Présence réelle euchristique et transsignification », *Revue Thomiste*, 1981）の試みであった。神学の最近の発展がたしかにその諸限界を示したこの意図を、われわれは « Présence et distance » *Résurrection*, 43/44, Paris, 1974 のなかでかつて検討しておいた。

（9） *In Persona Christi* キリストなる位格における、Jean-Paul II, *Dominicae Cenae, II*, 8参照。「司祭はミサ聖祭を〝キリストなる位格において〟捧げる、このことは、キリストの〝名において〟やその〝代わりに〟ということより以上のことを意味している。〝位格において〟とは、〝永遠の契約の偉大なる司祭〟への形質上の、秘蹟による同一化のうちでということであり、しかもこの司祭は、誰にもその代わりが務められない彼自身の犠牲の、主《ぬし》でありかつ第一の僕《しもべ》であるということである」(tr. fr. *Sur le mystère et le culte de la sainte eucharistie*, Paris, 1980, p. 28)。

（10） なぜ聖体の秘蹟を条件つきで執行せざるをえなくなったのかがこうして理解される。つまり、ここでは信仰共同体の一体性は、もはや聖体拝領（communion）の成果ではなく、かえって集団的自己意識としてのその〔聖体拝領の〕条件なのである。離教したすべての「基礎的信仰共同体」は、どういう立場であれ、次のような共通した特徴をもつ。すなわち、聖体の秘蹟の執行はまずもって集団の規定を反映しており、敵対者に反して執行されるのである。政治的な闘争への欲望が、いくつかの聖体の秘蹟を蝕むというよりも、むしろ逆に聖体の秘蹟に関する歪められた神学がこれらの信仰共同体を政治的なこの欲望へと引き渡すのである。――反して祈りうること（この表現の神学的な無意味さにもかかわらず）は、H. OOSTERHUIS（dans *Autour de la table*, tr. fr., Paris, 1974, p. 109）が収集した「聖体の秘蹟の祈り」のうちのあるものが試みていることである。「われわれは、われわれ自身に反して／われわれの無知への偏向に反して／われわれの経済政策の怠惰さに反して、汝に祈る……」と人がそこで語るにしても、そのことは、要求の攻撃性を減らすどころか、逆に告発の実施を内面化することによって――『道徳の系譜学』I、§10-11、II、§11-12で分析された反動的行動を象徴的に例証するほどに――その攻撃性を強化するのである。どんな嫌悪も自己嫌悪から始まる。R. BRAGUE, « si ce n'est ton frère, c'est donc toi », *Revue catholique internationale Communio*, II/4, 1977.

(11) それぞれ L. CHARLOT, « Jésus est-il dans l'hostie ? », dans *Foi à l'épreuve*, n°5, C. R. E. R., Angers, 1977, p. 20 と B. BESRET, *De commencement en commencement, Itinéraire d'une déviance*, Paris, Seuil, 1976, p. 176 et 179. 漠然としていると同時に荒っぽい筆致にもかかわらず、われわれはこれらのテキストのなかに、物／秘蹟（*res/sacramentum*）の教義を、厳密に逆転させられた形ではあるが認めることになろう。すなわちここでは諸形質が物となり、秘蹟による合体が物／秘蹟となり、「神」への合体（であってキリストへの合体ではないことは重要な細部である！）が、秘蹟のみ（*sacramentum tantum*）となるのである。そして同様に、教会を形成する集団（身体 corps）（ここでは逸脱している共同体）も、秘蹟的身体を通じて栄光の（それゆえ、歴史的に復活した）身体に堅固さを与える。これは *corpus triforme* の教義の、逆転された捉え直しである。――全く別の水準の真摯さと能力において、C. DUQUOC「現前の概念は、それがそこにおいて実現される人間的基体、つまり頒ち与えられた食事もしくはパンを撤去させてしまう危険がある」*Revue des Sciences philosophiques et théologiques.* Paris, 1969/3, p. 427. だがまさしく、(a)人間的基体が問題なのだろうか。頒ち与えられた食事もしくはパンよりも、われわれの基体から解放され、それから独立しているキリストの贈与が問題ではないのか。(b)さらには、基体が問題なのだろうか。現前と基体（*substratun, hupokeimenon*）とはアリストテレス以降においてさえしばしば一致しており、一方から他方へのいかなる進歩もなく、それどころかまさに厳密な等価性が存するのではないか。R. BOEHM, *La Métaphysiques d'Aristote, Le Fondamental et l'Essentiel*, Paris, 1976 (tr. fr.; éd. originale La Haye, 1965) 参照。

(12) B. BESRET, *op. cit.*, p. 46 参照。ここから、これらの見かけ上は「受肉に関する」諸神学において、パンとぶどう酒に他の諸形質（米、紅茶等）を置き換えるということが、安易に許容されうるという事態が生じる。すなわち、ここと今におけるあらゆる聖変化の具体的な瞬間が失効するのと同じく容易に、イエスの歴史的偶然性の特異性が消え去ってしまうのである。

(13) B. Besret, *op. cit.*, p. 182–183 参照。——忘却ないし期待の終了（直接的意識のなかでの現在の主観的消失）によって、諸形質における聖体の秘蹟の臨在／現前の実在性が終わる。臨在／現前が全く存在しないということではないにしても、それは祈る意識に従属したものにとどまる。B. Besretが、「聖変化」の後に、食されなかったパンを焼くことについて語っているのは偶然ではない。いかなる実体的臨在・現前をも担うことのない（単に位格的にすぎない——M.-H. Congourdeau, « L'œil théologique », dans *Revue Catholique Internationale Communio*, II. 5, 1977）イコンは、物質的支柱（木版）が壊れたり腐ったりする場合には、燃えるべきであった。聖別されたパンはここでは、イコンの描かれた木版の役割を演じるのであり、それ以下でもなければ以上でもない。二つの臨在／現前、つまり位格的臨在／現前（イコン）と実体的臨在／現前（聖体の秘蹟）との混同は、イコンを聖体の秘蹟へと同化するか（聖像破壊論《イコノクラスム》、Ch. von Schönborn, *L'icône du Christ*, Fribourg, 1976 とりわけ p. 223–226 参照）、それとも聖体の秘蹟をイコンへと同化するか（現代のもろもろの偏向、意味の偶像崇拝）のどちらかである。いずれの場合も、受肉の正確な理解が欠けている。（M.-H. Congourdeau, *loc. cit.*）——最後に、聖体の秘蹟的臨在／現在についての還元主義的で偏向した解釈（Besret, Charlot, « Catéchisme hollandais »、等々）が、古代の信仰において祝別されたパンに帰せられていた働きを、聖体の秘蹟的臨在／現前に付与していることを注意しておこう。すなわち、信仰共同体の一員によって献げられ、聖変化以前に祝別されたこの準秘蹟（sacramental）は、聖体の秘蹟の贈与に代わることもなく、それと競合することもなしに、信仰共同体のそれ自身との統合の徴《しる》しとして万人に頒ち与えられていたのである。この敬虔なる慣わしは、もしそれがパンとぶどう酒の実在的変化（conversio realis）をそこに還元するのを避けるはずであれば、復興されるべきであろう！

(14) Hegel, *Encyclopédie*, § 552. カトリックの聖体のパンに代わって、道徳性が最高の神的臨在／現前、しかも意識の現在に含み込まれ、そこで理解された最高の神的臨在／現前となるであろう。「客観的道徳性（*Sittlichkeit*）とは、それがその現実的現前（*wirklicher Gegenwart*）における自己意識に住むかぎりにおいて、集団性とそれを構成する諸個人の意識としての神的精神である」（同上）。このテキストに、それを単なる偶発的なもの以上のものとするような並行するヘーゲルのあらゆるテキストをつけ加えなければならないだろう。『歴史哲学講義（*Leçons sur la Philosophie de l'Histoire*）』（IV, II, 1）のなかで、ヘーゲルは、聖体のパンが「キリストの臨在／現前が表象と精神のなかで本質的に確立される」（*Jubiläumausgabe*, Bd. 11, S. 480）ことを禁じていること、「カトリックにとって、その過程は精神のなかで起こるのではなく、精神を媒介する物性（choséité）を介して起こる」（同上）ということを注記している。同様に、『宗教哲学講義（*Leçons sur la Philosophie de la Religion*）』（III, III, 3）のなかで、彼は「この外在性がカトリックの宗教全体の基礎である」（Bd. 16, S. 339）ことを見事に強調している。また、『哲学史講義（*Leçons sur l'Histoire de la Philosophie*）』（III, II, II, B, Bd. 19, S. 146）をも参照。——同じ視点において、フォイエルバッハ『キリスト教の本質（*L'Essence du Christianisme*）』II, 7（tr. fr. J.-P. Osier, *loc. cit.*, p. 396-400）を参照。ルター主義のために、また絶対知をめざして、ヘーゲルによって批判されたこの隔たりを、カトリシスムは保持しようとしていることを確かに認めなければならない。さらにいえば、われわれがここで「距離」という名のもとで試みているのはまさにこれにほかならない。

(15) *Sein und Zeit*, § 81-82. その有名な注1、S. 432-433、しかしその前にまず6節と65節。——ヘーゲルが時間の形而上学的（「通俗的」）概念を完成し、かつカトリックの実在的臨在／現前を拒むのは、明らかに偶然ではない。すなわち、（自己と時間についての）意識から隔てられたこの臨在／現前が、その独立性と偉大なる永続性によって、「通俗的時間概念」の二つの根本特性、つまり、ここと今の優位性と、意識がそれについて体験している知覚への時間の還元という二つの特性の資格を失わせるのである。

(16) ハイデガーが、聖パウロの『書簡集（*Épîtres*）』、とりわけ『テサロニケ前書』四と五、および「コリント後書」一二・一―一〇の特別な読解の後に「通俗的時間概念」に代わる代案を考察し始めたことを、過大評価も過小評価もすべきではない。一九二一―一九二二年のいまだ未刊行の講義を引用している、O. Poeggeler, *La pensée de Heidegger*, Paris, 1967, p. 43s. (tr. fr.) を参照。K. Lehmann, « Christliche Geschichtserfahrung und ontologische Frage beim jungen Heidegger », dans *Philosophisches Jahrbuch der Görresgesellschaft*, 1966, 74/1 と同様に、Y. de An-

dia, *Présence et eschatologie dans la pensée de Martin Heidegger,* P. U. L., Lille/Paris, 1965 をも参照されたい。

(17) J. Jeremias, *La dernière cène, les Paroles de Jésus,* Paris, 1972 (tr. fr.), p. 283–304; L. Bouyer, *Eucharistie,* Paris, 1966, p. 87–88, 107, etc., *Le Fils éternel,* Paris, 1973, p. 140–152 et « Liturgie juive et Liturgie chrétienne », *Istina,* 1973/2 参照。逆に、l'*Introduction à la foi chrétienne*（« Catéchisme hollandais »), Paris, 1968「……主がおこなったことを、教会がそれ自身でおこなう本質的理由。教会は、主の記憶において、主のことを思うために、主がおこなったことをおこなう」(p. 429) また B. Besret *op. cit.,* p. 50. それとは反対に、パスカルの『覚え書《メモリアル》』は、もろもろの神学的要求に自発的に従っている。確かに、パスカルはこれを、「彼のまなざしと精神につねに現前することを望んだあるものの記憶を保持するために」、つねに肌身離さず身につけている (Note du P. Guerrier, dans le 3e recueil, cité dans Pascal, *Œuvres complètes*, éd. L. Lafuma, Paris, 1963, p. 618)。しかし、こうした主観的記憶は、絶対的に実在的な救済の事実（離反のまっただなかで彼に到達する神との合一）に関わっており、この事実は、想起の現在の瞬間（「小さな羊皮紙」が忠実に保持する）を根本的に規定し、そして永遠の完成を目ざす。すなわち「地上での試練の一日に対する喜びのなかで永遠に。汝の言葉を忘れないように。アーメン (*Non obliviscar sermones tuos. Amen.*)」。聖体の秘蹟の現在において頂点に達する記念《メモ》／覚え書《リアル》の定義を、希望へのパスカル的接近、したがってキリスト教的時間性への接近のなかに見出すこともできるであろう。すなわち「無限の善を所有するというキリスト者のもつ希望には、恐れと同様に現実の喜びも混じっている。というのは、それは、臣下の身ではその何ものをも手に入れることがないであろう王国を希望するような人々のごとくにではなく、キリスト者は聖性と、不正の除去とを希望しているのであって、彼らはそれらのいくぶんかを手に入れている」(*Pensées* Br. § 540, L. § 917)。

(18) J. Jeremias, *loc. cit.,* p. 300–301 と L. Bouyer, *loc. cit.,* p. 87 が引用している過越祭〔復活祭〕の夕べのユダヤ教の祈り、B. Italiener, A. Ffeimann, A. L. Mayer, A. Schmidt によれば、*Die Darmstädter Passach-Haggadah,* Leipzig, 1928, fol. 32 b–33a.

(19) J. Jeremias, *op. cit.,* p. 301–305 参照。

(20) Jean Damascène「このパンは、来たるべき日のためにある来たるべきパン（*epiousion*）の最初の捧げ物を示している。*epiousion* とは、来たるべきもの、来るべき時か、もしくはわれわれの存在を保護するためにわれわれがやがてなすであろうことを意味する」（*De la foi orthodoxe*, IV, 13, tr. fr. par E. Ponsoye, Paris, 1966, p. 175 参照）。Ambroise は、「この日の」パンを「来たるべき」パンとして理解する。「ラテン語では、ギリシャ人が来たるべきもの（*advenientem*）と述べているこのパンを日々のもの（*quotidien*）と名づける」。*De Sacramentis*, V, 4. G. Martelet は、この主題を *Résurrection, Eucharistie, Genèse de l'homme*, Paris, 1972 のなかで、強靭さと厳密さをもって展開した。

(21) Ignace d'Antioche, *in Die Apostolischen Väter*, éd. J. A. Fischer, Darmstadt, 1956[1], S. 158-161. Cyrille de Jérusalem, *Catéchèses mystagogiques*, V, 15, « Sources Chrétiennes » 126, Paris, 1966, p. 162-163 参照。

(22) M. Proust, *À la recherche du temps perdu*, « Pléiade », t. 2, Paris, 1954, p. 639.

(23) Hölderlin, *Lettre à sa mère*, n°307, G. S. A., 6, 1, S. 467; tr. fr. dans *Œuvres*, « pléiade », Paris, 1967, p. 1062.

(24) Maxime le Confesseur, *Expositio orationis dominicae*, P. G. 90, 900 c-d.

(25) Saint Cyprien「そしてそれゆえ、キリストにて生き、主（Lui）のうちに住んでいるわれわれが彼の聖化と彼の身体から遠く隔たり後退しないように、われわれのパン、つまりキリストが日ごとにわれわれに与えられることを、われわれは請願する」（*De dominica oratione*, XVIII, P. L. 4, 531a）。

(26) M・ハイデガー『存在と時間』65節「根源的で本来的な時間の原初的な現象は未来である」。われわれは明らかに、ほんのわずかの〔ハイデガーとの〕合致（concordisme）すらここで主張しようとするものではない。とはいっても、もし聖体の秘蹟の現在のカトリック神学が、形而上学的時間概念とのその断絶に際して、「存在論の歴史の破壊」にとって未知のものではない途を採るべく導かれるならば、それはおそらくどうでもよい偶然ではない。だが、ここでは影響は、必ずしも一方的に及ぼされているのではない。

(27)「コリント前書」一一・二四では、もろもろの異文に応じて、「裂かれた（rompu）／砕かれた（broyé）／差し出された（donné）／引き渡された（livré）身体」と言われている。引き渡された、換言すれば裏切られ売られた、すなわち、われわれすべてを代表したある裏切り者が、キリストを「差し出した（donné）」という意味で、キリストはわれわれのために彼の身体を与えた。saint Basile の典礼は、「これは、もろもろの罪の赦免に際してわれわれのために壊されたわたしの身体である」と述べている（A. HAMMAN, *Prières eucharistiques des premiers siècles à nos jours*, coll. « Foi Vivante », Paris 1969, p. 20 参照）。教理典範（canon）II・III・IV（この点において「ローマ・カトリックの」教理典範Iよりも伝統的である）のすべてが、「われわれのために引き渡された身体」に言及している（同上、p. 120, 125, 132）。

(28) PASCAL, *Pensées*, Br. § 670, L. §, 270 (Br. § 665, L. § 849 参照）。愛《シャリテ》が現在に巻き込まれることについては、JEAN DAMASCÈNE 参照。「〝パンとぶどう酒は身体と血の象徴などではない（それでは私からかけ離れている！）〟、それは、神格化された主の体そのものである」（*loc. cit.*）、また、THÉODORE DE MOPSUESTE「イエスは、〝それは私の身体の象徴である、それは私の血の象徴である〟とは語られなかった。むしろ確かに〝それは私の身体と私の血である〟と語られたのだ」（*Fragments sur Matthieu* 26, P. G. 66, 713）。

(29) Saint BONAVENTURE, *Breviloquium*, *VI*, 9, 6. このテキストは、聖アウグスティヌスの有名な次のテキストに呼応している。「私は成長した者の糧だ。成長せよ、そうすれば汝は私を食せるようになるだろう。肉体の食物のごとくに、汝が私を汝のうちに変容するのではなく、かえって汝が私のうちに変容されるであろう」（『告白』第七巻第一〇章一六）。また同様に、Guillaume de SAINT-THIERRY, *De Natura et Dignitate Armoris*, *XIII*, 38 (P. L. 184, 403) と Richard de SAINT-VICTOR, *Declarationes...ad B. Bernardum* (P. L. 196, 262) 等、さらには H. de LUBAC, *Corpus Mysticum*, 2e éd., Paris, 1949, p. 200–202 参照。

(30) H. de LUBAC がこの点に関して示している証明、*op. cit.*, p. 55 参照。

(31) H. de LUBAC, *op. cit.*, p. 55 のなかで引用されている *Hexameron*, *XII* (P. G. 89, 1069 c)。

(32) インノケンティウス三世のリヨンの司教にあてた『書簡』(Denzinger, 415)、聖トマス *Somme théologique*, *IIIa.*

q. 73, a. 3, *ad. resp.*; a. 6, *ad. resp.* 参照――H. de LUBAC, *op. cit.*, p. 189s. および *Catholicisme*, Paris, 1938, p. 63-65 における明快な説明参照。

(33) Saint AUGUSTIN, *Commentaire de Psaume* 98, 9 (P. L. 37, 1264).

第七章　究極の厳格さ

(1) 言語的身分規定について言えば、この定式化は、いくつかの条件をつけるなら、これが成就する旧約聖書の定式化、「ヤーウェ (Yahwé) はわれわれの唯一の神である」と等価である。われわれは以下においてこの暗黙の等価性を使用することができるだろう。

(2) この偏向に関しては、われわれの論文 « De l'éminente dignité des pauvres baptisés », *in Revue Catholique Internationale Communio*, IV/2, Paris, 1979 を参照。

(3) *Phénoménologie de l'Esprit*, tr. fr. Hyppolite, t. l, p. 18, G. W. F. Hegel, G. W. Bd. 9, *Phänomenologie des Geistes*, Hambourg, 1980, S. 18 参照。

(4) *L'idole et la distance*, *loc. cit.* § 16 および « Droit à la confession », *in Revue Catholique Internationale Communio* I/1, Paris, 1975 参照。

訳　注

第二章

（一）「命運」（Geschick）。通常の意味での「運命」と異なり、ハイデガーにおいて、〈存在〉がおのれを隠しつつ贈ってくること（schicken）を指す。存在者の「歴史」に対する「〈存在〉の歴史」（Seinsgeschichte）がここから構想される。

（二）「存在‐神‐学」（Onto-theo-logie）。ハイデガーにおいて、「〈存在〉の歴史」の命運に従って〈存在〉と神を存在者（偶像）へと偽装し、それを概念的に論証する伝統的な存在論と神学に共通した思惟であり、西洋形而上学の根本体制をなすとされる。

（三）「組み立て」（Gestell）。ハイデガーの技術論において、存在の命運に従って自然が利用（用立て）の対象としてのみ存在するようになる体制のこと。

（四）「フォークを前にした雌鳥」。一般に使用される「ナイフを前にした雌鳥のようである」と同様、「思わぬ事態を前にして当惑する」という意味の表現。

第三章

（一）原語 croisée は、「十字の交差」という意味の他、「開き窓の窓枠」という意味がある。

（二）「神性学」（Théiologie）。ハイデガーの用語で、存在者としての神に関する学を意味する。

（三）〈必要条件／原因〉（Réquisit/aitia）。aitia は元来アリストテレスの四原因などの「原因」を指すが、それが偽ディオニシオスの否定神学において「存在」や「善」などのいかなる神名によっても名指されることなく「称賛」（louange）

されるもの（Réquisit）の意味でも使用され、これをマリオンは継承している。Réquisit は以下では一般的な意味での「原因」と区別して〈必要条件〉と訳す。

（四）don は、文脈に応じて「贈与」、「贈物」、「賜物」などと訳し分ける。

（五）原語は porrection éclaircissant。これはすぐ後に見られるようにハイデガーの lichtendes Reichen の仏訳である。ハイデガーでは Lichtung（明るみ／空け開け）とは〈存在〉それ自体が光を当てて照明することではなく、それに先だって、そのような照明が可能になるために、林間の間伐によって開けるように場所が開けることを意味する。この場所の開けの生起が「存在論的差異」である。

第四章

（一）ニーチェを指す。

（二）「与えられた存在者」（étant donné、「それ故に」の意味もある）は、存在論的差異に先だって贈与される存在者を意味しており、マリオンのその後の体系的著書のタイトルとなる。

（三）ルアハ（ruah）とはヘブライ語で「気息」を意味し、pneuma、spiritus、Geist などと同一視される。この同一視がはらむ問題について、J. Derrida : *De l'esprit*, Paris, 1982, p. 165sq.（ジャック・デリダ『精神について』港道隆訳、人文書院、一九九〇年、一六四頁以下）を参照。

第五章

（一）オースティンの言語行為論（『言語と行為』）で、三つの次元に分けられた言語行為のうちのひとつ。「発語行為」が遂行される場合、「発語媒介行為」が因果的にその結果を引き起こすのに対して、「発語行為」の内で、その遂行と同時に、習慣的に命令、要求などの行為を遂行するのが「発語内行為」である。マリオンの議論には、デリダにおいてと同様、オースティンやサールの言語行為論の影響が随所に見られる。

（二）　ヴェロニカのヴェール。キリスト教の伝承において、聖ヴェロニカが処刑されたキリストの顔を拭った時、その痕跡を留めたとされる布。

第六章

（一）「実体変化」は、聖体拝領において、パンとワインという実体がキリストの肉と血という実体に変化すること。これに対して「目的変化」と「意義変化」は、この変化を物理的な変化ではなく、目的と意義の変化とする。

（二）　mémorial。記憶を絶した過去を指すものとして「記念碑」と訳すこともできるが、この文脈では、カトリックにおける聖体などの「神徳の記念」という意味。

（三）　エペクタシス。元来ギリシャ語で「伸張、伸ばす／伸びること」を意味するが、とりわけニュッサのグレゴリウスによって、人間が神を熱望し、神に向かって伸張して身を乗り出すこととして使用された。

第七章

（一）　スガナレル。モリエールの諸作品に登場する喜劇的人物。

（二）　聖エティエンヌ。エルサレムの最初のキリスト教団の助祭で、律法に対する信仰の優位を主張して処刑された。

解説

永井　晋

1. 著者紹介

本書はJean-Luc Marion, *Dieu sans l'être* (Paris, Fayard, 1982 / PUF, 1991) の邦訳である。

マリオンは一九四六年パリ生まれ、パリ・エコール・ノルマル・シュペリウール卒業後、ポワティエ大学教授などを経て現在パリ第四大学、シカゴ大学教授であり、二〇〇八年にアカデミー・フランセーズに選出されている。ハイデガーの決定的な影響のもとにありながら、形而上学の歴史のみならず「存在の問い」を「神の問い」によって解任し、それに基づいてデカルトを初めとする哲学史研究、神学、現象学のそれぞれの分野を大胆に革新しつつある現代フランスを代表する哲学者である。サルトル、メルロ＝ポンティに代表されるフランス現象学の伝統を新たな問いによって刷新し、レヴィナスとアンリ、さらにはデリダをも含めた「現象学の神学的転回」と呼ばれる新たな流れへと統合するとともに、この動向への反動として英米哲学に転向しつつある次世代の現象学者たちにも決定的な影響を及ぼし続けている。

マリオンの仕事は戦略的に次の三つの次元において並行的に進行してきた。それを主な著書とともに挙げておこう。

(1) 哲学史（デカルト研究）……『デカルトの灰色の存在論』『デカルトの白い神学』『デカルトの形而上学的プリズム』（デカルト三部作）
(2) 神　学……『偶像と距離』『存在なき神』
(3) 現象学……『還元と贈与』『与えられた存在者／それ故に』『エロス的現象』『否定的確実性』

これら三つの次元は相互に緊密に影響し合いながら進行してきたが、それらの関係を敢えて示すならば、本書『存在なき神』に代表される、ハイデガーの「存在の問い」に依拠してそれと対決し、従来の神学を革新する「神の問い」が根本にあり、それを一方で哲学史研究の新たなモデルとして適用しつつ、他方でこの問いを神学という領域的な枠組みを越えて普遍化し、従来の現象学をさらに徹底化して「現象学そのもの」を実現しようとするものである。その意味で、「神学的」著作の中心となる本書は、マリオンの仕事全体の中で展開されてゆく根本原理を凝縮して提示している点において特別重要な位置を占めるものである。現時点では彼は現象学者として自己規定しており、三つの次元は最後の現象学的次元に統合されたとも言えよう。この戦略によって、フランス・アカデミズムの中心にありながら極めて革新的な思惟を実現するというマリオン独自の立場を確立することが可能となった。

2. 『存在なき神』

まず、本書『存在なき神』の根本の狙いを、デリダが本書のタイトルに対して行った解釈を手がかりにして明らかにしておこう。デリダは、一九八六年にエルサレムで行った講演「いかに語らないか」を論集

『プシケー』に収めるにあたって付した詳細な注の中で、若きマリオンの「神学的」著作を頻繁に参照している。[1] 脱構築と否定神学の近さと隔たりを主題とするこの講演において、偽ディオニシオスの否定神学を駆使するマリオンの議論はデリダにとって極めて刺激的だったはずであり、また、マリオンの議論自体がそもそもデリダをひとつの出発点とし、これを乗り超えることをひとつの目標としてきたものであった。

デリダによれば、「存在なき神」(Dieu sans l'être) は、文字通りには「存在のない／存在しない神」と読めるが、l' を être の定冠詞ではなく「神」を受ける代名詞と取るならば、「神であることのない神」と読むこともできる。つまり、マリオンが思惟する神は、一方ではハイデガーの言う形而上学の「存在－神－論」的体制の中で存在者として存在することがないだけでなく、レヴィナスが示したように「存在論的差異」としての「存在」すらも媒介することなく、その「外部」で、もしくはそれとは「別の仕方で」のみ現れるものなのであり、その意味で「存在のない／存在しない神」である。他方で、このような「存在なき神」は、単に存在しないだけではなく、「神である」という規定すらも免れている。真の「神そのもの」に接近するためには「神である」ことをも絶えず否定し続けなければならない。これは歴史的には否定神学が行ってきた作業に他ならないのであり、これが「神であることのない神」という、タイトルのもうひとつの意味において告げられているのである。ここで、この否定（「存在しない」、「神でない」）とその果てに初めて到達されうる或る種の肯定（「神そのもの」）との微妙な関係が問題として浮上する。デリダの主張では、否定神学、およびそれをモデルとするマリオンの「存在なき神」の主張は、神の否定の末に或る肯定的《ポジティフ》に経験される「神そのもの」を「超本質性」(hyperessentialité) として想定しているのであり、それはなお脱構築の対象となる。これに対してマリオンは、「存在なき神」はもはや還元不可能な「愛の贈与《アガペー》」として経験されるのであり、それは現象学的に記述することが可能である——それこそが現

象学の究極の主題である――と主張するのである。(2)

このような神へのラディカルな問いが現在にまで到るマリオンの思惟全体をその根本で突き動かしているものであるが、『存在なき神』はその最初の定式化である。第五章で主題的に扱われるように、形而上学と〈存在〉のロゴスを愛の〈御言〉(Verbe)の贈与によって解任しつつ進む本書の文体は、マリオン独自のレトリックと相まって極めて難解であるが、その筋道のみを辿っておこう。

「神そのもの」に接近するための基礎論ともいうべき第一章「偶像とイコン」において、まず、「十戒」の偶像崇拝禁止とニーチェの力への意志による世界解釈と偶像の理論を下敷きにしつつ、まなざし(狙い=志向性)の現象学的分析によって、偶像(仮象)の発生が明らかにされる。それによれば、偶像とはまなざしが或る地点で息切れして停止し、凝固したところに「最初の見えるもの」として発生するのであり、それがまなざし自身の「見えない鏡」となって、そこに映された「見えるもの」、「まなざしうるもの」という現象性の地平が形成される。それはまなざしが自己自身を見たものであり、そこではまなざしを無限に超えた「神そのもの」への道は閉ざされてしまうが、この閉鎖性にまなざし自身は盲目なままに留まるのである。この偶像の分析は主にギリシャの神々の例に即して行われるが、それは単純に偶像を否定するものではない。いかなる偶像も、それが力への意志のひとつの形態である以上はそれなりの価値を持つのである。この偶像の理論は美的・感性的偶像のみならず概念的偶像にまで拡大され、概念によって神を論証する形而上学の歴史全体が偶像とみなされる。しかし、ある地点でまなざしの転回が起こり、まなざしはもはや「見えない鏡」に映された自己自身を偶像としてまなざすのではなく、逆にイコンによってまなざされるに到る。ここに、東方教会のイコンを手引きとして、まなざし=志向性に依存しない新たな現象性が発見されるのである。この転回において偶像崇拝は決定的に克服される。このイコン的経験をモデルとし、それを通して偶像が遮断した無限の「距離」を愛《アガペー》に向かって踏破して、そこからあらゆる偶像を解任することが本書の主題であり、さらに、キリスト教神学に由来するこのモデルを現象学的還元によって普遍化し、新たな現象性の記述を遂行することが現在にまで至るマリオンの課題となっている。

第二章「二重の偶像崇拝」ではこの偶像の理論が反復されるが、ここではさらにこの理論を駆使して、イコンとして経験される贈与の距離から、形而上学の偶像を決定的に解体したかに見えるハイデガーの〈存在〉という審級すらも、現存在のまなざしを映し出す「存在のスクリーン」として機能する最後の、そして最も執拗な偶像として告発し、解任することが試みられる。しかしそれは単純に形而上学や〈存在〉の問いを「批判」し、「神」というその「外部」に向かって乗り越えることであってはならず、ハイデガーやデリダが「解体」や「脱構築」によってすでにある程度まで行っていたように、あくまでも形而上学の歴史や〈存在〉に密着しつつ、それを内側から「解任」(destituer) するものでなければならない。

第三章「存在の十字」においては、「存在なき神」の贈与の独特の捉え難さと、それを語ることの困難が主題となる。この贈与を偶像化しないために「いかに語らないか」、そしてそれでも沈黙することなく「いかに語るべきか」。ここでもハイデガーに密着しつつ、存在の問いに従属した限りでの神から解放された神、形而上学の体制内でも〈存在〉によっても存在せず、存在者にならない神が、ハイデガーによる〈存在〉の抹消に倣って「存在する神」を十字で——ここではもちろん、受肉において神から放棄されたイエスの死を表す十字架が含意されている——抹消する神として示される。さらに、それを語るには「存在」をそれとは別の神名によって置き換えるディオニシオスの否定神学における神名論でも十分でないことが示される。それはなお否定にとどまっており、そこから否定がなされる神そのものには到達していないからである。〈存在〉から決定的に解放されるには、〈存在〉から他所へ逃れるのでもそのロゴスを否定するのでも十分ではない。そうではなく、愛の贈与は〈存在〉に密着しつつもそれに「無関心」であることによって存在を解放し、存在とは別の遊技によって〈存在〉をまさしくそれ自身の遊技へと委ねる（abandonner）のである。もはや存在者を〈存在〉に送り返すことのない、存在論的差異とは別のこの審級が、それとは別の愛のロゴスに従う『聖書』の三つのテクストに即して示されるが、それは後期ハイデガーが『時間と存在』において展開した、存在と時間を与える es gibt（……がある／それが与える）の贈与論や四方域にも回収されることはない。ハイデガーの贈与論が固有化（Ereignis）をその本質とするのに対して、神は距離を踏破することによってそれすらも無限に脱固有化するものだからである。

第四章「空しさの裏面」では、神として示された〈存在〉への「無関心」が、〈存在〉を留保する徹底した還元（エポケー）の遂行として、前章におけるよりもさらに具体的な経験に即して現象学的に記述される。ハイデガーが『存在と時間』における「不安」の情態性からその後の『形而上学の根本問題』において「退屈」として深化させていった〈存在〉の根本情態性の分析を踏まえ、それがヴァレリーの「テスト氏」、さらには『旧約』の知恵文学「コヘレトの書」が語る「空しさ」を経て、最後はデューラーの「メランコリア」を手引きとしてさらに還元されて、そこにおいては〈存在〉すらも「宙吊りにされ」、「どうでもよくなる」、神に面した根本情態性が示されるのである。

第五章「神学の聖体拝領的な場から／について」では、「存在なき神」を語る真の「神学」のロゴスが主題となる。それは神学者が神について語ると称しながら実は偶像崇拝的な瀆神に過ぎない「神学」のロゴスではなく、〈御言〉（Verbe）による、「神そのものについての語り」であると同時に「神による語り」なのであり、それは神の愛の贈与として放棄されたキリストの肉と血を通して神と一体化《コミュニオン》する「聖体の秘蹟」においてのみ可能となることが示される。従って、神学者による聖書解釈学は、「聖体の秘蹟」において、単なる言葉（verbes）の解釈を超えてその指示対象たる神そのものの〈御言〉(Verbe) にまで到るのでなければならない。この議論もまた、第三章と同様、「存在なき神」を単なる偶像の否定によってではなく、あるポジティフな経験――まさしくキリストの肉と血という「物」――において呈示し、そこからして本書全体が語られ、正当化される究極の場を確定しようとする試みであるが、先立つ諸章が戦略的に哲学もしくは〈存在〉の思惟に密着しつつ、その境界線上でそれらのロゴスから逸脱（transgresser）しようとしていたのに対し、ここでは端的に「神学」による「神学」の逸脱が問題となっている。これは、マリオンの根本の意図が、本書の冒頭に述べられているように、神そのものの審級からする哲学と神学双方の解任にあることに由来するが、その究極の審級が結局は「聖体の秘蹟」という実定宗教としてのキリスト教に固有のものであり、哲学や〈存在〉の問いを、徹底化されたとはいえキリスト教神学に回収することにあるのではないかという、一般に流布した疑念を抱かせるものである。確かに哲学／現象学と神学をめぐるマリオンの立場は単純ではなく、彼はいかに現象学者として自己規定しようとも決して特殊神学的次元を捨てることはない。しかし本書以降の彼の思惟は一方で神学的次元を保持しつつも、本書でその端緒が呈示された「神の問い」を普遍的な現象学として純化させてゆくのである。「距離」の踏破による「逸脱」――「存在なき神」――は、厳密に考えるならば哲学、〈存在〉の問いからの逸脱／解放だけでなく、神学からの逸脱／解放でもあり、それをその根本経験にまで導き返す純然たる「現象学そのもの」こそがその解放を成就し、それによって初めて真に神学を完成させるはずだからである。

「テクストの外」に収められた二つの章は、第五章の延長線上で「神学」による「神学」の逸脱を補完するものである。第六章「現前と贈与」においては、「聖体の秘跡」の贈与からする時間論が展開される。「注意」によって特徴づけられる現象学的な意識の現前／現在に先だって、「過去／記念、現在／日々の日常性、未来／終末」によって分節化される贈与の時間性が露呈され、とりわけ、意識にも存在にも時間化されることなくその地平の中では目立たないままにとどまる日常的な「日々」が記述される。第七章「究極の厳格さ」では再び信仰をいかに語るかが問題とされ、「イエスは主なり」という述定的陳述がいかにして愛の論理によって正当化されるかが論じられる。

3．「顕現しないもの」の現象学へ――「現象学そのもの」

かくして、本書に続くマリオンの課題は、イコンや聖体拝領といったキリスト教神学に固有の経験を手引きとして顕わにされた「存在なき神」を、今度はいかにして神学という特殊な領域的枠組みから脱して普遍的な経験として練り上げてゆくかにある。そのためにマリオンは改めて現象学に、しかも今度はハイデガーのみならずフッサールの現象学に接近する。

後期ハイデガーは『存在と時間』における「存在者の存在」の現象学から「存在そのもの」(Sein als solches) という「顕現しないもの／目立たないもの」(Unscheinbares / inapparent) の現象学へと「転回」し、存在と時間に先だってそれらを与える「それが与える」(es gibt) という出来事（生起）そのものに接近することにおいて贈与の現象学の次元に踏み込み、それを「現前は現前する」(Anwesen anwest)、「生起は生起する」(Ereignis ereignet sich) といった同語反復的なロゴスによって語るに到った（3）。マリオンはこの「顕現しないものの現象学」の構想を「贈与の現象学」として継承する。贈与は、志向性の地平にしろ存在論的差異にしろ、何らかの媒介を通して「現れる」ものではないが、そのような現象性の地平には「顕現しない／目立たない」ものとして、それとは別の仕方で「現象する」からである。しかし、これら二つの「顕現しないものの現象学」の間は還元不可能な差異によって分かたれる。ハイデガーの同語反復的思惟を構造化する二重襞／一重襞は、「同じものの差異化」として、もはや空虚な地平を迂回する現出論的な差異ではもちろんないが、「同じもの」であるにしてもそこにはなお存在論的差異の差異化において「現れ」が或る「隠れ」と相即しており、この事態は、ポジティフな贈与という「顕現しないもの」の次元からすれば、なおそれを覆い隠す究極の偶像の役割を果たすものとして還元されねばならない。ハイデガーの「生起」(Ereignis)における「隠れ」と「現れ」がいかに相即した、垂直方向に深まるものであろうとも、それは、そこにおいて存在の現象が現れる或る限定された地平をすでに形成してしまっているからである。(4)〈存在〉による最低限の限定にすら先立って、息子キリストの受肉において自己贈与する神をモデルとした贈与のみが、この限定すら解任して、真に「顕現しない／目立たない」、もはやいかなる地平的もしくは差異化的隠れの余地もなく現れ切った現象性そのものを開くことができるであろう。

この新たな、存在論的差異においてすら「顕現しない／目立たない」現象性を開示するべく、マリオンはいったんフッサールに立ち戻り、現象学的還元の持つ潜在力をその極限にまで解き放つことによって、贈与を新たな「顕現しないものの現象学」において捉え直そうとする。従ってここで問題になるのは、還元に相関して何らかの現象領域を構成するような現象学ではなく、もはやいかにしても構成しえない地点まで徹底化された還元が未曾有の、あらゆる地平を突き破って到来する経験次元を発見する現象学に他ならない。その最初の成果が『還元と贈与』(一九九〇年)(5)である。この著作は、「フッサール、ハイデガーおよび現象学の研究」という副題が示すように、なお哲学史的・文献学的研究の体裁から完全には脱し切れていないものの、その結論部(第六章「無と呼びかけ」)において、ハイデガーによる〈存在／無〉の呼びかけとそれに対する人間の応答(Zusammengehörigkeit)の分析に依拠しながら、それをさらに徹底して還元することによって開かれる「呼びかけの純粋形式」とそれに応じる「唖然とさせられ／中間判決を下された」(interloqué) という新たな根本情態性が示されている。ここからすれば〈存在／無〉の呼びかけすら、もはやいかなる存在者の呼びかけでもないとしても、なお〈存在／無〉という最低限の限定／差異化を免れていないことが明かされる。これに対して「呼びかけの純粋形式」はもはやいかなる限定／差異化も媒介しないという意味で純粋な形式であり、それに曝される「主体」も当然ながら形而上学的な主観性でも現存在でもなく、存在論的差異を含めたいかなる前提条件もなしにこの純粋な呼びかけに応じて生起する限りでの「主体／従属するもの」(sujet) なのである。

この純粋な「呼びかけ」と「応答」は、論文「最後の／究極の呼びかけにおける主体」においてさらに精緻に分析されるが(6)、この論文が収められた『形而上学・道徳雑誌』(一九九一年第一号『還元と贈与』特集号) に寄せた論攷で、アンリは『還元と贈与』で提起されたこの新たな贈与の現象学の原理を「現象学の第四の原理」として定式化している(7)。そこでは、1．マールブルク学派から取られた「現れることがあるだけ存在がある」という原理、2．フッサールが『イデーン1』の24節で定式化した「原的に与える直観」の原理、3．「事象そのものへ！」という現象学の出発点となる原理に続いて、4．現象学の隠れた前提であり、常にすでに機能している「還元すればするほど贈与がある」という、マリオンによって初めて定式化された「現象学の究極の原理」が提示される。フッサールの還元が開く経験の論理が、空虚な志向性を明証的直観における事象そのものの「自己贈与」(Selbstgegebenheit) が漸進的に充実してゆくものであるとすれば、マリオンの究極的還元が顕わにするのは、もはや直観によって、原的な自己贈与とはいえ空虚志向の直観に制限されて受け取られるような現象性ではなく、直観という志向性と連動した審級にすら先だって、それをはみ出し、飽和して与えられるような純粋で法外な贈与であり、それこそがあらゆる現象学が求めてきた「事象そのもの」なのである。このような贈与の様態をマリオンはさらに「飽和した現象」(phénomène saturé)として定式化し、その具体的な諸現象を探求してゆく[8]。

ここにおいて、『存在なき神』における、まなざしがまなざされて飽和するイコン的現象性は、現象学的厳密さをもって普遍的なものとして一応捉え直されたことになる。この現象学は、もはや様々な還元を遂行することによってそれらに対応する諸現象領野を開く諸々の現象学のうちの一形態ではなく、還元がその潜在力の極限にまで徹底化されることにおいて贈与という究極の――そこで原初的に与えられて初めて、〈存在〉も含めてあらゆる現象性が現れうるという意味で――現象性を開示する「現象学そのもの」なのである。そこで贈与される現象は、もはや何らかの「現れるもの」の現れのように空虚な地平の隠れを残すことなく、「現れることそのこと」として完全に現れ切るのである。

ではそのような極限の現象性は具体的にいかなるものとして経験されるのか。それを、ミニマルな呼びかけにおける主体の生起という極めて特殊な、神秘主義的とも言える経験以外に実際に経験することができるのか。これ以後、マリオンの課題は一方ではこの飽和現象の様々な実例を発見的に記述することとなり、他方ではそれを理論的かつ体系的にさらに整備することとなる。前者は『増大について/その上さらに』(二〇〇一年)[9]や『見えるものと啓示されたもの』(二〇〇五年)[10]などに収められた諸論考や、より本格的には『エロス的現象』(二〇〇三年)[11]において果たされ、後者は『与えられた存在者/それ故に』(一九九七年)[12]において果たされた。『与えられた存在者/それ故に』は、『存在なき神』の問いに、それ以降の新たな現象学研究の成果をすべて投入したマリオンの「顕現しない贈与の現象学」の集大成と言える大作だが、ここでは神学による制限だけでなく、哲学的・文献学的制限も還元されるとともに、「贈与の現象学」が新たに「出来事の現象学」として現象記述のモデルへとさらに普遍化され、体系的に提示されるに到っている。極めてアカデミックな体裁で書かれたこの著作が理論編だとすれば、これに続いて発表された『エロス的現象』では、言わばその実践篇として、いかなる引用や参照項もなしに、恋人同士の具体的なエロス／愛の経験に即した贈与／出来事の現象学的記述が行われている。これは、レヴィナス『全体性と無限』の「エロスの現象学」に触発されて、レヴィナスへのオマージュとして書かれた「愛の志向性」(13)で着手された主題のより本格的な展開でもある。その後、「贈与／出来事の現象学」を経て『エロス的現象』以降再び彼の出発点であるデカルト的問題系に立ち戻ったかに見えるマリオンは、現時点で最新の体系的著作である『否定的確実性』(二〇一〇年)(14)において、あらゆる地平を超えて到来する予見不可能な贈与の出来事の様態を「確実性」という観点から論じ、対象的なものに関わるいかなる肯定的確実性をも免れる固有の「否定的確実性」として分析している。

4. マリオンとフランス現象学の伝統――「現象学の神学的転回」

マリオンは、戦後展開してきたフランス現象学の伝統を自らの現象学をもって総括する野心的な意図をもっている。とりわけ彼に先立って、あるいは同時並行的に「顕現しない／目立たないもの」としての「神」の現象学を遂行してきたレヴィナス、アンリ、デリダの思惟は、彼に決定的な影響を与えつつ、それとの対決において彼がその思惟を形成してきたものである。レヴィナスの現象学は、ハイデガーの「存在の問い」の決定的な影響下にありながら、一方でユダヤ教の伝統的神経験に依りつつ、他方でそれを現象学的還元の遂行を通して脱神学化し、志向性の地平も存在論的差異も解体して現れる「他者の顔」の法外な経験として記述する点で、マリオンの思惟の歩みと完全な相似を描いており、マリオンがこの現象学から大きな刺激を得ていたことは疑いがない。レヴィナスの側でもまた、例えば『実存から実存者へ』の第二版序文において、マリオンの『偶像と隔たり』にレヴィナス自身と同様の企図——存在論的差異における存在と存在者の位置を単に転倒させるのではなく、存在から存在者を救い出すこと——を見ている。[15] ただし、マリオンはキリスト教の神経験（イエスの受肉）からして、レヴィナスの、あくまでも神の原痕跡としての律法に留まって神そのものの現象学的経験に到ることのない神経験をなお制限されたものとして、それに先だつ「贈与そのもの」への還元によって補完されるべきものと見ている。また、アンリの現象学は、やはり志向性の地平と存在論的差異をそれに先立って生起している一種の「飽和現象」たる「内在的生の自己触発」へと「反還元」し、しかもそれを「ヨハネ福音書」の「初めに言葉（Verbe）ありき」という受肉のグノーシス的形態のうちに見て取る点で、レヴィナスよりもさらにマリオンの「飽和現象」に近いものである。[16] 実際、先に見たように、アンリはマリオンの「現象学の第四の原理」を「内在的生の自己触発」の現象学への道を開くものとして一定の留保をしつつも高く評価する。しかしマリオンからすれば、アンリの生はやはり贈与の一形態に留まるのであり、贈与そのものの広やかさを限定してしまうものと見なされる。さらに、レヴィナス以上にユダヤ的解釈学の次元を内に秘めるデリダにおいては、差延が絶えず現前を脱構築することで遊動する原痕跡たるエクリチュールが永遠に充実されることなく彷徨い続ける空虚な記号であるのに対し、贈与は空虚な記号と現前におけるその充実（現前の形而上学）という図式とはまさしく逆の方向で、空虚な記号（律法）の充実に先だつ飽和（受肉）として経験される。このようにマリオンは、彼に先行して決定的な影響を与えた先駆者たちをいずれも究極の現象性たる贈与の一形態のみを捉えたものと位置づけることで、「神の問い」をめぐる新たな現象学の流れを——あたかもイエスの受肉のように——最終的に「成就」することを目論むのである。

マリオンの友人であった故ドミニク・ジャニコーがこの新たな現象学の潮流を「現象学の神学的転回」というスローガンの下に批判したことはよく知られているが[17]、このスローガンは、これらの現象学者たちが実定宗教としてのユダヤ教やキリスト教の伝統に単純に「回帰」したのではなく、それぞれが徹底した還元の遂行によって、実定宗教における存在‐神‐論的な偽装から「存在なき神」の根本経験へと立ち戻ることで現象学に全く新たな可能性を開いたことを理解するならば、批判ではなく真に有効性を持つものとなる。それは現象学が素朴な神学へと退行的に転向することではなく、現象学が神学に固有の経験を手引きとして「顕現しないもの」という未曾有の次元へと転回することなのである。神学は現象学によって、神学に執拗に纏わり付く偶像を廃してその極限の形態にまで純化され、現象学は神学的経験を手引きとすることによって還元の潜在力を発揮し尽くしてその究極の「現象学そのもの」へと変貌を遂げる。徹底した還元の遂行のみがこの二重化したひとつの運動を可能にするのである。マリオンの試みはまさしくこの現象学の唯一の方法である還元の徹底した遂行以外の何ものでもないのであり、それによって現象学運動に全く新たな次元を切り開いたのである。

注

（1） Jacques Derrida: "Comment ne pas parler. Dénégations", dans : *Psyché. Invention de l'autre*, Paris, 1987, p. 535-595 とりわけ p. 540-541 を参照。

（2） デリダとマリオンの間で行われたいわゆる「否定神学論争」を参照。John D. Caputo and Michael J. Scanlon (eds.): *God, the Gift, and Postmodernism*, Bloomington and Indianapolis, 1999 ; John D. Caputo: Apôtres de l'impossible: sur Dieu et le don chez Derrida et Marion, dans: *Philosophie, 2003, No 78, Jean-Luc Marion*, Paris, 2003.

（3）「ツェーリンゲンのゼミナール」などを参照。Martin Heidegger: *Gesamtausgabe Bd. 15. Seminare*, Frankfurt am Main, 1986.

（4）この点に関して、ハイデガーの〈存在〉を地平内では顕現しない「生の内在的自己触発」を隠蔽する脱自的地平として批判するアンリの『顕現の本質』の議論を参照。Michel Henry: *L'essence de la manifestation*, Paris, 1963（『現出の本質』上下、北村晋・阿部文彦訳、法政大学出版局、二〇〇五年）.

（5）Jean-Luc Marion: *Réduction et donation*, Paris, 1990.

（6）Jean-Luc Marion: Le sujet en dernier appel, dans: *Revue de métaphysique et de morale, 1991, No1, A propos de réduction et donation de Jean-Luc Marion*, Paris, 1991.

（7）Michel Henry: "Quatre principes de la phénoménologie", dans *ibid.*

（8）Cf. Jean-Luc Marion: "Le phénomène saturé", dans : *Phénoménologie et Théologie*, Paris, 1992.

（9）Jean-Luc Marion: *De surcroît*, Paris, 2001.

（10）Jean-Luc Marion: *Le visible et le révélé*, Paris, 2005.

（11）Jean-Luc Marion: *Phénomène érotique*, Paris, 2003.

（12）Jean-Luc Marion: *Étant donné*, Paris, 1997.

（13）Jean-Luc Marion: "L'intentionnalité de l'amour", dans: *Prolégomène à la charité*, Paris, 1986.

（14）Jean-Luc Marion: *Certitudes négatives*, Paris, 2010.

（15）Emmanuel Lévinas: *De l'existance à l'existant, 2ème édition*, Paris, 1986, Préface à la deuxième édition.

（16）Michel Henry: *C'est moi la vérité*, Paris, 1996 ; *Incarnation*, Paris, 2000（『受肉――〈肉〉の哲学』中敬夫訳、法政大学出版局、二〇〇七年）を参照。

（17）Dominique Janicaud: *Tournant de la phénoménologie française*, Paris, 1991.

訳者あとがき

あとがきの場を借りて、訳者の個人的な事情になるが、本訳書が成るまでの事情を若干説明しておきたい。『存在なき神』はそもそも、故中島盛夫先生の研究会でテクストとして使用していたものである。この研究会は元来、東洋大学で中島先生の指導を受けた重野豊隆、岩見徳夫両氏を中心として組織されたが、その後杉田正樹、日暮陽一、伊藤泰雄の各氏、そして私が途中から参加した。その成果としてメルロ＝ポンティの『見えるものと見えざるもの』が一九九四年に法政大学出版局より刊行されたが、その後、私が渡仏してマリオン教授の指導を受けていたこともあり、本書『存在なき神』をテクストとして取り上げることを提案し、中島先生にも強い興味を示していただいたため、翻訳に取りかかることになった。当初は参加者の間である程度翻訳の分担を決めたように記憶しているが、その後私は再度渡仏したためにいったん研究会を離れた。その後中島先生が病に倒れられ、一九九六年に逝去されたが、それまでに先生は本書全体の下訳を残されていた。諸々の事情からその下訳原稿は長い間そのまま放置されていたが、翻訳の版権が切れることもあって、二〇〇九年から私が全面的に手を入れることになった。先生が病の中で急いで作成された下訳だったため、ほぼそのまま使用した部分もあればほぼ全面的に訳し直した箇所もあり、訳語や文体も私なりに統一した。従って最終的な文責はすべて私にある。そのため、編集部からの提案もあり、「永井晋・中島盛夫訳」とさせていただいた。完成までにこれほど多くの時間を費やしてしまったことに、中島先生、マリオン教授、そして法政大学出版局の編集の方々にこの場を借りてお詫び申し上げる。

なお、マリオン教授は本書執筆以降、論文「聖トマス・アクィナスと存在－神－論」において、本書で「存在－神－論」を免れていないとして批判されていたトマス・アクィナスの評価を改め、この論文を本書の新版に第Ⅷ章として付加したため、本訳書にもそれを掲載することを希望されていたが、諸般の事情により割愛せざるを得なかったことを付記しておく。

法政大学出版局の郷間雅俊さんにはたいへんお世話になった。この場を借りて御礼申し上げる。

平成二十二年七月七日

訳者を代表して

永井　晋

《叢書・ウニベルシタス　944》
存在なき神

2010年8月10日　初版第1刷発行

ジャン＝リュック・マリオン
永井晋・中島盛夫訳
発行所　財団法人　法政大学出版局
〒102-0073 東京都千代田区九段北3-2-7
電話03(5214)5540 振替00160-6-95814
印刷：三和印刷　製本：ベル製本

Printed in Japan

ISBN978-4-588-00944-0

著　者

ジャン＝リュック・マリオン（Jean-Luc Marion）

1946年パリ生まれ．パリ・エコール・ノルマル・シュペリウール卒業，パリ第4大学助手，ポワティエ大学教授，パリ第10大学教授を経て現在パリ第4大学教授，シカゴ大学教授．1992年アカデミー・フランセーズ哲学大賞，2007年カール・ヤスパース賞（ハイデルベルク）受賞．2008年にアカデミー・フランセーズに選出される．ハイデガーの決定的な影響のもとにありながら，「存在の問い」を「神の問い」によって解任し，それに基づいてデカルトを初めとする哲学史研究，神学，現象学のそれぞれの分野を大胆に革新しつつある現代フランスを代表する哲学者である．本書以外の主著に *Sur le prisme métaphysique de Descartes*（PUF, 1986），*Étant donné: essai d'une phénoménologie de la donation*（PUF, 1997/1998），*Le phénomène érotique*（Grasset, 2003），*Certitudes négatives*（Grasset, 2010）がある．

訳　者

永井 晋（ながい・しん）

1960年東京生まれ．早稲田大学第一文学部卒業，同大学院修士課程修了，同博士課程退学．フランス政府給費留学生としてパリ第1大学，第10大学，第4大学に留学．東洋大学文学部教授．博士（文学）．著書に『現象学の転回――〈顕現しないもの〉に向けて』（知泉書館，2007年）．

中島盛夫（なかじま・もりお）

1922年横浜生まれ．東京大学文学部卒業，同大学院修了．東洋大学教授，横浜市立大学教授，同名誉教授を歴任．1996年逝去．著書に『ベルクソンと現代』（塙書房，1968），『経験と現象』（世界書院，1988），訳書にマルクーゼ『理性と革命』（共訳，岩波書店，1961/1973），シュペヒト『デカルト』（理想社，1969/1983），メルロ＝ポンティ『知覚の現象学』（1982），ドゥルーズ『カントの批判哲学』（1984），リオタール『熱狂――カントの歴史批判』（1990），メルロ＝ポンティ『見えるものと見えざるもの』（1994，以上法政大学出版局）ほか．

―――― 叢書・ウニベルシタスより ――――
（表示価格は税別です）

―――― 叢書・ウニベルシタスより ――――

（表示価格は税別です）

810　デリダとの対話　脱構築入門
J. D. カプート編／高橋透ほか訳　4200円

812　救済の解釈学　ベンヤミン，ショーレム，レヴィナス
S. A. ハンデルマン／合田正人・田中亜美訳　7500円

813・814　現出の本質　上・下
M. アンリ／北村晋・阿部文彦訳　各 6600円

815　フッサール『幾何学の起源』講義
M. メルロ＝ポンティ／加賀野井・伊藤・本郷訳　6000円

823　ハイデガーとフランス哲学
T. ロックモア／北川東子・仲正昌樹監訳　4800円

834　さまよえるユダヤ人　アースヴェリュス
E. キネ／戸田吉信訳　4800円

841・842　思索日記 I　1950–1953 ／ II　1953–1973
H. アーレント／青木隆嘉訳　I　6200円／II　6000円

850　狼男の言語標本　埋葬語法の精神分析　付・デリダ序文
N. アブラハム，M. トローク／港道隆・森茂起ほか訳　3300円

853　芸術の真理　文学と哲学の対話
H.-G. ガダマー／三浦國泰編訳　2300円

854　承認の行程　その概念の多義性をめぐる考察
P. リクール／川崎惣一訳　4300円

855　シネマ 1 ＊運動イメージ
G. ドゥルーズ／財津理・齋藤範訳　4500円

856　シネマ 2 ＊時間イメージ
G. ドゥルーズ／宇野・石原・江澤・大原・岡村訳　4700円

860　レヴィナスと政治哲学　人間の尺度
J.-F. レイ／合田正人・荒金直人訳　3800円

862　存在と人間　存在論的経験の本質について
E. フィンク／座小田豊・信太光郎・池田準訳　3900円